몸으로 키우는
캘리포니아
어린이 창의교육

창의행동력

창의행동력
몸으로 키우는 캘리포니아 어린이 창의교육

2017년 5월 25일 초판 1쇄 발행

지은이   조윤경

펴낸이   권정희
펴낸곳   ㈜북스톤
주소   서울특별시 강남구 언주로108길 21-7, 3층
대표전화   02-6463-7000
팩스   02-6499-1706
이메일   info@book-stone.co.kr
출판등록   2015년 1월 2일 제 2016-000344호

ISBN 979-11-87289-17-3 (03370)

북스톤은 세상에 오래 남는 책을 만들고자 합니다. 이에 동참을 원하는 독자 여러분의 아이디어와 원고를 기다리고 있습
니다. 책으로 엮기를 원하는 기획이나 원고가 있으신 분은 연락처와 함께 이메일 info@book-stone.co.kr로 보내주세요.
돌에 새기듯, 오래 남는 지혜를 전하는 데 힘쓰겠습니다.

몸으로 키우는
캘리포니아 어린이 창의교육

창의행동력

| 조윤경 지음 |

넥스톤

우리 젊은 세대의 창조 멘토

인간이 하던 많은 일들을 인공지능이 대신하게 되면 과연 인간은 무얼 할 수 있을까. 그건 자신의 손으로 무언가를 창조하는 일이다. 인공지능에게 학습의 두뇌가 있다면, 인간에게는 창조의 손이 있다. 현실의 색깔과는 다른 상상의 색깔로, 우리 눈으로 볼 수 없고 증명할 수 없는 세계를 그리고 칠할 수 있는 손이.

생각해보면 어린아이의 마음을 한결같이 간직하고 있는 것이 내 최대의 자산이다. 내가 이 세상에서 처음으로 봤던 햇빛, 나뭇잎을 흔들리게 하는 바람…. 어린 시절의 내가 바로 내 상상력의 보고寶庫이고, 그때 봤던 세계가 오늘날 내 지성과 감성과 예술의 기반이 되었다. 그런데 학교와 학원과 집만을 오가는 지금 우리나라의 어린이들은 어떠한가. 20대 이후부터 평생 동안 마음껏 꺼내 쓸 상상력의 보물상자를 마련할 시간이 우리 아이들에게는 없다.

학교는 배움을 주는 기본 공간이지만 학교의 가르침이 편견과 고정관념을 강화시키기도 한다. 가령 학교에서는 무지개가 빨주노초파남보 일곱 색깔이라고 가르친다. 그런데 실제로 무지개가 뜰 때 세어보라. 결코 일곱 가지로 보이지 않는다. 색과 색 사이의 어렴풋한 곳에 수천수만 개의 색들이 보인다. 무지개색은 셀 수 없는 불가산^{不可算} 명사인 것이다. 고정관념은 상상력의 적이다. 앵무새처럼 일곱 가지 무지개라고 외우는 것이 아니라, 호기심을 가지고 무지갯빛을 자기의 눈과 손으로 직접 세어보는 행위가 바로 이 책에서 말하는 '창의행동력'이다. 다양성이 창조력의 토양을 이루고, 행동하는 힘이 창조의 열매를 맺게 한다. 행동해야 통찰을 얻을 수 있고, 행동하는 사람이 이 세상의 법칙을 새롭게 만드는 '온리 원only one'이 될 수 있다.

이렇게 행동하는 창의적인 아이로 크려면 물음표와 느낌표 사이를 쉴 새 없이 오가야 한다. 스스로 질문하고, 궁금한 걸 행동으로 옮겨보고, 그리고 깨달아야 한다. 깨달음은 자연스럽게 또 다른 질문으로 이어진다. 흔히들 느낌표가 해답인 줄 알지만, 물음표 없는 느낌표가 이 세상에 있을까? 의문이 있었기 때문에 그 의문이 풀리면서 기쁨이 생기는 거다.

나는 2009년 경기디지로그 창조학교를 설립하고 명예교장으로 추대되었다. 창조학교는 아날로그 공간과 디지털 공간 사이에 새로운 인터페이스를 만들어 디지로그형의 창조적인 문화를 일으켰다. 그중 내가 가장 강조한 것 중 하나가 신체성의 회복이었다. 몸을 지닌 인간만이 생명의 속도와 정보의 속도를 조정하고 조화시킬 수 있다. 조윤경 교수는 나와 뜻을 같이한 창조학교 39인의 멘토 중 가장 젊고 의욕적이었다. 우리 젊은 세대의 창조 멘토가 제안하는 '창의행동력'이라는 개념과 실천사례들은 스스로 생각할 수 있는 환경과 기회를 제공하며, 온몸으로 몰입하게 하는 창조학교의 정신을 고스란히 구현하고 있다. 우리나라 학부모들과 교사들이 이 책이 알려주는 바를 잘 실천하여, 스스로의 손으로 더 나은 세상을 만들어나갈 한국의 피카소, 아인슈타인, 스티브 잡스들을 키워내기 바란다.

창조적 사고는
행동에서 나온다

어떻게 아이의 창의성을 길러줄지 학부모와 선생님 모두 고민이 많다. 초등생 딸을 둔 나도 예외는 아니다.

그동안의 창의성 교육은 한마디로 '창의사고력' 교육이었다. 생각을 독특하게 하라는 거였다. 새로운 틀에서 사고하고, 뒤집어 생각해보는 방법이다. 그런데 그렇게 해서 아이들이 정말 창의적이 되었나? 생각해보면 고개가 갸우뚱해진다. '창의사고력 철저반복', 어느 초등 수학 참고서 제목이다. 어떻게 창의성을 '철저히 반복'해서 키운다는 말인가? 그런데 이 모순된 말이야말로 우리나라 창의성 교육의 현주소다. 여기에는 창의성을 사고력과 직결시키고, 영재교육에서 다루며, 누구보다 먼저 시작해서 철저히 반복하면 뛰어난 인재로 자랄 수 있다는 논리가 담겨 있다.

'모든 사람은 화가로 태어나 교육을 받으면서 평범해진다'는 유명한 말이 있다. '잘 그려야지' 생각하는 순간 그림을 못 그리게 되고, '점수를 잘 받아야지' 하는 순간 배움의 즐거움을 잃어버리며, '뭐 좀 창의적인 아이디어 없어?'라는 질문을 받는 순간 머릿속은 백지장이 된다. 우리가 창의성 이론, 온갖 검사도구와 프로그램, 효과성 분석에 집중하는 동안 아이들의 창의성을 또 다른 틀로 가두고 있었던 것은 아닐까, 생각해보게 된다.

이런 고민들을 하던 차에 기회가 왔다. 대학에서 연구년을 맞은 나는 초등학교 3학년인 딸과 캘리포니아에서 1년을 보내며 어린이 창의교육을 취재하는 프로젝트를 하기로 했다. 아이를 방학캠프와 초등학교에 보내고, 함께 과학관과 미술관에 가고, 그곳 학부모들과 사귀고 선생님들 및 교수들과 만나 이야기를 나누면서 흥미롭고 의미 있게 느낀 내용을 자세하게 기록하는 일이었다. 그 글들은 한국의 초중고 교사들에게 교육 관련 정보를 제공하는 한국과학창의재단의 '크레존'이라는 사이트 내의 '창의블로그'에 정기적으로 실렸다. 고맙게도 내 글을 읽은 교사들이 좋은 피드백과 격려의 댓글을 달아주어 한국 교육현장의 현실적 입장을 고려하는 데 큰 도움이 되었다. 이 책은 블로그에 실린 글들을 토대로 추가 정보를 대폭 보완하고 분석을 가다듬은 결과물이다.

프랑스 문학을 전공한 나는 캘리포니아는커녕 미국에 한 번도 가본 적이 없었고, 나를 방문교수로 초청해준 UC산타바바라UCSB 프랑스인 교수 외에는 아는 사람도 없었다. 아무 연고도 없는데 왜 나는 창의교육 취재 프로젝트를 위해 미국의 캘리포니아를 택했는가?

캘리포니아는 실리콘밸리로 대변되는 IT산업과 할리우드로 대변되는 문화산업이 융성한 21세기 창의성의 근원지다. 게다가 창의성의 원천인 야생의 자연이 펼쳐져 있다. 미국인들이 자랑스러워하는 '프런티어 정신'을 가장 잘 간직하고 있는 곳이 서부 아니던가. 이 모든 장점과 더불어 이곳은 날씨도 좋았다. 나는 유명 대도시보다는 자연과 접해 있는 소도시의 평균적인 미국인의 삶이 아이들의 교육에 미치는 영향도 보고 싶었다. LA에서 2시간 정도 떨어진 바닷가 소도시 산타바바라에 머물면서 이름부터 긍정적인 공립초등학교, 호프 초등학교에 딸을 보내기로 최종 결정했다.

처음에는 모든 것이 지극히 평범해 보였다. 창의성을 전면에 내건 수업은 하나도 없었다. 한국에 비해 수업 운영은 지극히 '널럴했다.' 내 아이를 너무 평범한 학교에 보냈나 걱정이 될 무렵, 점차 특별한 점이 눈에 들어오기 시작했다.

아이는 분명 학교에서 공부를 하고 왔는데, 즐겁게 놀고 왔다고 생각했다.

선생님은 아이들에게 늘 "하고 싶니?"라고 의사를 물었다.

우리나라 못지않게 아이들에게 지극 정성인 이곳 부모들은 방과 후 아이들에게 축구만 시켰다.

나와 전혀 안면이 없는 부모들도 내 아이와 직접 눈을 맞추며 말을 걸었다.

아이들은 한 달마다 체험학습을 떠났다.

친구들과 무언가를 함께 배우는 생일파티를 했다.

캘리포니아의 학교도 분명 우리나라처럼 정해진 교과가 있고, 숙제도 있고, 시험도 있고, 무언가 조사하고 발표하는 프로젝트 활동이 끊임없이 있었지만, 그런 활동이 '공부'라는 생각이 들지 않을 정도로 즐겁고 자연스러웠다. 또한 선생님은 지시하는 대신 선택하게 하는 질문을 던짐으로써 아이에게 생각과 행동의 주체가 되는 연습을 시키고 있었다. 학부모들 사이에는 초등학교 시기가 성과를 내는 게 아니라 모든 것의 기본기를 키우는 시기라는 인식이 암묵적으로 합의되어 있는 듯했다. 그래서 팀 스포츠를 통해 개성과 협업정신을 조화시키는 한편, 강인한 체력과 정신력을 길러주고자 했다. 학부모들은 자기 아이, 남의 아이 구분 없이 하나의 인격체로 대하는 대화방식을 통해 아이의 자존감과 발표력 향상에 기여하고 있었다.

한 사람의 창의성은 거의 대부분 어린 시절을 어떻게 보내느냐에 좌우된다. 소위 '두뇌가 말랑말랑한' 초등학생까지가 창의성의 데이터를 모으고, 창의성의 저력을 몸에 새기는 시기이기 때문이다. 그런데 우리는 창의성을 키워주기는커녕 아이를 부모라는 프로그래머와 학원이라는 기술양성소의 합작품으로, 전문가로부터 최적의 기술을 반복적으로 습득한 대학입시 맞춤형 숙련공으로 양성한다. 인공지능은 자기주도 학습을 하고 있는데, 아이러니하게도 우리나라 학생들은 부모가, 학교가, 학원이 이미 프로그래밍해놓은 시스템에 맞춰 교육받고 있는 것이다. 한 번의 실수도 용납되지 않는다. 시험문제 하나 틀렸다고 '엄마한테 혼날까 봐 집에 가기 싫다'며 엉엉 우는 초등학생은 아마 우리나라밖에 없을 것이다. 잠도 안 재우면서, 놀지도 못하게 하면서, 아이들을 이렇게 가혹하게 몰아붙여도 되는 걸까? 부모들은 무언가에 홀린 듯 불안해져서 피리 부는 사나이에게 아이들을 스스로 내어주며, 아니 스스로 피리 부는 사나이가 되어 아이들을 모조리 대학

입시라는 정체불명의 강물에 빠뜨리려 하고 있다.

이렇게 해서 대학에 들어온 아이들은 어떠한가? 많은 학생들이 학점 따기 쉬운 수업을 수강하고, 약속한 듯 똑같은 방식으로 천편일률적인 과제를 제출하며, 4학년이 되어도 여전히 자신이 무엇을 하고 싶은지 모르겠다고 말한다. 나는 대학 교양수업으로 '창조와 상상의 기술'이라는 과목을 가르치고 있는데, 대부분의 학생들이 매우 성실하고 주어진 규칙에 잘 따르지만, 결코 그 이상을 벗어나지 않는다. 한 번은 이 시대의 의미 있는 문화 창조자를 인터뷰해오라는 과제를 내줬더니 정말 인터뷰만 성실히 해가지고 왔다. 가령 배관으로 공공미술작품을 만드는 분을 만나고 온 학생들이 있었는데, 인터뷰 내용 중에 '자신의 작품은 만질 수 있으며, 계상초등학교 운동장에 놀이기구처럼 전시되어 있다'는 흥미로운 대목이 있었다. 하지만 학생들은 그걸 듣고도 아무도 계상초등학교에 가볼 생각을 하지 못했다. 그곳을 가볼 만큼 '진짜 궁금'하지 않았기 때문이다.

이렇게 B+ 받을 학생들은 많은데 A+ 받을 학생은 매우 드물다. 우리의 교육은 모범생 위주의, B+짜리 학생들만 양산해온 것 아닐까? 입시교육은 인지적cognitive 기술습득과 연마에만 초점이 맞춰져 있다. 그리고 많은 학자들이 지적하듯이, 그건 이미 인공지능이 더 잘할 수 있게 되었다. 바둑천재 이세돌을 이긴 알파고는 '딥 러닝deep learning'이라는 자기주도 학습을 하고 있다. 사람들이 이미 치른 대국의 데이터를 축적하고 있을 뿐 아니라, 앞으로 벌어질 가상 대국의 가능성들을 무서울 정도의 속도로 스스로 학습하고 있는 것이다. 인간의 경쟁력은 창의적인 힘에서 나온다고 하는데, 머리로 하는 창의력의 시대는 끝났다고 봐야 한다. 그렇다면 인간의 창의력은 어디서 찾아야 하는가?

　캘리포니아에서 1년간 경험한 후 내가 얻은 결론은 '창의행동력'이라는 새로운 개념이다. 창의행동력은 행동을 통해 스스로 동기부여하고, 새로운 방법을 발견하여 자기만의 창의적 결과물을 완성하는 힘을 말한다. 창의사고력이 머리로 어려운(그러나 대부분 정해진 답이 있는) 문제를 해결하는 능력이라면, 창의행동력은 몸으로 미지의 길을 탐사해 새로운 지식과 창의적인 결과물을 만들어내는 능력이다. 즉 창의행동력의 핵심은 '사고를 다르게' 하는 게 아니라 '행동을 다르게' 함으로써 생각이 저절로 전환된다는 데 있다.

　다니엘 리베스킨트라는 세계적인 건축가가 있다. 내로라하는 건축가들을 제치고 9·11 테러가 난 자리에 새로운 건물을 짓는 현상설계 공모에서 당선되었다. 그는 어떻게 쟁쟁한 경쟁자들을 제치고 당선될 수 있었을까? 설계공모안 브리핑을 듣던 날, 그 많은 건축가들 중 리베스킨트만이 유일하게 테러가 난 참호 아래로 내려가 보고 싶다고 주최측에 요청했다. 참사의 현장에 자신의 발로 선 순간 빛나는 아이디어가 생겨났고, 사람들의 마음을 움직였다. 이것이 바로 창의행동력의 힘이다.

　사람들은 흔히 창의성을 저해하는 요인이 '틀에 박힌 사고'에 있다고 생각한다. 하지만 더 근원적인 요인은 '틀에 박힌 행동'에 있다. 똑같은 정보를 가지고 남들과 똑같이 움직여서는 자기만의 창의성이 나오기 힘들다. 창의성의 관건은 콘텐츠보다 프로세스와 실천에 있으며, 창의적인 방법으로 행동한 결과에 의해 창의적인 내용이 생성되는 것이다.

　게다가 창의사고력이 오로지 자신의 머리에서 비롯되는 것인 반면, 창의행동력은 플러스알파의 요소가 많다. 반드시 자기 머리가 아니더라도, 부지런히 행동으로 옮겨 전문가에게 묻고 동료와 이야기하고 현장에 가봄으로써 창의력이 더욱 막강해진다. 깨달음도 훨씬 크고, 즐거움도 많고, 배우는 것도 많다. 결국 창의성은 독창적인 아이디어가 자기 머릿속에 얼마나 있는지가 아니라 창의행동력이 있느냐의 여부에 달려 있는 것이다.

창의행동력을 키우려면 창의성을 지식습득의 도구로 사용하지 않고, 궁극적인 목표로 삼는 활동을 해야 한다. 특히 이는 우리나라 교육에서 매우 부족하고 필요한 부분이기도 하다. 이 책에서 나는 교사와 부모들이 창의행동력을 어떻게 북돋아야 하는지에 대해 캘리포니아의 구체적인 사례들을 3단계 실천지침으로 분류하여 자세히 소개했다. 흥미롭게도 이는 캘리포니아의 대표적 여가활동인 파도타기 과정과도 유사했다. 서핑의 고장 캘리포니아에서는 사계절 내내 파도타기를 배우거나 즐기는 사람들을 볼 수 있는데, 가만히 지켜보면 대략 3단계 과정을 거친다.

1단계 패들링paddling은 보드에 엎드려 양손으로 열심히 저어서 바다로 나아가는 서핑의 가장 기초작업이다. 저 바다에는 무엇이 있을까, 어떤 파도가 나에게 밀려올까 설렘과 호기심을 가지면서 말이다. 밀려오는 파도를 거슬러 헤엄쳐가야 하니 체력과 근성이 필요한 단계이기도 하다.

2단계는 파도 잡기다. 바다 한가운데로 나간 서퍼들은 날카로운 눈으로 밀려오는 파도를 응시한다. 자기에게 유리한 파도를 골라내기 위해서다. 누구에게나 파도는 오지만 자신의 파도를 고르는 데는 인내가 필요하다. 자신에게 유리한 파도가 무엇인지 식별해내는 눈이 필요한 것은 물론이다.

'그것'이라 판단되면 서퍼는 보드 위에 재빨리 우뚝 선다. (이 과정에서 많은 사람들이 넘어진다.) 이것을 해내면 성공적으로 파도를 '잡은' 것이다.

3단계는 파도타기다. 자기에게 유리한 파도를 골라내어 '잡으면' 균형을 잡고 우뚝 서서 파도가 밀어주는 힘을 타고 해안까지 신나게 서핑을 즐길 수 있다.

패들링, 파도 잡기, 파도타기는 창의행동력의 실천지침인 '행동호기심', '행동발견력', '행동결정력'으로 이어진다.

1단계, 행동호기심을 키워라. 창의행동력의 가장 기초가 되는 패들링 과정이다.

머릿속으로만 궁금해하거나 제자리에서 손을 들어 질문하는 것까지는 단순한 호기심이라면, 궁금해서 당장 도서관에 가서 찾아보고, 집으로 돌아와 실험해보고, 그 장소에 가보고, 전문가의 메일주소를 찾아서 메일을 보내는 게 행동호기심이다. 실제로 미국의 대학교수나 CEO들은 아이들에게 이런 편지를 종종 받는다. 그리고 매우 성실하게 답변해준다. 자기들도 그렇게 해서 성공했기 때문이다. 이와 같이 궁금하면 바로 움직이도록 행동을 촉발하는 호기심이 행동호기심이다.

행동호기심을 키우려면 질문, 독서, 운동을 생활화하여 기본기를 다져야 한다. 이를 위해 캘리포니아의 부모와 선생님이 어떻게 하는지 소개했다.

2단계, 행동발견력을 키워라. 창의행동력의 중간 단계인 파도 잡기 과정이다.

삶의 다양한 순간순간들에는 분명히 새롭게 보이는 것들이 있을 텐데, 그 의미를 자신의 눈으로 빨리 파악할 수 있게 훈련시켜야 한다. 행동을 통해 깨달음을 얻게 하는 방법은 여러 가지가 있겠지만, 할리우드가 있는 캘리포니아에서는 '변신'이 우세했다. 학교 전체를 중세 마을로 꾸미고 아이들을 온전히 그 삶에 몰입할 수 있도록 하고, 1박 2일간 배에서 먹고 자면서 과거 선원의 삶을 말투까지 고스란히 체험하게 했다. 변신은 관찰자의 입장에서 대상의 입장으로 재빨리 전환할 수 있는 방법이다. 연극배우 선생님의 방과후 연극수업도 인상적이었다. 몸으로 표현하는 다양한 훈련을 통해 자신의 몸과 사물과 세상을 새롭게 발견하게 해주었다.

아울러 실험과 체험을 통해 발견하는 힘을 키우는 수업들은 우리나라의 부모와 교사들, 여러 기관들이 큰 관심을 기울이는 창의체험학습에 참고가 되리라 생각된다. 과학아카데미, 박물관, 미술관 등 다양한 체험기관 교육 프로그램은 아이들에게 관람자를 넘어서 창작자가 될 수 있게 해주고, 머리가 아닌 손으로 문제를 해결하는 힘을 길러주며, 전문가의 설명이 아닌 자신의 눈과 질문으로 세상의 이치를 발견하는 방법을 알려준다. 행동하는 손이 새로운 발견을 가능하게 하며, 그 육화된 발견은 자신의 힘으로 창의적인 결과물을 만들 수 있게 하는 계기가 된다.

3단계, 행동결정력을 키워라. 창의행동력에서 가장 중요한 파도타기 과정이다.

한마디로 골을 집어넣는 것이다. 자신의 아이디어를 실현하고, 창의적인 결과물을 끝까지 완성해내는 짜릿한 경험을 제대로 한 아이들은, 스스로 의미 있는 것을 만들어내는 창의적인 인재가 된다. 지식 공부든 체험학습이든, 모든 경험은 자기의 것을 만들어보는 과정으로 이어져야 한다. 시를 배웠으면 반드시 시를 써봐야 하고, 과학을 배웠으면 실험을 해봐야 한다. 그래야 세상의 규칙을 따라가는 사람이 아니라, 세상의 규칙을 만들어가는 창의적인 사람으로 큰다.

나는 아이가 참가한 예술캠프를 2주 동안 취재하면서, 또한 1년 동안 호프 초등학교 미술 도우미로 활동하면서 미술수업을 통해 행동결정력을 키우는 방법을 배우고 깨달을 수 있었다. 한편 어린이창의성박물관에서 아이가 참여한 애니메이션 제작과정과 로봇 코딩교육은 아이의 행동결정력을 키워주기 위해 학부모는 응원단, 교사는 촉진자의 역할을 하는 것이 절대적으로 유리하다는 사실을 알려주었다. 도와주는 것에서 지켜보는 것으로, 가르치는 것에서 안내하는 것으로, 학부모와 교사가 한발 물러나면 아이는 자신의 힘으로 한발 한발 목표를 향해 전진할 수 있게 된다.

아이들을 창의적으로 키우기 위해 학부모와 교사는 스스로 어떤 노력을 해야 할까? 7장은 학부모와 교사의 창의행동력을 높이는 방법에 할애했다. 학부모이자 교수로서 직접 해보고 나름대로 큰 깨달음과 성과를 얻었다고 생각한 방법들이다. 이 책을 읽는 학부모와 교사 독자분들이 자신만의 방법을 찾는 데 도움이 되기를 바란다.

캘리포니아 교육현장을 취재하고 한국의 교사들에게 소개할 수 있는 기회를 주신 한국과학창의재단에 감사의 마음을 전하고 싶다. 또한 이 책 곳곳에 등장하는, 밝고 환하고 씩씩하게 잘 자라주는 딸에게 고맙다. 딸 덕분에 창의성 전문가의 입장뿐 아니라 엄마의 눈으로 캘리포니아 교육현장을 뚫어지게 들여다볼 수 있었다. 마지막으로 훌륭한 편집자로서의 역할뿐 아니라 엄마라는 동지의 입장에서 좋은 조언을 아끼지 않은 북스톤 출판사 분들께도 감사의 마음을 전한다.

창의성의 핵심은 내용이 아니라 방법에 있다. 방법을 다르게 하려면 창의행동력을 발휘해야 한다. 아이들이 스스로 묻고 스스로 움직이게 하자. 세상은 행동하는 사람이 만들어간다. 캘리포니아 창의교육의 노하우가 한국의 학교현장에서, 지역사회 곳곳에서, 가정에서 아이들의 창의행동력을 길러주는 의미 있으면서도 즐거운 실천에 도움이 되기를 희망한다. 자, 이제 본격적으로 창의행동력의 서핑을 즐길 시간이다!

조윤경

1부

궁금하면 바로 움직인다
행 동 호 기 심   일 깨 우 기

03 1마일 달리기 _ 자기와의 경쟁으로 도전능력을 기른다

2부

몸으로 새로움을 찾는다
행 동 발 견 력   키 우 기

04 '되기' 트레이닝 _ 변신하여 발견한다

3부

자신의 것을 만든다
행 동 결 정 력   키 우 기

1부

궁금하면
바로 움직인다

행 동 호 기 심 일 깨 우 기

창의행동력을 키우는 첫 단계는 '행동호기심' 훈련이다. 행동호기심이란 말 그대로 행동을 촉발하는 호기심이다. 이게 뭘까 머릿속으로만 궁금해하는 것이 일반적인 호기심이라면, 궁금해 못 견디겠어서 직접 가보고, 물어보고, 해보는 것이 행동호기심이다. 아이들이 행동호기심을 훈련하면 새로운 발견의 기쁨을 경험할 수 있을 뿐 아니라, 스스로 사고하고 결정하고 행동해 끝까지 이뤄내는 창의행동력의 기본습관을 익힐 수 있다.

라스베이거스를 여행했을 때 '컨테이너 파크'에 전시된 어느 예술가의 사진작품을 구경한 적이 있다. 맑은 하늘, 푸른 잔디 배경과 대조적으로 울타리가 망가지고 문짝이 떨어진 헛간 하나를 클로즈업한 사진이 있었다. 제목을 보니 '폭풍우가 지나간 헛간'이어서 과연 그렇군, 하며 그냥 지나치려다 작은 글씨로 쓰인 작가의 말을 읽게 됐다.

"내가 가장 좋아하는 장소인 요세미티로 향하고 있을 때 이 헛간을 지나쳤다. 헛간에 대한 찰나의 인상이 나를 잠식하기 시작했고, 한참을 달린 후 급기야 나는 유턴을 해 돌아왔다. 이런 것들을 찍는 기회를 놓쳐버리기에 삶은 너무나 짧다."

카메론 그랜트라는 이름의 이 사진가야말로 행동호기심의 구루가 아닌가! 감상자와 비평가들은 이 작품의 구도, 기법, 미학적 가치를 논하겠지만, 창의행동가가 될 우리의 아이들은 카메론이 말한 다음의 행동강령에 초점을 맞춰야 한다. '카메론' 대신 아이의 이름을, '사진' 대신 아이가 원하는 창조활동을 넣으면 된다.

카메론은 사진을 찍을 수 있는 곳이라면 어디든 갈 것이다.

카메론의 작업은 다르다. 그 자신이 다르기 때문이다.

그는 말한다. "삶은 너무나 짧다. 밖에 나가서 놀아라!"

행동호기심 훈련법은 간단하다. 카메론처럼 '궁금하면 바로 움직인다'는 행동강령을 습관으로 만들면 된다. 쉬워 보이지만 이를 실천하는 사람은 의외로 드물다. 바빠서, 귀찮아서, 가봐야 뻔할 것 같아서, 용기가 나지 않아서, 다른 사람을 방해하기 싫어서 등 움직이지 않을 이유를 찾는 건 언제나 너무 쉽다. 더러는 최소한의 노력으로 빨리 답을 찾고 싶은 조급증이 행동호기심을 방해하기도 한다. 우리는 정보, 평가, 권위 있는 사람의 말이나 지식에 지나치게 의존한다. 새로운 발견을 하려면 남들이 알려주는 것에 기대는 자세에서 벗어나야 한다. 직접 가서 보고 자기 눈으로 확인하고 판단하고 생각해야 한다.

아이들은 기본적으로 호기심을 갖고 있다. 정말 궁금한 게 생기면 쓸데없어 보이는 일에도 몇 시간씩 몰입하곤 한다. 아이들은 원래 그런 존재다.

그런데 우리나라 아이들에게 무슨 일이 일어난 걸까? 선생님의 질문에는 곧잘 대답하지만, 정작 손을 들어 자신의 질문을 하지 않는다. 지시하거나 명령한 것 이외에는 좀처럼 움직이지 않는다. 정확히 숙제로 제시된 것대로만 하고, 더 하거나 다르게 하지 않는다.

어떻게 하면 궁금할 때 당장 도서관에 가서 찾아보고, 집으로 돌아와 스스로 실험해보고, 전문가의 메일주소를 알아내 질문을 보내는 아이로 키울 수 있을까?

자발적으로 시작된 고리 만들어 잇기 도전과제에 학교는 한동안 축제 분위기로 술렁였다.

캘리포니아에 1년 머무르는 동안 딸이 다닌 공립초등학교는 행동호기심의 산실이었다. 어느 5학년 아이가 수업시간에 "누구나 기네스 기록에 도전할 수 있나요? 가령 우리 초등학생들이 종이로 고리를 만들어 이어 붙이기 기네스에 도전하면 인정해주나요?"라는 질문을 했다. "흥미롭구나. 일단 해보렴." 선생님이 답변하고 난 후 이 재미있는 호기심은 순식간에 전교생 프로젝트로 번졌다. 신이 난 아이들이 너도 나도 집에서 신문지로 고리를 만들어 와서 함께 이어 붙였다. 쉬는 시간마다 학교 마당에 고리들이 이어져 똬리를 틀어갔다. 엉성하게 붙인 부분은 뚝 끊어지기 일쑤고, 덤벙대다가 밟기도 하고… 점점 상황은 기네스에 도전하자는 원래 의도와 다르게 흘러갔지만, 자발적으로 결성된 신문지 고리 도전과제에 학교는 한동안 축제 분위기로 술렁였다. 이런 경험을 통해 아이들은 용기 있게 아이디어를 내고, 주위 사람들에게 협조를 구하고, 아이디어를 가시적인 결과물로 완성해가는 행동호기심을 키워갔다. 이는 물론 궁극적으로 창의행동력으로 이어질 터였다.

아이들의 행동호기심을 격려하는 문화를 만드는 것은 생각보다 거창하지 않다. 특별한 프로그램도 필요 없다. 아이들을 대할 때 언어 및 행동습관을 변화시키면 된다. '해라'라고 명령하지 말고 '무엇을 하고 싶니?', '어떻게 해야 할까?'라 묻기를 생활화해야 한다. 행동호기심은 질문과 선택으로 발현된다. 정보를 주는 수업이 아니라 질문하는 수업을 하는 것만으로도 아이들 스스로 생각하고 움직이는 행동호기심을 키울 수 있다. 영화 〈뷰티풀 마인드〉의 제작자 브라이언 그레이저는 창의적 인재를 키우려면 엄격한 강제보다 자발적 호기심을 키워야 한다고 말했다. 사람은 시키는 대로 할 때보다 자기 스스로 판단해서 내린 결정에 더 책임감을 느끼고 열정적으로 일한다.

캘리포니아의 교사나 학부모는 놀라울 정도로 아이에게 모든 것을 선택하게 한다. 수업시간 안에도 자유롭게 선택할 수 있는 시간이 꽤 많이 있으며, 같은 공간에서도 아이들이 서로 다른 활동을 해 획일적인 수업을 탈피한다. 1부에서는 아이들의 행동호기심을 유발하는 학교현장의 이러한 구체적인 노하우를 담았다. 교장, 교사, 부모의 일상적인 실천방안, 도전과제와 추가점수를 주는 다른 방식의 평가방안, 쇼를 연상시키는 재미있는 공지방법, '궁금해하는 어린이만 가르친다'는 교육철학이 담긴 과학의 밤 등이 소개될 것이다.

행동호기심을 키우는 비결 또 한 가지는 독서와 운동을 생활화한다는 점이다. 독서는 가장 중요한 정규교과활동이다. 운동도 마찬가지다. 학교에서는 매주 1마일 달리기를 시키고, 다양한 종목의 체육수업 등으로 즐겁게 지구력을 기를 수 있는 프로그램을 운영한다.

파도타기를 하는 서퍼들은 보드에 엎드려 파도를 거슬러 바다로 나아가는 패들링paddling을 매우 오랜 시간 공들여 배운다. 비록 힘들긴 하지만, 밀려오는 파도에 맞서 용감하고 힘차게 팔을 저어 나가야 나중에 제대로 파도타기를 즐길 수 있기 때문이다. 인생에서 초등학생 시기는 '질문, 독서, 운동'이라는 행동호기심의 패들링을 꾸준히 연마하는 시기다. 적어도 이때에는 하나의 답을 요구하는 정형화된 시험으로 아이들을 정답 맞히기 선수로 만들어서는 안 된다. 100세 인생의 기나긴 여정에서 각자가 부딪힐 무수한 난관들을 슬기롭게 이겨내는 창의행동가로 자랄 수 있도록 학부모, 교사, 지역사회 모두가 도와야 한다.

01

"하고 싶니?"

도 전 할 수 있 는 상 황 을 제 공 한 다

즐거운 운동이
도전정신을 키운다

입학 전 여름캠프

"너는 뭐든 해보지도 않고 처음부터 안 하겠다고 하지. 어, 태권도도 안 하겠다 하고, 스키도 안 탄다 하고, 어, 피아노도 안 배우겠다고 하고, 미술도 안 하겠다 하고, 학습지도 안 하겠다 하고, 영어도서관도 안 가겠다 하고. 어, 근데 또 해보면 재밌다고 하고. 늘 그런 식이지."

라임에 맞춰 누가 랩이라도 하는 줄 알았겠지만, 며칠 전 아파트 승강기에서 본 어떤 엄마가 유치원생 같아 보이는 아들에게 한 말이다. 참고로 이 엄마는 승강기에 타서 내릴 때까지 몇몇 관객의 시선은 아랑곳하지 않고 아이에게 속사포 랩을 쏟아부었다. 시도해보지도 않고 무조건 싫다는 아이에 대한 엄마의 불만이 마침내 폭발한 장소가 하필 내가 탄 승강기였던 것이다.

한창 호기심 충만할 나이에 이 아이는 왜 아무것도 배우려 하지 않을까?

정도의 차이는 있겠으나 뭔가를 처음 시작한다는 것은 누구에게나 설렘과 더불어 약간의 두려움을 동반한다. 만약 설렘보다 두려움이 더 크다면 그 일을 시도하지 않을 것이다. 정말 재미있어 보이거나 스스로 필요하다고 느껴야 두려움을 이기고 시도해볼 용기를 내게 된다. 수영을 해본 적 없는 아이가 곧바로 바다에 뛰어드는 경우는 없다. 신나서 바닷가로 뛰어갔다가도 정작 물 앞에서는 주저하며 살짝 발끝을 담갔다 빼고, 한참 바다를 바라보다가 모래놀이도 하고, 그러다가 무릎까지 담가볼 생각을 하는 것이다.

승강기에서 본 엄마는 아이 스스로 동기부여하고 모색할 시간을 주지 않은 채 무조건 바다에 뛰어들기를 바란 건 아닐까. 혹시 '태권도장에 보내면 초등학교 체육 다 마스터해준대'라는 소문을 듣고 이미 마음의 결정을 내린 후 "내일부터 태권도장 갈래?"라고 아이에게 물었던 것 아닐까? 많은 우리나라 부모들이 아이에게 무언가 가르치고 싶을 때 좋은 학원, 좋은 선생님부터 찾는다. 아이의 수준이 어떠한지 빨리 진단해주고, 집약된 노하우 전수 및 맞춤형 훈련으로 진도를 뽑아주고, 가능하다면 대회에서 우승할 수 있는 실력으로 키워주기를 바라는 것이다. 그러다 숨차게 따라오던 아이가 좀 적응할 만하면 이쪽은 재능이 없나 보다고 판단해 그만두게 한다. 그러니 아이들이 숨 막힐밖에.

"엄마, 여기는 남자애들이나 여자애들 모두 축구선수처럼 축구를 잘하고, 물속에서는 누구나 수중발레 동작을 할 줄 알아요!"

여름캠프 생활 며칠 만에 이곳 아이들처럼 구릿빛 피부가 된 딸이 상기된 얼굴로 말했다. '이곳'이란 미국 캘리포니아다. 이곳 아이들은 하나같이 달리기도 빠르고 요리조리 피하면서 볼도 안 뺏기고 슛도 잘 쏜단다.

연구년을 맞아 아이와 함께 캘리포니아 산타바바라에 도착했을 때는 여름방학이 시작된 7월 초였다. 교환교수로 지낼 학교와 연구실만 결정됐을 뿐 집도, 아이의 학교도 정하지 못한 상태였다. 서둘러 집과 학교를 알아봐야 했던 터라, 낮에 아이를 맡겨놓을 곳이 필요했다. 찾아보니 흥미로운 여름캠프가 꽤 많았다. 과학 캠프, 예술 캠프, 수영 캠프, 모험 캠프, 테니스 클럽 청소년 캠프, 동물원 캠프, 안전 캠프, 야생동물보호 캠프, 음악치료 캠프… 그중에서 마침 내가 교환교수로 있게 될 대학교에서 매일 오전 7시부터 오후 5시까지 운영하는 '여름 데이캠프'가 눈에 번쩍 띄었다. 온갖 종류의 운동에 즐겁게 도전해보도록 하는 일종의 '운동뷔페' 캠프였다. 스포츠 위주의 프로그램이니 재미있을 테고, 자연스럽게 친구를 사귀고 이곳 생활에 적응하기에도 좋을 것 같았다. 물어보았더니 아이가 해보겠다고 했다. 망설임 없이 3주를 등록했다. 이곳에서 아이는 대회준비형 체육교육이 아닌, 스스로의 힘으로 새로운 도전을 하게 하는 동기부여형 체육수업을 경험했다.

캠프의 프로그램은 매일 조금씩 바뀌었다. 피구, 축구, 테니스, 볼링, 체조, 농구, 발야구, 수영, 줄 타고 내려오기 등 다양한 운동을 해보게 했고, 간혹 미술수업도 진행했다.

7시부터 5시까지 하루 종일 캠프에서 지내는 일정이라 아침간식, 점심, 오후간식을 싸서 보내야 했다. 도시락과 간식을 준비하면서 걱정이 됐다.

아이에게 너무 가혹한 짓을 하는 건 아닌가. 영어로 알아듣고 말하고 친구들과 사귀어야 하는데 아이가 낯선 곳에서 말도 안 통하고 혼자 외계인 같은 기분이 들면 어쩌지? 하루 다녀보고 못 다니겠다며 울고불고하면 어쩌지? 약간 긴장한 딸의 얼굴을 애써 외면하며 캠프장에 들여보낸 후 하루 종일 내 일을 보면서도 마음의 절반은 캠프장에 가 있었다.

　4시쯤, 도저히 기다리기 힘들어서 일을 보다 말고 캠프장으로 달려가 분위기를 살폈다. 딸은 선생님, 친구들과 어울려 젠가 놀이를 하고 있었다. 초특급 행복할 때 나오는 딸의 표정! 입이 완전히 벌어지고 광대뼈가 활짝 젖혀지고 눈이 안 보이게 웃고 있는 상태를 확인하니 안심이 됐다. 뒤로 살살 잠입해 조용히 지켜보니 나무탑을 무너뜨리지 않고 스틱을 하나씩 빼는 기존의 젠가 게임이 아니었다. 나무 스틱을 멀리서 던져 통에 집어넣고 난이도에 따라 1점, 2점, 3점 점수를 다르게 부여하는 색다른 방식이었다. 나중에 딸에게 물어서 들은 얘기이지만 다른 프로그램도 끊임없이 게임의 규칙을 바꾼다고 했다. 예컨대 아이가 무척 좋아한 활동 중 닥터피구가 있는데, 양쪽에 한 명씩 있는 닥터는 공에 맞아 아웃된 친구를 살려줄 수 있고, 닥터가 아웃되면 그 팀이 지는 게임이었다. 상대편에게 닥터를 숨기기 위해 일종의 가짜 닥터를 여러 명 설정하기도 하고 스파이를 보내기도 하는 등, 같은 게임을 다양한 방식으로 풍성하게 즐기는 모습이 인상적이었다. 한국에서 즐겨 보던 TV 프로그램 〈런닝맨〉을 자신이 직접 하고 있으니 신날 수밖에.

　아이들이 지켜야 할 규칙은 엄격했지만 기본적으로 캠프의 분위기는 즐겁고 자유로웠다. 파란 점퍼를 입은 담임교사들은 하이파이브를 해가며 캠프에 참가한 아이들과 친구처럼 즐겁게 지냈다. 딸의 담임교사인 닉은 미시시피에 있는 중학교 수학교사였다. 아이들이 좋아서 방학에도 시간제 일을 한다고 했다. 닉에게 딸이 어떻게 지냈냐고 물어보니 환하게 웃으며 "아주 즐겁게 지냈어요. 모든 스포츠 활동을 재미있어했고 특히 줄 매달고 올라가는 활동을 좋아했어요. 볼래요?" 하며 찍은 사진을 보여줬다. 역시 입이 완전히 벌어진 그 행복한 표정이었다.

그날 이후 닉은 언제나 아이가 매우 즐겁게 지냈다는 점을 강조했다. 닉의 초점은 결코 테니스 수업에서 어떤 기술을 배웠고, 수영을 얼마만큼 잘하게 됐으며, 볼링의 무슨 동작을 배웠는지가 아니었다. 아이들을 테니스 선수, 수영 선수, 볼링 선수로 키우는 게 이 캠프의 목적이 아니기 때문이다. 다양한 스포츠를 경험해보게 하고, 그 과정에서 즐거움을 느끼게 하는 것이 캠프의 더 중요한 목적으로 보였다. 천천히 즐기며 새로운 분야에 도전해보고, 게임의 규칙을 배우고, 팀 안에서 협력하는 기쁨을 알아가는 시간… 더 재미있게 스포츠를 즐기는 방법이나 규칙을 스스로 고안해가는 시간을 아이들은 누리고 있었다.

자연스럽게 한국에서의 체육활동이 떠올랐다. 한국의 부모들이 운동 프로그램에 아이를 등록시킬 때 기대하는 것은 무엇일까? 취학 전 줄넘기 강습, 높은 체육점수를 받기 위해 짜여진 생활체육 코스, 수영 집중 강습, 태권도 검은 띠 따기 과정, 스키 일주일 마스터 캠프… 아이들을 위한 대다수의 운동강습이 기술을 배우고 진도를 나가고 자격증을 따는 성과 위주 활동으로 채워져 있다. 즐거움을 알아가고 자기만의 규칙을 만들어갈 수 있는 시간이 이 안에 있을까? 운동하면 공부할 시간 뺏긴다고 그마저 기피하는 부모들도 많고 말이다.

반면 미국은 스포츠의 나라다. 스포츠를 보는 것도, 하는 것도 모두 즐긴다. 가장 신기했던 것은 네다섯 살 아이도 초등학생 아이도, 남자아이도 여자아이도, 날씬한 아이도 뚱뚱한 아이도 누구든 심심하면 잔디 위에서 공중제비를 돈다는 사실이었다. 친구들과 이야기를 나누다가도 휘리릭! 엄마를 보고 달려가면서 휘리릭! 길을 걷다가 갑자기 휘리릭! 미국의 아이들은 모두 체조선수 인자를 갖고 태어났단 말인가. 이곳은 운동을 잘해야 학교에서 인기가 있고, 심지어 운동을 잘해야 좋은 대학을 갈 수 있다. 도대체 이 나라는 왜 그렇게 운동을 중시하는 것일까?

운동의 긍정적인 교육효과에 대해서는 많은 연구결과가 뒷받침해준다. 몇 가지만 예를 들어보자.

- 꾸준한 체육활동은 학습능력을 향상시킨다 : 스웨덴 예테보리 대학교에서 12세 어린이 408명을 대상으로 매일 2시간씩 체육활동을 실시한 결과다.
- 운동은 어린이들의 뇌를 활성화시킨다 : 일리노이 어바나 샴페인 대학교에서 220명의 8~9세 학생들을 대상으로 조사한 결과다.
- 팀 스포츠는 자존감을 높이고 학습성취도를 향상시킨다 : 사우스캐롤라이나 대학교와 펜실베이니아 주립대학교 공동으로 14~18세 학생 9700명을 대상으로 실험한 결과다.

한마디로 운동을 많이 할수록 머리가 좋아지고 성적도 오른다는 것이다. 비단 연구결과를 들추지 않아도 당장 내 아이가 3주 만에 어떻게 달라졌는지 보며 체감했다. 신나게 뛰어노니 얼굴에 행복이 가득했고, 깨작깨작 편식하던 아이가 일꾼처럼 고봉밥을 먹고, 한국에서는 숙제하느라 10시 넘어서야 자던 아이가 8시 30분이면 곯아떨어졌다. 익숙해지면 한없이 발랄하지만 낯선 환경에 가면 부끄럼을 탔던 아이, 조금이라도 무서운 것은 하지 않으려 했던 내 아이가 줄 타고 내려오기나 체조가 재미있다며 점점 용감하고 적극적으로 바뀌어갔다. 워터파크에서 구명조끼 입고 노는 것만 좋아할 뿐 수영은 안 배우려 하던 아이가 캠프에서 만난 친구 엘리자베스가 가르쳐줬다면서(얘도 수영 초보다) 잠수를 하고, 자기 혼자 첨벙첨벙 팔을 휘저어 앞으로 나아가는 도전을 시작했다.

스포츠를 열심히 하면 집중력이 높아지고 공부도 더 잘하게 된다? 솔직히 그건 잘 모르겠다. 그러나 더 탄탄해지고 더 초롱초롱해진 아이를 보며 확신한 것이 있다. 시합이나 대회를 떠나 즐겁게 운동하면 스스로의 힘으로 새로운 일에 도전하려는 행동호기심을 키울 수 있다는 사실이다. 행동호기심은 창의행동력의 가장 중요한 도화선이다.

"챔피언이 되세요!"

교장선생님은 아이들의 응원단장

한국 교장선생님들에 대한 한 가지 어두운 기억이 있다. 300여 명의 교장선생님들 앞에서 창의성 교육 특강을 한 적이 있었는데, 공무원 대상으로 했을 때, 심지어 군인 대상으로 강의했을 때보다 훨씬 힘들었다. 땀을 뻘뻘 흘리며 겨우 특강을 끝내고 질문을 받는데 한 분이 손들고 일어나 이렇게 말씀했던 기억이 아직도 생생하다.

"교수님, 아무리 그렇게 애쓰신들, 경험상 될 놈들은 되고 안 될 놈들은 안 돼요."

교장선생님의 일반적인 이미지는 어떠한가? 죄송한 말씀이지만 내 어렸을 때 기억이나 세월이 흘러 학부모로서 대면한 경험은 별반 다르지 않았다. 종합해보면 3가지 특징으로 요약할 수 있다. 첫째, (아이가 큰 사고를 치지 않는 한) 만나기 어렵다. 둘째, 행사 때마다 지루한 훈화말씀을 한다. 셋째, 뒷짐을 지고 걷는다.

학생들을 창의적으로 키우고 싶은 교장선생님은 이 3가지만 개선하면 되지 않을까. 뒷짐을 풀고, 학교를 수시로 활보하시면 된다. 물론 순찰이나 감시라는 기분이 들지 않게 자연스럽게 행동하는 게 중요하다. 짧고 재미있게 연설할 자신이 없으면 안 하시면 된다. 캘리포니아에서 만난 아이의 초등학교 교장선생님이 딱 그랬다. 매우 유머러스했고, 아이들의 등하교 때면 직접 교통지도를 했으며, 언제나 30초를 넘지 않는 연설을 했다.

캘리포니아에 와서 집을 알아볼 때 가장 크게 고려한 것은 딸의 초등학교였다. 이곳의 공립초등학교도 한국처럼 학군과 사는 지역에 따라 자동으로 배정되므로, 괜찮은 초등학교를 먼저 알아본 후 인근의 집을 찾아야 했다.

아는 사람도 정보도 전혀 없었던 나는 무작정 인터넷 검색을 시작했다. 검색의 과정이 그러하듯 처음에는 막막했는데 이것저것 살피다 보니 서서히 전체적인 윤곽이 파악되었다. 아예 임대 가능한 집과 더불어 해당 학군의 학교 정보를 함께 제공하는 부동산 사이트도 있었다. 그 정보에 의하면 학교평가 수치가 1에서 10까지 매겨져 있는데, 학생들이 1년마다 치르는 표준화된 테스트를 근거로 집계되는 학업수행지표API에 따라 정해진다고 했다. 예컨대 평가수치가 최고 수준 10인 학교의 API가 953이라면, 중간 수준 5인 학교의 API는 795인 식이었다.

API와 부가정보는 학교마다 차이가 컸으며, 그에 따라 집값도 천차만별이었다. 학교평가수치가 10인 학교에서는 영재교육을 받는 학생이 41%나

되는 반면, 영어교육학습 대상자나 급식보조 대상자는 각각 8%에 그쳤다. 절반 이상은 부모가 대학원을 나왔으며, 백인이 대다수였다. 반면 학교평가수치 5인 어느 학교의 영재교육 대상자는 3%, 영어교육학습 대상자는 86%, 급식보조 대상자는 100%였다. 고졸 이하인 부모가 46%로 가장 많았고, 95%가 히스패닉이었다.

놀랍지 않은가. 많은 이들이 미국 교육의 장점으로 독립심과 발표력, 창의력을 꼽는데, 뜻밖에도 표준화된 시험에 의해 학교평가수치가 매겨지고 있으니 말이다. 더욱이 구역에 따라 학교 간 편차가 심한 데다 인종, 빈부, 부모의 학력 격차가 고스란히 학생의 성적에 반영되었다. 이 결과를 보면서 머릿속이 굉장히 복잡해졌다. 어느 나라든 아이들의 교육에 최고의 관심을 쏟을 텐데, 모두를 만족시킬 수 있는 해답을 찾기란 참 어렵다는 사실을 새삼 확인했다.

학교평가수치가 비교적 높은 학군의 집들과 학교를 직접 방문해보고, 우연히 만난 교민들의 이야기도 들어본 결과 '호프 초등학교Hope Elementary School'와 차로 3분 거리에 있는 집을 구하고 이곳으로 아이를 보내기로 최종 결정했다. 일단 학교 이름이 매우 긍정적이고, 산이 보이는 소박한 시골 학교 분위기도 마음에 들었다. 아이를 자연 가까이에서 키우고 싶다는 내 소망에 적절해 보였다.

학교 사무실에 가서 필요한 서류를 제출했더니 담당 직원이 그 자리에서 꼼꼼히 서류를 확인했다. 그러고는 서류에 별 문제 없다며 선생님 만나는 날(반편성의 날)과 수업 시작일을 알려주었다. 아이가 한국에서 3학년 1학기를 마쳤지만 여기서는 4학년 1학기로 다니게 된다고 했다. 교장선생님 면담

은커녕 선생님 한 분도 만나지 않았는데 이렇게 간단히 입학이 결정된 건가 의심스러워 물어보니 지금은 교장선생님이 휴가 중이고, 다음 주쯤 편지를 받을 수 있을 거라고 했다.

하지만 아무리 기다려도 편지는 오지 않았고, 어느덧 개학이 코앞으로 다가왔다. 걱정이 된 나는 다시 학교 사무실로 찾아갔다. 교장선생님 편지를 기다렸으나 오지 않았다고 말하자, 느긋한 행정실 직원은 별일 아니라는 듯 "아, 오늘 발송하려고 했어요. 이거예요" 하면서 한 장짜리 파란색 종이를 건네주었다. 미리 준비해야 할 것들은 없는지 물어보니 "책가방이랑 운동화죠, 뭐. 나머지는 '선생님과 만나는 날'에 공지해주실 거예요"라고 답한다.

조금 머쓱해져서 행정실을 나와 학교 운동장의 나무 그늘에 앉아 교장선생님 편지를 펼쳤다. 정확히 말하면 한 장짜리 편지지를 반 접어서 봉하고, 겉면에 학교 주소와 수신인 주소를 써서 보내려던 것이었다. 그것도 입학허가나 별도의 안내사항을 담은 것이 아니라, 새학기가 시작되기 전 교장선생님이 모든 학생들에게 보내는 일반적인 안내문 같은 것이었다.

학교를 잘 결정한 게 맞나? 내가 너무 경솔했나? 학생에게 별로 신경 쓰지 않는 학교 아닐까? 복잡한 심경으로 이 간단한 편지를 살펴보니 주소 뒷면에는 중요한 날짜(개학일, 정규수업 시작일과 시간, 국경일로 휴교하는 날 등)가 적혀 있었다. 그리고 안쪽에는 절반은 영어, 절반은 스페인어로 교장선생님의 편지가 적혀 있었다. 그런데 이 짧은 편지를 읽는 순간, 저절로 웃음이 나왔다.

챔피언이 되세요!

모든 호프 초등학교 챔피언들에게 전합니다! 이제 180일의 세계적인 수업훈련의 장으로 돌아올 시간이 왔어요. 독서, 글쓰기, 수학, 과학, 사회 수업이죠. (♬ "여러분은 위대한 사람이 될 수 있어요. 여러분은 최고가 될 수 있어요.") 여러분은 여러분의 두뇌, 여러분의 힘, 여러분의 기술 그리고 여러분의 결단력을 사용하게 될 거예요. (♬ "여러분은 멀리 갈 수 있어요. 여러분은 몇 마일이라도 뛸 수 있어요.") 그러니 여러분의 훈련도구를 준비하세요 – 책가방, 연필 그리고 공책이죠. 여러분의 코치가 여러분을 기다리고 있답니다. (♬ "여러분은 영웅이 될 수 있어요. 여러분은 황금을 얻을 수 있어요.")

우리의 연례행사인 '선생님과 만나는 날', 이 위대한 개막식 날에 오세요. 8월 26일 수요일 2시에 우리는 고대하고 고대하던 대망의 학급배정표를 공개할 것이고, 여러분은 학급 친구들을 만나게 될 거예요. (♬ "헌신하세요. 그러면 명예의 전당에 서게 될 테니까요. 전 세계가 여러분의 이름을 알게 될 거예요.")

– 바버라 라코르테, 여러분의 교장이자 응원단장으로부터

유명한 팝송 〈명예의 전당〉을 즐겨 부르고 응원단장을 자처하는 열정 넘치는 교장선생님이 계신 학교란 말이지… 문득 그동안 뭘 그렇게 긴장하고 초조해했나 싶었다. 이 학교는 학생들로 하여금 큰 꿈을 갖게 하고, 그 꿈을 아낌없이 응원하고 있었다. 이곳 선생님들은 지식을 전달하는 사람이기에 앞서 아이가 올바르게 자라도록 응원하는 사람들이었다. 이런 생각에 마음이 따뜻해졌다.

개학하면 자연스럽게 담임선생님도 만나고 교장선생님도 만나고 친구들

Be a Champion!

Calling all Hope School Champions! It's time to return for 180 days of world-class training in reading, writing, mathematics, science and social studies. (♪♪ "You can be the greatest. You can be the best.") You will use your brains, your strength, your skills, and your determination. (♪♪ "You can go the distance. You can run the mile.") So get your training gear ready – backpacks, pencils and notebooks. Your coaches are waiting for you. (♪♪ "You can be the hero. You can get the gold.")

Join us at our annual **Meet the Teacher Day "Great Unveiling" Ceremony**, when we reveal our hugely anticipated Class Lists at **2 pm on Wednesday, August 26th** and you will meet your teammates. (♪♪ "Dedicate yourself and you can find yourself standing in the Hall of Fame. And the world's gonna know your name.")

Barbara LaCorte, your Principal and your Cheerleader Captain.

¡Sean Campeones!

¡Llamada a todos los Campeones de Hope School! Es hora de regresar para los 180 días de entrenamiento de categoría mundial en lectura, escritura, matemáticas, ciencias y ciencias sociales. (♪♪ "Ustedes pueden ser los más grandes. Pueden ser los mejores.") Ustedes usarán sus cerebros, fuerza, habilidades y determinación. (♪♪ "Ustedes pueden cubrir la distancia. Pueden correr una milla.") Así que preparen su equipo de entrenamiento – mochilas, lápices y cuadernos. Sus entrenadores les están esperando. (♪♪ "Ustedn pueden ser los héroes. Pueden conseguir el oro.")

Vengan a nuestro **Día Anual de Conocer a los Maestros y Ceremonia de "Gran Inauguració"** cuando desvelemos nuestra tan anticipadas Listas de las Clases a las 2 **pm el mi'ercoles 26 de agosto** y conocerán a sus compañeros de clase. (♪♪ "Dedíquense y podrán encontrarse en el Pasillo de los Famosos. Y todo el mundo sabrá sus nombres.")

Barbara LaCorte, su Directora y su Capitana Animadora

'챔피언이 되세요!' 교장선생님의 활기찬 응원가가 귀에 들리는 듯하다.

도 만나게 될 터였다. 아이는 친구들과 섞여 나름대로 최선을 다할 테고, 나도 아이를 지켜보며 응원하면 된다. 편안한 마음이 되어 주위를 둘러보니 학교 직원 선생님들이 책상을 나르고, 청소하고, 정원을 손질하며 개학 준비로 분주한 모습이었다. 내게 시원한 그늘을 준 아름드리 나무에는 도토리 열매들이 다닥다닥 매달려 야무지게 영글고 있었다.

축제 같은 반편성 쇼

호기심을 극대화하는 방법

　기다리던 개학식 날, 딸의 손을 잡고 일찍 집을 나섰다. '호프 초등학교' 글자가 보이는 교문 앞에서 인증사진도 찍고 학교 구석구석을 돌아보았다. 벽 곳곳에 팝송 〈명예의 전당〉의 구절이 붙어 있었다. 교장선생님의 '18번' 노래임에 틀림없었다. 아이들과 학부모들이 한 팀 두 팀 도착하기 시작하더니 운동장이 순식간에 활기로 가득 찼다.

　'담임선생님은 어떤 분일까? 친구들은 타국에서 온 딸아이를 반겨줄까?'

　한창 머릿속이 복잡하던 중, 약간 긴장한 표정으로 서 있는 딸에게 발랄한 여자아이 3명이 다가와 말을 걸었다.

　"안녕? 나는 크리스티나야. 얘는 소피고 쟤는 루시야."

　"네 이름은 뭐니? 너 몇 학년이야?"

'파도를 잡아요! Catch the Wave!'가 호프 초등학교의 캐치 프레이즈다.

주황색 보드판 앞에서 반배정을 초조하게 기다리는 아이들과 학부모들

"어? 우리도 4학년인데. 우리 같은 반 되면 좋겠다."

먼저 다가와준 아이들 덕분에 딸의 얼굴이 금세 환해지고, 내 마음도 덩달아 환해졌다.

아이들과 학부모들은 강당 여기저기에 걸린 주황색 보드 앞에 모여 수다를 떨고 있었다. 보드 위에는 마치 제막식에 드리우는 커튼처럼 리본 달린 끈이 매달려 있었다. 시간이 되어 교장선생님 말씀이 끝나면 저 주황색 보드들을 일제히 개봉하는데, 거기에 담임선생님 성함과 1년 동안 함께할 같은 반 친구들의 이름이 적혀 있다고 했다.

드디어 교장선생님이 마이크 앞에 섰다. 인상 좋고 활기차 보이는 여자 교장선생님. 어떤 감동적인 말씀을 하실지 기대가 됐다.

"자 여러분, 여러분의 응원대장 라코르테입니다. 여기를 주목하세요. 새 학기를 힘차게 시작할 준비가 됐나요? 이제 곧 여러분의 반이랑 선생님, 친구들을 공개할 거예요. 기대되나요?"

그랬더니 모든 아이들이 "네~!" 하면서 보드 앞으로 더욱 바짝 다가갔다. 교장선생님 말씀은 이것으로 끝, 그러고는 쇼 진행자처럼 외쳤다.

"자, 카운트다운을 할까요?"

"10, 9, 8… 3, 2, 1, 와~!"

아이들은 교장선생님과 함께 큰 소리로 카운트다운을 했고, 함성과 함께 선생님들이 보드를 가린 종이를 열었다. 파도치듯 들리는 아이들의 함성. 같은 반이 된 아이들끼리 얼싸안는 모습, 부모들이 서로 악수하며 기뻐하는 흥분의 도가니가 꽤 오래 지속되었다.

나는 이 풍경이 매우 신기했다. 이 작은 학교에는 한 학년이 두 학급밖에 없다. 이 반 아니면 저 반에 배정된다. 그러니 '같은 반'이 된다는 게 뭐 그리 흥분될까. 게다가 3학년 정도만 되어도 두루두루 같은 반을 해봤을 텐데 뭐 그리 새로울 게 있을까. 그런데도 아이들은 물론 학부모들까지 축제처럼 즐거워하다니, 신선한 기분이 들었다. 심지어 나와 딸도 다른 가족처럼 뛸 듯이 기뻐했다. 조금 전에 인사를 나눴던 크리스티나와 같은 반이 되었다는 것만으로도 몸이 저절로 들썩여졌다.

교실에 가니 담임인 포스터 선생님이 웃으며 맞아주었다. 책상에는 아이들의 이름표와 학부모들에게 전할 서류봉투가 놓여 있었다. 칠판에는 '내일 교실에서 읽을 책을 한 권씩 가져오세요'라고 씌어 있었다.

담임선생님은 어떤 말씀을 하실까? 궁금해하며 기다리고 있는데 부모들이 한 명씩 선생님에게 다가가 악수를 하고 몇 마디 웃으며 얘기를 나누더니 아이를 데리고 집에 가는 것 아닌가. 담임선생님의 공식적인 말씀도 없이 '선생님 만나는 날'은 이렇게 끝났다. 차분히 선생님 말씀을 기다리던 나는 당황해 황급히 아이를 데리고 선생님께로 갔다. 자신이 딸의 이름을 정확하게 발음했는지 몇 번 고쳐 말하며 확인하고는, 한국의 학교생활에 대해 몇 마디 묻더니 1년을 즐겁게 지내보자며 딸을 따뜻하게 안아주었다.

집으로 돌아오면서 약간 얼떨떨했다. 교장선생님도, 담임선생님도 참 좋으신 것 같긴 한데 정보를 세세하게 알려주지 않아 아쉬웠던 것이다. 서류봉투에는 준비물 목록, 학사일정, 지진에 대비한 비치용 비상식량 리스트, 각종 부모 동의서, 학부모회 가입서 등이 들어 있었다. 학생과 부모와 선생님이 1년 동안 해야 할 의무사항이 적혀 있고 각자 서명하는 '서약서'도 있었다. 각각 5~6개 정도의 의무사항이 적혀 있었는데 그중 하나씩만 소개해보면 다음과 같다.

'학생으로서 나는 매일 제 시간에 학교에 와서 배울 준비를 하겠습니다.'
'부모로서 나는 숙제와 공부를 위해 조용한 시간, 장소, 도움을 제공하겠습니다.'
'교사로서 나는 개별 학생들의 최대 기대치가 무엇인지 소통해 이에 도달할 수 있도록 돕겠습니다.'

'대단한 내용도 아니고 기본 중의 기본 아냐? 그런데 뭘 굳이 서약까지…'
이런 생각이 잠시 들었다. 그러다 이내 '아, 그렇구나!'라고 수긍이 되기 시작했다. 내 아이가 똑똑한 아이, 경쟁력 있는 아이로 자라기를 바라느라 잊고 있었던, 근원적으로 더 중요한 것들을 이 서약서가 일깨우고 있었던 것이다. 이 서약서의 내용은 가령,
'학생으로서 나는 공부를 열심히 해서 좋은 성적을 얻겠습니다',
'부모로서 나는 아이에게 공부를 열심히 시켜 우등생을 만들겠습니다',
'교사로서 나는 공부를 잘 가르쳐 학생들이 훌륭한 사람이 되도록 하겠습니다'라는 것보다 학생, 부모, 선생의 기본적인 역할과 닿아 있고, 구체적이고 실질적이어서 실천하기도 쉽지 않은가. 배울 마음가짐이 되어 있는 학생, 공부할 환경을 마련해주는 부모, 학생 개개인과 소통하는 교사가 각자의 역할을 수행하면서 함께 노력하자는 생각이 한 장의 서약서에 담겨 있었다. (물론 모두가 그런 건 아니지만) 가기 싫은 학교에 가서 하기 싫은 공부를 억지로 하는 아이들, 아이들의 공부부터 생활 및 놀이까지 모든 것을 통

제하려는 부모들, 정해진 진도를 나가야 하므로 아이들의 개별 차이를 고려할 수 없다고 생각하는 교사들이 호프 초등학교의 서약서에서 교훈을 얻었으면 좋겠다는 생각이 들었다.

학부모용 서류봉투에는 담임선생님의 긴 편지도 들어 있었다. 자신은 어디에서 공부했고 근무했으며, 두 아이의 엄마라는 것, 바닷가 산책과 달리기, 책읽기를 좋아한다는 사실 등이 세세하게 적혀 있었다.

교장선생님의 편지에 이어 담임선생님의 편지를 읽으면서 나는 아날로그적인 것의 장점을 생각해보게 됐다. 우리가 앞선 나라들을 추월하기 위해 주먹을 불끈 쥐고 인터넷, 스마트폰, 온갖 디지털 기기로 무장한 채 달려가고 있는 사이, 뜻밖에 이 나라의 선생님들은 아날로그적인 편지나 주황색 보드로 감동을 전하고 있었다.

아이를 위해 독서용 책갈피를 꾸며서 보내달라는 게 서류봉투에 들어 있는 부모의 마지막 숙제였다. 오랜만에 사인펜과 색연필을 꺼내들었다. 딸이 좋아하는 돌고래, 인어, 산호, 문어, 불가사리 등을 잔뜩 그려넣고, 하트도 오려 붙였다. 얼마 만에 해보는 미술활동인가. 요즘 우리나라에서 어른들의 색칠활동과 종이접기가 유행이라더니, 과연 의외의 몰입감을 주었다. 돌고래, 문어, 포도잎의 형상을 구체적으로 그려보면서, 초등학교 시절의 나와 만날 수 있었다.

사실 딸과 이런저런 활동을 하면서 시간을 보내다 보면 '놀아준다'는 생각보다는 나 스스로 동심의 원형을 되찾는 기쁨과 감동을 더 크게 느끼는 것 같다. 행복했던 어린 시절로 돌아가 인생을 다시 살아보는 느낌이라고 할까. 창의적인 작업을 하는 사람들을 두루 만나보면 그들은 한결같이 어렸을 때 흥미를 느꼈던 것과 관련된 일을 하면서 그것을 창의적인 결과물로 이끌어낸다는 공통점이 있었다. 긍정적인 의미에서 세 살 버릇이 여든까지 가는 것이다. 그래서 초등학교의 학습방법이나 학생들의 활동과정을 들여다볼 수 있는 지금의 기회가 더욱 소중하게 여겨진다.

개학식 날 쇼처럼 진행된 학급편성 발표는 학교가 공연장처럼 재미있는 곳이라는 것을 인식시키는 이벤트였다. 학교는 무엇보다 즐겁고 놀라운 일들로 가득한, 가고 싶은 곳이라고 강렬하게 각인시키는 것이다. 교장선생님이나 담임선생님은 긴 말씀으로 무게 잡지 않고, 편지나 보드 같은 아날로그적인 것으로 정겨움과 진심을 전해주었다. 또 학생-교사-학부모의 신뢰관계를 강조하면서 각자의 위치에서 가장 기본적으로 지켜야 할 사항이 무엇인지 일깨워주었다. 개학식에 참여하면서 나는 재미, 진정성, 기본에 충실한 삶이라는 중요한 교육적 메시지를 전달받았다.

"무엇을 하고 싶니?"
"어떻게 해야 할까?"

행동호기심의 문을 여는 두 개의 암호

호프 초등학교의 수업은 8시 30분에 시작한다. 아이들은 대개 8시 5~15분 사이에 교실에 도착한다. 그러면 한 명 예외 없이 교실 밖 가방걸이에 가방을 걸고 책들을 꺼내 책상서랍에 탁 넣어놓은 후 운동장으로 직행한다. 그러고는 수업 시작종이 울릴 때까지 핸드볼, 농구, 그네타기, 미끄럼타기 등을 하며 신나게 논다. '학교에 도착하면 조용히 자습하며 차분히 수업을 준비'하는 분위기가 결코 아니다.

그러나 나는 한가하게 등교 풍경을 감상할 상황이 아니었다.
'왜 시간표를 안 알려주지?'
시끌시끌한 입학식이 지나고 본격적으로 수업이 시작되었는데도 나는 아이의 시간표를 알지 못했다. 이곳에서는 선생님이 학생들과 시간표를 소통할 뿐, 굳이 학부모들에게 알려줄 필요는 없다고 생각하는 듯했다.

시간표를 모르니 교과서를 챙겨줄 수도 없었다. 아니, 교과서는 아예 학교에 두고 다니게 했다. 선생님 만나는 날 아이의 책상 안에 있는 책을 보지 않았더라면 교과서 구경도 못할 뻔했다. 교과서는 우리나라에서처럼 절대적 권위를 지닌 교재는 아닌 듯했다. "자, 이제부터 공부를 시작할 테니 교과서 몇 페이지를 펴렴…" 하는 방식으로 수업하지 않는다는 것이다. 호프 초등학교의 경우 미술이나 음악 교과서는 아예 없었고, 과학 교과서는 있지만 별로 펴보지 않는 것 같았다. 우리나라처럼 참고서가 있는 것도 아니어서 아이가 가끔 말해주는 것 이외에는 학교에서 뭘 배우는지도 알 수 없었다.

아이들은 최대한 자연스럽게 수업을 익혀나갔다. 수학공식을 외우고 문제를 풀기에 앞서 관련된 게임을 하고, 암석에 대해 배우는 과학시간에는 집에 신기한 돌이 있으면 무엇이든 가져오라고 하여 아이들이 가져온 돌을 가지고 이야기를 나누며 수업을 시작했다. 한국에서는 일부 부모들이 영어 몰입교육을 한다며 미국 교과서를 열심히 구해서 공부시키는데, 정작 미국 아이들은 교과서를 보지도 않는 것이다.

이곳 수업은 일상에 훨씬 밀착해 있다. 그래서 아이들은 질문도 많고 할 말도 많다. 이곳에 온지 석 달째, 아직 수업의 반도 이해 못하지만 딸은 이곳 수업이 훨씬 재미있다고 했다. 학교에서 공부가 아니라 놀이를 하고 왔다고 생각한다. 이처럼 고단수의 학습법이 세상에 어디 있을까.

물론 호프 초등학교에도 진도나 단원목표가 있다. 그러나 단원목표는 선생님 자신이 숙지하면 될 일이고, 아이들 앞에서는 아예 그런 것이 없는 것처럼 자연스럽게 행동한다. 샛길로 한없이 새는 질문들을 끝까지 참을성 있게 받아주며, 어린 양들을 맛있는 풀이 있는 곳으로 성급하게 몰고 가지 않는다. 독초를 먹지 않는 한 뭘 뜯어먹든 "잘했어, 훌륭해"라고 칭찬하면서 어린 양들 스스로 좋은 풀을 찾는 법을 익힐 때까지 격려하며 기다려준다고 할까. 특별한 프로그램을 개발해 사용하지 않아도 자연스럽게 아이들의 창의력과 발표력, 호기심이 자라날 수 있는 비결이다. 공부한다는 걸 티내지 말 것. 즐겁게 놀이한다고 생각하게 할 것. 이런 교육철학을 암묵적으로 갖고 있으니 이에 방해되는 교과서나 학교생활 시정표를 가급적 감췄던 것 아닐까.

또 하나 없는 것이 있었다. 바로 숙제다! 아예 없지는 않지만 수업시간에 숙제할 시간을 따로 준다. 딸은 학교에서 숙제를 다 하고 룰루랄라 콧노래를 부르며 집에 왔다. 다음은 담임선생님이 부모들에게 보낸 메일 내용이다.

"대부분의 학생들이 수학숙제 및 다른 숙제들을 교실에서 끝내고 있습니다. 아주 훌륭한 일이죠! 숙제를 잘하고 있는지 집에서는 계속해서 확인만 해주세요. 아이들은 많은 시간 밖에 나가서 놀아야 하고, 저녁에는 '독서'를 해야 합니다."

이와 더불어 이곳 선생님이나 학부모들의 언어방식도 흥미로웠다. 나는 으레 "오늘 학교에서 뭐 했어?"라고 물었는데, 여기 부모들은 하나같이 "오늘 어땠어How's it going today?"라고 묻거나 "아주 재미있었니super fun?"라고 물었다. 내 질문에 아이는 주로 기억나지 않는다고, 그냥 재미있었다고 잘라 말하거나 활동 위주로 몇 가지 말하는 게 전부였다. 반면 이곳 아이들은 주로 자신의 느낌과 생각을 길게 이야기했다.

캘리포니아 학부모들과 어울리다 보면 아이와 대화하는 방식이 우리와 다르다는 것을 금방 느낄 수 있다. 가령 해변에서 함께 피크닉을 한 적이 있었는데, 저녁이 되어 쌀쌀해지자 나는 가져간 옷을 아이에게 주며 "추워지네. 감기 걸릴지 모르니 이거 입어"라고 했다. 그런데 이곳 엄마는 "바람이 불어 추워졌는데 뭘 해야 할까?"라고 아이에게 묻는 것 아닌가. 아이는 옷을 입겠다고 대답했다. 깨달음을 얻었을 때의 충격이 뒤통수로 전해졌다.

그다음부터 유심히 살펴보니 나는 매사에 '해라체'로 말하는 반면, 이곳 부모들은 '~하고 싶니?' 혹은 '어떻게 해야 할까?'로 물었다. 화가 머리끝까지 치미는 상황이든 다급한 상황이든 마찬가지였다. 그들의 사전에 명령이란 존재하지 않는 걸까? 물론 '아뇨, 하기 싫어요'라고 대답하는 아이들은 거의 없고, 말투만 다를 뿐 결국 하라는 얘기일 때도 있지만, 이 조삼모사의 언어구사는 아이들에게 매우 효과적이다. 자기가 스스로 원해서 모든 걸 한다고 생각할 때 책임감과 자존감이 길러진다.

학교 선생님도 마찬가지였다. 늘 아이들에게 선택지를 여럿 주고 무엇을 하고 싶은지 물었다. 정보와 지식도 고스란히 알려주기보다는, 이럴 때에는 어떻게 해야 할지 묻는 식이었다. 상황을 설명한 후 아이 스스로 문제를 해결할 수 있도록 권한을 주는 '호기심 대화법'이었다.

해라체는 즉각적인 행동을 이끌어낼 수는 있어도 시켜서 행동한 아이의 내면에 호기심, 책임감, 열정을 불러일으키지 못한다. 해와 바람의 내기처럼, 결국 승자는 나그네 스스로 옷을 벗게 만드는 태양이다. 캘리포니아 아이들이 우리나라 아이들보다 질문도 훨씬 많이 하고, 스스로 일을 해결하려는 독립심도 강해 보이는 이유는 특별한 교육 프로그램 덕분이 아니라, 부모와 선생님들의 평소 언어습관에서 비롯된 것이 아닐까?

호프 초등학교의 3무와 3유

호프 초등학교의 3무(無) : 해라체, 학교생활시정표, 예습복습
호프 초등학교의 3유(有) : 숙제하는 시간, 책 읽는 시간, 자유시간

107점짜리 수학 성적표

점수를 깎는 방식과 더 주는 방식의 차이

딸은 열심히 학교에 적응 중이다. 내게는 이곳 학교에 다니는 게 재미있다고 하는데, 가끔씩 별것 아닌 일로 눈물이 그렁그렁하는 걸 보면 꽤 애를 쓰고 있는 것 같아 안쓰럽다. 다행인 것은 반 친구들이 다들 착하고 딸아이를 잘 도와준다는 사실이다. 학급 활동이 이해되지 않을 때 짝꿍 남자아이에게 물어보면 언제나 친절하게 잘 가르쳐준다고 했다. 입학식 날 얼핏 봤는데 아주 점잖고 똑똑하게 생긴 아이였다. "오, 감사한 일이야. 선생님도 좋으시고 엄청 신사적인 멋진 짝꿍도 만나고 말이야."

그런데 하루는 딸이 학교에서 돌아와 잔뜩 흥분한 어조로 말했다.

"엄마, 오늘 수학시간에 문제를 풀고 짝이랑 서로 바꿔서 맞춰봤거든요. 틀린 문제는 서로 설명해주라고 선생님이 그러셨어요. 그런데 톰(가명)이 하나도 맞은 게 없이 다 틀린 거예요. 엄청 당황했어요."

나도 충격이었다. 그 멋지고 똑똑해 보이던 톰이?

"그래서 어떻게 했어? 네가 설명을 해줬어?"

"아니요. 도저히 어떻게 할 수가 없어서 'Mrs. Foster, could you help him?'이라고 했더니 선생님이 오셔서 톰에게 따로 설명해주셨어요."

"한두 개 틀렸어야 내가 어떻게라도 설명해주겠는데…." 딸은 혼잣말로 중얼거렸다. 그리하여 우리 모녀에게 톰은 호프 초등학교 최대의 반전남이 되었다.

미국의 수학교육은 무엇이 문제이기에 톰을 '지못미' 상태로 만들었을까? 이곳 초등 4학년 수학 교과서를 살펴보니 우리나라 교과서보다 더 단순하고 쉬워 보이기는 했다. 그래도 연산이 조금 쉬울 뿐, 실생활과 결부된 스토리텔링 문제를 읽고 서술형으로 답하는 것은 한국 수학을 연마한 우리 아이도 조금 어려워했다.

하지만 정규수업과 별도로 온라인 연산숙제를 내주는 것을 보고는 생각이 복잡해졌다. 너무 기초적인 수준이었기 때문이다. 명색이 4학년인데 한국 초등학교 1~2학년 수준의 연산을 숙제로 하고 있단 말인가? 그러다 톰의 점수를 알고 나니, 이 모든 것이 학생들 간의 실력 편차가 커서 하향평준화된 탓이라는 생각이 들었다. 오바마 전 대통령은 기회 있을 때마다 한국 교육을 예찬하면서 미국 학생들의 수학능력을 끌어올리려 노력했고, 수학·과학을 기반으로 다른 과목들을 융합하는 스팀STEAM 교육을 강화했다. 딸이 다니는 학교도 수학교육에 꽤 정성을 기울여서 매일 수학시간이 있다. 그럼에도 공교육과 사교육이 총력전을 펼치는 우리나라에 비하면 이곳의 수학교육은 정말 '널럴하다.' 진도도 매우 느리고 숙제도 한 장을 넘는 법이 없다. 딸의 이야기를 들어보면 수업시간에는 주로 수학교구를 사용한 게임을 많이 하는 것 같았다. 하나의 개념을 이해할 때까지 천천히 그리고 충분히 시간을 들이면서 '재미있게' 수업하는 것이다. 초등학생들의 수학 실력을 향상시키기 위해 캘리포니아 주정부가 예산을 들인 곳 또한 온라인 수학게임 콘텐츠였다.

아이를 데리고 1년 미국에 간다고 했을 때 가장 많이 받았던 조언은 한국에 돌아왔을 때 수학이 뒤처지지 않도록 문제집을 잔뜩 사가지고 가서 풀게 하라는 것이었다. 잔뜩은 아니지만 어쨌든 문제집을 가지고 갔고, 아이는 조금씩이라도 풀려고 노력했다. 그런데 한국에서는 '다른 아이들 하는 만큼은 시켜야지'라는 경쟁모드로 돌입하게 되는 데 비해, 여기서는 아무래도 마음이 느긋해져서 오로지 아이의 컨디션을 살피게 되고, 공부하는 양도 아이의 생각을 따르게 된다. 그래서인지, 한국에서는 많은 문제를 척척 풀다가도 서술형 문제만 나오면 텅 비워둔 채 별표를 쳐놓곤 하던 아이가 캘리포니아에서는 한 문제에 대해 꽤 오래 생각하면서 자기 나름대로 답을 써보려고 노력하게 되었다. 내가 "진짜 진짜 진짜 모르겠는 문제만 별표 치라고 했잖아?"라고 약간 언성을 높이면 아무리 생각해봐도 정말 모르겠다고 말하며 억울해하던 아이가 말이다. 수학이 실생활과 가까이에 있고, 무엇보다 재미있다는 걸 자연스럽게 알게 되었기 때문일까.

그러던 어느 날, 딸이 수학시험을 보고 신기한 점수를 받아왔다. 107점이었다. 딸의 설명인즉슨, 문제 중에는 모르면 풀지 않아도 되는 어려운 문제가 섞여 있는데, 그 문제를 풀어서 맞히면 추가점수를 받는다는 것이었다. 신선했다. 으레 100점은 넘지 못할 절대적인 선인 줄 알았는데, 생각해보면 넘지 못할 이유도 없는 거였다. 100점을 맞기 위해 실수하지 않으려고 안간힘을 쓰는 우리나라 아이들과, 새롭고 어려운 문제에 도전해서 성취해내면 만점 이상의 점수를 받을 수 있는 미국의 아이들, 공부에 대해 누가 더 긍정적인 사고방식을 갖게 되겠는가. 이런 식으로 104점도 받고, 106점도 받아오며 잔뜩 신이 난 아이는 수학에 부쩍 자신감과 흥미를 보이더니, 급기야 수학 잘하는 학생으로 인정받아 전교생 앞에서 '새로운 파도 상'(바닷가 근처 학교라 상 이름에 '파도'가 들어간다)을 받아오기도 했다.

그러고 보면 우리나라 부모들과 학생들은 100점에 대해 강박관념을 갖고 있는 것 같다. 특히 중, 고등학교에 비해 상대적으로 100점 맞기가 쉬운(내가 보기에 반드시 그런 것도 아니지만) 초등학교 시기에는 100점에 대한 집착이 지나치다. 한 개 틀렸다고 집에 가기 싫다며 엉엉 우는 아이가 있는가 하면, 한 개 틀려서 96점을 받았는데 반평균 이하라고(반평균은 98점) 야단치는 부모도 있다. 좀 너무하다 싶다. 모임에서 학부모들 이야기를 가만히 들어보면, 몰라서 틀린 것은 괜찮지만 덤벙대거나 실수해서 틀린 것은 용서할 수 없다고 한다. 정말 그게 '용서할 수 없는' 일일까? 아이가 100세 인생을 살아가고 자신이 원하는 의미 있는 일을 하는 데 초등학교 수학시험에서 한 개 틀린 실수가 정말 치명적일까? 실수가 버릇 된다고들 한다. 초등학교 시기부터 실수하지 않게 공부버릇을 잘 잡아놔야 한다고도 한다. 아… 우리 모두 '오버'하는 것은 아닐까?

Unit 4 Test	Name Yeion (16)	Date 1-21-16 (107%)

★ Amazing!

1. The number of grey pigeons on a wire is <u>6 times</u> the number of white pigeons. Choose one expression from each column to create an equation that compares the number of grey pigeons (g) and white pigeons (w).

+ 45 with
42 extra
credit

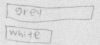
grey
white

○ g ÷ 6	○ w − 6
○ 6g	● 6w
● g =	○ w + 5
○ g − 6	○ w

2. Ralph did 165 jumping jacks last week. He did 237 jumping jacks this week. How many jumping jacks (j) did Ralph do over these two weeks? Write an equation. Then solve.

Equation: 165 + 237 = j

```
   165
 + 237
   402
```

j = 402 jumping jacks

3. Andre chats online with friends 160 minutes each week. Write equations to find how many minutes he chats online in 5 weeks and in 9 weeks.

Equations: 160 × 5 = m
160 × 9 = m

```
 160
×  5
 800
```
```
 160
×  9
1440
```

Use the equations to complete the table.

Weeks	Total Text Messages
1	160
5	800
9	1440

4. Solve for n.

$$(13 + 17) ÷ (13 − 7) = n$$

30   6

n = 5

수학 답안지에 '경이로워!', '107%', '45/42', '추가점수'라는 4개의 긍정적 피드백이 들어 있다.

100점 강박증을 목격할 때마다 내 스키 경험이 떠오른다. 나는 고등학교 때 처음으로 스키를 배웠다. 학교 체육 선생님과 친구들과 함께 스키캠프에 가서였다. 첫째 날, 그곳 코치님은 '잘 넘어질 줄 알아야 스키를 잘 탄다'는 역설적인 말씀을 하시며 시작부터 줄곧 옆으로 넘어지는 걸 연습시켰다. 초보자 코스를 지그재그로 내려올 때에도 옆으로 넘어지는 연습을 스스로 해보라고 했다. 하지만 넘어지는 기분이 싫었던 나는 넘어지지 않으려고 안간힘을 쓰며 잘 타는 연습만 했다.

둘째 날, 오전 연습이 끝나자 상급자 코스에서 타도 좋다고 허락이 떨어진 학생 명단에 나도 들어 있었다. 날아갈 듯한 기분으로 리프트를 타고 올라가 스키장 정상에 섰다. 와… 끝없이 펼쳐진 설원을 내려다보니 정신이 아득해졌다. 여기를 내 힘으로 내려가야 한다고? 함께 올라온 아이들이 한 명 두 명 용기를 내서 내려가고, 어느새 나만 남아 있었다. 초조해진 나는 겨우 용기를 내 출발했다. 머릿속이 백지가 되어 배웠던 것을 모두 까먹은 나는 어느새 무서운 속도로 직활강하고 있었다. 이럴 땐 옆으로 넘어져야 해, 옆으로 넘어져야 해, 아무리 되뇌어도 그 속도에서 일부러 옆으로 넘어질 수 있을 리 만무했다. 아아아악 비명을 지르며 덤불 같은 걸 들이받고서야 겨우 정지했다. 온몸에 타박상을 입고 반쯤 기절한 상태로 패트롤카에 실려 내려간 후로 스키 울렁증이 생긴 나는 지금도 스키를 즐기지 않는다.

인생의 초보자 코스인 초등학교 시기에 가장 중요한 것은 넘어지는 연습이라고 말하고 싶다. 학생은 배우는 사람이고, 배우는 시기에 실수하는 것은 당연하다. 인간은 실수를 통해 배우고 성장한다는 얘기는 너무 당연한 진리여서 구태의연하다. 그렇다면 학창시절, 특히 초등학교 시절에 시험문제 몇 개씩 틀리는 게 오히려 정상 아닌가? 게다가 우리나라 시험문제 중 어려운 문제 혹은 응용문제는 단순히 어려운 게 아니라 일부러 꼬아놓고 함정을 파놓는 문제들인 경우가 많다. 아이의 문제집들을 보면서 드는 개인적인 생각인데, 아이들은 일부러 파놓은 함정에 걸려 넘어지지 않는 연습을 하느라 지나치게 힘을 뺀다. 이런 식으로 학창시절을 보내게 되면 멀쩡한 사람도 부정적인 사고방식으로 팽배해지지 않을까. 세상은 온통 나를 걸어 넘어뜨리려는 함정투성이니 정신을 바짝 차려야 되고, 언제 어디서든 나를 시험하고 있으며, 조금이라도 허점을 보이면 나를 깎아내리려고 혈안이 되어 있다고 믿는 부정적인 사람 말이다.

100점 강박관념에 시달리기로는 대학생들도 마찬가지다. 내 수업의 시험은 모두 서술형인데 중간고사, 기말고사 점수를 공개하면 91점 받은 학생이 내게 찾아와 묻는다. "왜 9점이나 깎였어요?" 91점을 받았으니 잘했다고 결코 생각하지 않는다. 완벽한 정답이 있고, 그걸 맞히면 100점이며, 뭔가 부족하면 깎인다는 사고방식이 이미 세팅돼 있기 때문이다. 게다가 상대평가여서 91점을 받더라도 A를 받는다는 보장이 없어서 더 예민하다.

이렇게 하면 자잘한 실수를 덜 하는 사람으로 키울 수 있을지 몰라도, 실수하더라도 과감하게 도전하고 그 과정에서 행동호기심을 키우는 사람을 만들지는 못한다. 행동호기심을 키우려면 무엇보다 세상을 바라보는 낙관적이고 긍정적인 마음과 적극적인 도전정신을 길러야 한다. 우리가 100점에, 또는 평균에 연연해서는 안 되는 이유다. 틀리지 않으려고 달달 외우고 문제를 반복해서 풀고 요점정리 학원과외를 받느라 시간을 낭비하지 말고, 서툴고 실수하더라도 자신의 힘으로 천천히 다양한 시도를 해보며 자신의 지적, 정서적, 육체적 능력을 조절할 수 있는 힘을 길러야 한다. 이 힘을 기르지 않고 초보자 코스에서 바로 상급자 코스로 올라가면, 한마디로 내 스키 꼴 난다. 정신없이 쏟아지는 학업과제를 내 힘으로 한 번 제어도 못한 채 무너지고, 공부하는 즐거움도 모른 채 평생 트라우마에 시달려야 하는 것이다. 100점 강박증에서 벗어날 해결책으로, 스스로 도전할 수 있는 문제와 100점 이상의 점수를 주는 호프 초등학교의 방법을 우리도 써보면 어떨까?

"와서 만져보고 싶니?"

궁금해하는 아이만 가르친다

캘리포니아 산타바바라에 어둠이 내리면서 호프 초등학교 과학의 밤 행사가 시작됐다. 학교 운동장에는 커다란 천체망원경과 아이들이 올라가서 볼 수 있도록 사다리가 놓였다. 강당이며 미술실, 도서실, 교실마다 환하게 불이 켜졌다. 강당 앞에 서서 실험실 가운과 실험용 고글을 쓴 채 웃으며 수다를 떨고 있는 사람은 교장선생님이었다. 입구에 놓인 책상에는 학교 어디에서 무슨 체험활동이 벌어지는지를 표시한 지도가 놓여 있었다. 그뿐이었다. 안내하는 사람도, 교장선생님의 인사도, 특별한 사전행사도 없었다. 가고 싶은 장소에 찾아가서 진행자의 지도에 따라 체험하면 되는 일종의 박람회 방식이었다.

과학관에서나 보았던 고성능 천체망원경에 눈을 대니 달의 표면이 놀랍도록 선명하게 눈에 들어왔다. 손을 뻗으면 달을 만질 수 있을 것 같았다.

"혹시 금속 알레르기가 있나요?"

망원경에서 눈을 떼자 진행자 할아버지가 물었다. 없다고 했더니 만져보라며 뭔가를 건네주었다. 주먹보다 조금 큰, 금속과 돌이 합쳐진 것 같은 물체였다. 우주에서 온 운석이라 했다. 설마 모형이겠지, 진짜 운석은 과학관 유리 진열장 너머로 보는 귀한 것 아닌가. 그런데 진짜였다.

강당에 놓인 네모난 수조에서는 하얀 수증기가 풀풀 흘러나오고, 그 안에 바나나 하나가 들어 있었다. UCSB에 재학 중인 대학원생 3명이 체험하러 온 가족들을 각자 한 명씩 상대하며 설명하기 시작했다.

"이건 보통 우리가 먹는 바나나입니다. 이걸 못에 대고 두드리면 어떻게 될까요?"

왜 당연한 걸 묻지? 내가 난감한 표정을 지으니 직접 두드려보라고 했다. 바나나를 힘차게 내리치자 못이 쏙 뚫고 나왔다.

"자, 그럼 수조 안의 바나나로 못을 두드리면 어떻게 될까요?"

그가 두툼한 장갑을 낀 손으로 수조에서 꽁꽁 얼어붙은 바나나를 꺼내 몇 번 내리치니, 못이 쑥쑥 나무판자에 박혔다.

다른 대학원생의 안내를 받은 아이는 수조에서 나온 카네이션을 고운 가루로 바쉈고, 그 옆의 학부모는 언 고무공을 박살내고 있었다. 그런데 문득 궁금해졌다. 사람들을 모아놓고 한 번에 설명하면 효율적일 텐데 왜 굳이 한 사람씩 붙잡고 같은 설명을 되풀이할까. 저 많은 바나나와 고무공을 희생해가며, 목 아프게.

그것이 무엇이든 실물을 만져보게 해주마!

옆 교실에서는 더욱 놀라운 광경이 펼쳐지고 있었다. 뭔지 모르고 가까이 갔다가 기절할 뻔했다. 아이들이 장갑을 끼고 뭔가를 주물럭거리며 만져보고 있었는데, 인체의 장기였다. 이 역시 진짜였다. 옆 탁자에는 주름이 자글자글한 진짜 뇌도 놓여 있었다. 아, 이런 건 의대생들이나 실습하면서 만져보는 것 아닌가? 아이들이 만져도 괜찮나? 그런데 아무렇지도 않게 "이건 심장이고 이건 콩팥이야. 콩팥이 하는 일을 알고 있니? 여기를 한번 만져보렴" 하며 수술복 차림으로 설명하고 있는 사람이 낯익었다. 딸을 학교에 데려다줄 때 종종 마주쳤던 어느 아빠였다.

교실 앞마당에서는 비행접시처럼 생긴 것을 아이들이 타고 놀며 즐거워했다. 호프 초등학교 과학교사가 진공청소기를 활용해 직접 만든 발명품이었다. 그밖에도 UCSB 지구과학부, 산타바바라 자연사박물관, 산타바바라 꿀벌보존협회, 산타바바라 식물원, 채널아일랜드 국립해양보존소, 산타바바라 아마추어 라디오 클럽에서 온 해당 분야의 전문가들이 나무, 벌, 바다 생물, 또는 전문가용 IT 설비를 놓고 아이들과 1대 1로 질문과 대답을 주고받으며 직접 만져보고 만들어볼 수 있는 체험학습을 진행하고 있었다.

이 모든 프로그램은 학부모, 졸업생, 대학과 지역사회의 재능기부 덕분에 가능했다. 이들은 권위 있는 교수나 박사가 아니었지만, 실제 인체의 장기, 진짜 운석, 단면을 자른 나무의 나이테, 직접 만든 발명품 등 자신의 직업이나 관심 분야에 대해 누구보다도 흥미롭게 설명해줄 수 있는 전문가들이었다. 아이들은 이들과 대화하며, 그림과 파워포인트가 아닌 실물을 만져보며 궁금한 것들을 알아갔다.

이런 체험학습을 소도시의 평범한 공립 초등학교에서 할 수 있다니. 이 대단한 체험을 여기에 모인 사람들만 누린다는 게 아까웠다. 전교생과 학부모들, 동네 아이들이 모두 몰려와 인산인해를 이뤄야 마땅할 것 같은데, 별로 기다리지 않고 마음껏 체험을 즐길 수 있을 정도로 인원이 적당했다. 호프 초등학교는 과학의 밤 행사를 학부모 메일로 단 한 번 공지했다. 나 같으면 정말 좋은 프로그램이니 전교생과 학부모 모두 꼭 참석하라고 여러 번 홍보했을 것 같은데, 이렇게 큰 잔치를 벌여놓고는 올 사람만 오라는 식의 태도가 놀라웠다.

입구에 지도 한 장 놓고, 자기가 궁금한 곳을 알아서 찾아가는 박람회 같은 운영방식에는 서부의 개척정신이 투영돼 있다. 아이들로 하여금 스스로 궁금해서 찾아가면 굉장히 많은 것을 얻고 배울 수 있음을 경험하게 해준다. 강당 방식 그리고 강의 위주로 진행하는 한국의 교육행사와 대비되는 대목이다. 강당에 학생들을 모아놓고 교장선생님 인사부터 시작해 시간대별로 기획된 프로그램을 소화하는 일정이 우리 교육의 단면이다. 체험학습을 할 때에도 일정 수의 학생들을 모아놓고 선생님이 먼저 시연을 하고, 모든 학생들이 그대로 따라 하는 방식이 대부분이다.

호프 초등학교에서 과학의 밤을 적극적으로 홍보하지 않았던 까닭은 진짜 궁금한 사람만 오라는 뜻이었을 것이다. '스스로 궁금해야 배울 수 있다. 관심이 있어서 찾아온 사람에게는 잊지 못할 최고의 경험을 하게 해주마!'라는 교육철학이 숨어 있었다. 이것이 창의교육의 시작점 아닐까? 정말 궁금해서 스스로 행동하는 아이로 키우는 것 말이다.

"선택과 필수의 균형이 중요합니다"

산타바바라 몬테소리학교 교장선생님과의 인터뷰

구글의 공동창업자 세르게이 브린과 래리 페이지, 아마존닷컴의 창립자 제프 베조스, 위키피디아의 창설자 지미 웨일스, 전 미국 대통령인 빌 클린턴과 버락 오바마까지, 우리 시대의 창의적이고 리더십 넘치는 인물들의 공통점이 있다. 모두 어린 시절 몬테소리학교에 다녔다는 점이다. 몬테소리학교와 교육 시스템에 관한 책은 꽤 읽어보았지만, 구체적으로 아이들이 뭘 어떻게 배우는지 현장의 모습이 궁금했다.

산타바바라 몬테소리학교 교장선생님인 짐 피츠패트릭Jim Fitzpatrick을 만난 것은 우연이었다. 산타바바라에 온 지 이틀째, 저녁 산책 겸 임시 숙소에서 가까운 몬테소리학교에 가봤더랬다. 개구쟁이 스머프 집들처럼 나지막한 버섯 모양의 지붕을 이고 있는 7~8채의 건물이 바로 몬테소리학교였

산타바바라 몬테소리학교

몬테소리학교 참관 때 우연히 만난, 엄마가 한국인인 아이가 태극기를 그리고 있었다.

다. 다정한 느낌이 들었다. 방학 기간이었는데 한 건물에 불이 켜져 있고 편안한 복장으로 컴퓨터 앞에 앉아 있는 나이든 남자가 보였다. 이곳 관리인일까? 혹시나 하는 마음으로 문을 두드리니 바로 문이 열렸다.

간단히 내 소개를 하니 매우 친절하게 맞아주었다. 내게 명함을 내미는데 놀랍게도 이 학교의 교장선생님인 짐이었다. 이런 행운이 있나! 그는 기계 고치는 기술자를 기다리느라 잠시 사무실에 나온 참이라고 했다. 우리는 그날 꽤 오래 교육에 대한 이야기를 나누다 헤어졌다. 학생들 개개인이 자신의 호흡에 맞게 스스로 모색하고 탐구한다는 몬테소리 교육방식이 인상적이었던 나는 그 후 그에게 다시 연락해 학교 수업을 참관하고 인터뷰를 진행했다.

몬테소리학교에서 가르치신 지 얼마나 되었나요?
"45년 됐습니다."

초등교육에서 가장 중요한 것은 무엇이라고 생각하십니까?
"아이의 역량강화empowerment of the child라고 생각합니다. 자신이 영향력 있는 사람이라는 것을 알게 하고 스스로 그것을 계발할 수 있도록 지식, 감수성, 능력을 북돋우는 일이죠.

우리는 아이들이 스스로 배워가는 것을 지켜보면서 깨달았습니다. 교사와 부모가 할 일은 아이들에게 이로울 만한 것들을 제공하고, 그걸 좋아하게끔 안내하는 일이라는 것을요. 아주 어릴 때 좋은 음식을 제공받은 아이들은 사탕이나 아이스크림만 좋아하는 게 아니라 건강한 음식도 좋아하게 된다는 걸 알았습니다. 여기에서 건강한 음식이란 좋은 교육도구들을 의미하죠. 특히 손으로 뭔가를 할 수 있도록 만들어주는 도구들, 아이들이 끊임없이 바쁘게 몰두할 수 있도록 하는 도구들을 제공해주는 겁니다. 그러면 아이들이 그걸 합니다."

그러면서 그는 모형조각들이 가득 든 상자를 열어보였다.

"이 상자에 모형조각들을 넣어야 하는 과제가 있을 때 나는 결코 '이렇게 해야 한다'고 말하지 않습니다. 그냥 '나는 이렇게 한단다'라고 한 가지 방법을 보여주면, 아이들은 자기 나름의 또 다른 방법을 내게 보여줍니다. 이것을 넣는 수많은 방식이 있다는 걸 학생 스스로 깨닫고 보여주는 거죠."

한국의 교육은 의무가 많은 반면 미국의 교육은 학생들에게 자율성을 많이 부여하기 때문에 미국의 아이들이 좀 더 자연스럽게 창의력을 발휘하는 것 아닐까요?
"최근에 한국 학생 두 명이 이 학교를 다녔죠. 한 명은 다섯 살에 몬테소리에 왔는데, 그 아이의 부모는 자신의 아이가 영재임을 강조하면서 특별한 교육을 해줄 수 있는지 물었어요. 나는 아이가 지역사회와 더불어 창의적인 리더로 클 수 있게 하는 몬테소리의 교육철학을 설명했습니다."

그래서 결국 이 학교를 다녔나요?
"그럼요. 몬테소리의 교육을 받고 아주 훌륭하게 성장했지요."

또 한 명은요?

"그 아이는 영어를 잘 못했어요. 6개월 동안 한마디도 안 했죠. 우리는 참을성 있게 기다려줬어요. 그랬더니 6개월 만에 말문이 트이고 이곳 생활에 적응하기 시작하더군요. 이렇게 아이들마다 능력과 개성이 달라요. 그래서 개인의 능력과 발달시기에 맞춘 교육이 중요해요."

그러면서 그는 한국 교육이 성적을 지나치게 강조하고, 경쟁이 극심하다고 지적했다. 자기 아이가 똑똑하게 자라기만 하면 된다고 생각하는 한국의 부모들, 무언가 알아가는 즐거움을 누리기보다는 친구를 이기는 것과 100점을 목표로 공부하는 한국 학생들의 교육 현실이 떠올라 마음이 무거워졌다.

"많이들 착각하는데, 우리가 무조건 아이들에게 선택의 자유를 주는 것은 아닙니다. 우리가 계획한 양질의 프로그램 몇 가지를 제시하고 그중에서 선택하라고 하는 것이지, 무턱대고 불량식품을 먹어도 좋다고 하지는 않죠. 대신 제시한 것을 완수하면 하고 싶은 것을 할 수 있는 시간을 줍니다. 자유로운 선택과 필수의 균형이 필요한 거죠.

아무리 좋은 프로그램이라도 결코 직설적으로 명령하거나 강요하지 않습니다. 스스로 하고 싶게 만드는 게 중요하니까요. 가령 도전과제의 도구는 한 세트밖에 없습니다. 하고 싶은 아이가 여럿이면 기다려야 하죠. 한 아이가 그걸 열심히 하고 있으면, 다른 아이도 하고 싶어지게 마련입니다. 그래도 자기 차례가 올 때까지 기다려야죠. 동기부여와 함께 인내심을 키워주는 겁니다."

저절로 고개가 끄덕여졌다. 우리나라 학교들도 이곳 몬테소리학교 못지않은 좋은 교육 프로그램을 갖고 있다고 생각한다. 우리에게 필요한 것은 아이들에게 선택하게 하고 무엇을 택하든 믿고 기다려주는 교사와 부모의 인내심인 듯하다. 아무리 맛있는 음식도 먹으라고 강요당하면 먹기 싫어지지 않는가.

"방과후 활동으로 과학실험, 국어논술, 영어책 읽기, 방송 댄스, 미술, 관악기 레슨, 발야구가 있네. 뭘 하고 싶니?"

설령 아이가 선택한 활동이 마음에 들지 않더라도, 긍정적인 반응을 보이면서 아이들이 스스로 행동호기심을 발휘할 수 있도록 인내하고 또 인내할 일이다.

02

저녁 30분 독서

평생 애독자愛讀者를 만든다

책읽기가 또 다른
공부가 되지 않으려면

캘리포니아의 독서교육

캘리포니아에 와서 아이에게 일어난 가장 큰 변화는 책을 많이 읽게 되었다는 것이다. 더 고무적인 것은 책읽기를 휴식처럼 생각하게 되었다는 점이다. 자유시간에 자연스럽게 TV도 보고 자기가 좋아하는 그림을 쓱쓱 그리는 것처럼, 스스로 책을 꺼내 큰 소리로 읽기도 하고 조용히 미소 지으며 즐기기도 했다.

우리가 지냈던 주택단지에는 '작은 도서관'이 있었다. 다 읽은 책들을 기증받아 자유롭게 빌려가고 돌려줄 수 있게 한 비둘기 집 같은 장소였다. 저녁 먹고 산책하면서 그곳을 지나가면, 아이는 얼굴을 파묻고 신중히 이 책 저 책 뒤적이다가 10권쯤 고르며 다 읽고 싶다고 책 욕심을 부리곤 했다. 재미있었던 것은, 이런 도서관이 한국에서 살던 아파트 단지 안에도 10군

데쯤 있었다는 것이다. 그런데 그때에는 눈길 한 번 주지 않던 딸이다.

그런데 어떻게 이렇게 기쁜 일이 일어났단 말인가. 모르는 단어도 많고 내용도 완전히 파악되지 않을 텐데도 영어로 된 책을 읽으며 즐거워하게 되다니. 딸이 미국에서 책읽기를 즐기게 된 동기는 무엇이었을까?

어떤 것도 강요하지 않는 캘리포니아의 초등학교에서 유일하게 강조하는 것 하나가 독서였다. 학기 초 학부모에게 보낸 담임선생님의 편지만 봐도 알 수 있었다.

'집에서 30분의 독서시간을 가질 수 있도록 조용한 장소를 꼭 마련해주세요. 독서가 가장 중요한 매일의 숙제입니다.'

학교에서도 별도로 당부했는지, 아이는 30분의 독서시간을 스스로 지키려고 노력했다. 게다가 학교 숙제도 적고 학원도 다니지 않으니 30분을 내는 건 어렵지 않았다. 그러니까 관건은 시간과 마음의 여유였던 것이다. 한국에서 아이는 꽉 짜인 방과후 스케줄을 소화하고 나면 책읽기보다 다른 것을 하고 싶어 했다. 책읽기가 또 다른 공부로 여겨졌던 까닭이다. 그런데 이곳에서는 시간 여유도 많고, 자기 마음대로 시간을 계획할 수 있게 되니 책읽기가 우선순위가 되고 자연스럽게 책을 통해 알아가는 재미를 느끼게 된 것 같았다.

호프 초등학교에서는 그밖에도 다양한 방식으로 독서를 장려했다. 점심시간이 끝난 후 정규시간에 매일 30분씩 '묵독silent reading'을 했다. 읽고 싶은 책을 읽어도 되고, 컴퓨터로 읽은 책에 대한 문제를 풀고 포인트를 받는 AR 활동을 할 수도 있다. 한국 초등학교에서도 이와 비슷하게 영어책을 읽고 문제를 푸는 ERP^{English Reading Proficiency} 프로그램이 있었다. 그런데 방과후에 원하는 학생들만 하는 데다, 매달 포인트 점수로 전교 20위 안에 드는 학생들에게 상을 주는지라 경쟁이 과열돼 문제를 풀기 위해 책을 읽는 현상이 일어났다. 그런 것에 질려서 아예 시도조차 하지 않으려는 학생들도 많았다.

반면 호프 초등학교에는 학생마다 전용 컴퓨터가 한 대씩 교실에 구비돼 있었다. 그래서 책은 집에서 읽어 오고, AR 문제는 책을 보지 않고 학교에서 정해진 시간에 혼자 힘으로 풀었다. 80% 이상 답을 맞히면 글의 길이, 난이도, 정확도에 따라 점수가 부여되었다. 0.5점부터 시작해, 두꺼운 《해리 포터》 시리즈 같은 경우는 34점까지 부여된다. 선생님은 모두가 공통으로 도달해야 할 기본목표로 12점, 더 읽고 싶은 학생들을 위한 챌린지 25점, 독서광인 학생들을 위해 슈퍼챌린지 50점을 설정했다. 그리고 한 달 후 목표를 달성한 학생들에게 작은 상을 주었다. 한 번은 딸이 조스바처럼 생긴 시뻘건 아이스바를 입에 물고 왔다. 이 얼음과자가 바로 AR상이었다. AR의 결과는 성적에 비중 있게 반영됐다. 담임선생님이 학부모와 개별상담을 할 때에도 상당히 공을 들여 설명했던 것이 AR을 위해 딸이 읽은 책들과 문제를 푼 목록이었다.

그런가 하면 담임선생님은 AR과 별도로 분량에 상관없이 아무 책이나 다 읽으면 책 제목을 적고 부모가 서명하게 한 다음, 목록이 한 페이지 가득 차면 작은 선물을 주었다. 딸이 몇 번씩 받아 온 선물들이 재미있었다. 여러 개 중에서 고르라고 하신다는데 탄성이 좋은 고무공, 스탬프, 고리를 당기면 발사되는 팽이, 미니 온도계 등 작지만 재미있는 장난감들이다.

온라인 독서 프로그램인 리딩플러스readingplus.com도 활용했다. 여기에는 아예 책이 전자책으로 탑재돼 있어서 독서활동과 문제를 푸는 독후활동을 병행할 수 있었다. "AR에 주로 픽션들이 많다면, 리딩플러스는 논픽션 책들을 읽고 문제를 풀도록 되어 있어서 보완이 됩니다." 담임선생님의 설명이었다.

이와 더불어 일주일에 한 번 도서관 수업시간이 있다. 도서관에서 사서선생님이 짧은 책 한 권을 읽어주시고 이에 대해 이야기를 나누는 시간이다. 그러고 나서 아이들은 읽고 싶은 책 3권을 빌려가지고 왔다. 가끔 지역 작가가 찾아와 자신이 쓴 책 이야기를 하고 질문을 받기도 했다.

결국 독서교육에서 물리적인 환경 조성보다 더 중요한 것은 독서를 우선시하는 분위기와 마음가짐이다. 캘리포니아에서는 초등학교 독서교육이 공부의 기본기와 저력을 다지는 데 좋다는 교육적 합의가 이루어져서 우선적으로 독서교육 프로그램을 정규수업에 편성하고 학교가 솔선해 실천하고 있었다.

우리도 독서교육의 중요성을 잘 안다. 한국의 독서열기와 독서환경은 어느 나라보다 훌륭하다. 소아과에서 진료 차례를 기다리는 동안 많은 엄마들이 아이에게 책을 읽어준다. 아이 몸이 불덩이 같고 1초에 한 번씩 기침하는 와중에도 엄마는 성우 같은 목소리로 꿋꿋하게 동화구연을 펼친다. 대형서점 어린이 코너에는 아예 바닥에 주저앉아 아이에게 책을 읽어주는 부모들로 넘쳐난다. 한 번은 교보문고에서 아이와 책을 고르고 있는데, 유치원생쯤 되어 보이는 남자아이를 데리고 온 아빠가 호기롭게 "자, 여기서 네가 꼭 읽고 싶은 책 두 권 골라. 아빠가 사줄게" 했다.

신이 난 아이는 이리 갔다 저리 갔다 한참 고르더니 두 권을 들고 왔다. 그걸 본 이 아빠의 신경질적인 반응. "아휴, 뭐 이런 쓸데없는 책을 사려고 그래. 다시 골라 와!"

아이가 고른 책은 또래들이 최고로 좋아하던 만화 캐릭터가 주인공인 책이었다. 아빠와 아이의 심정이 모두 십분 이해되어 슬며시 웃음이 나왔다. 그래도 '쓸데없는'이라는 말은 자제하셨어야 했지만.

여느 부모처럼 나 또한 아무리 바빠도 아이의 독서교육만큼은 신경 쓰려고 했다. 자기 전에 침대에서 함께 책 읽는 시간을 가졌다. 서점도 자주 데려가고, 읽고 싶다고 하는 책은 아낌없이 사주었다. 동네의 훌륭한 어린이 도서관과 구내식당 돈가스가 일품인 일반도서관에도 데려갔다. 학교도서관도 훌륭했다. 고전부터 신간까지, 한국 책에서부터 세계 여러 나라의 책, 영어책까지 없는 게 없었다. 학교에서 독서를 장려한 것은 물론이었다. 다독상도 주고, 독서감상화 대회도 열고, 영어책을 읽고 매달 순위를 매겨 상을 주기도 했다. 아이는 그런 것도 열심히 하고, 상도 받았다. 그런데 뭔가 부족하다는 느낌을 지울 수 없었다. 책을 즐긴다기보다는 의무감으로 읽는다는 느낌 때문이었을 것이다.

독서교육이 중요하다고 말하면서도 '정규수업이 우선이니 독서교육은 시간 남을 때 배정하지'라든가 '독서도 중요하지만 일단 영어학원, 수학학원 다녀와서 학교숙제, 학원숙제 다 한 다음에 하지'라는 태도를 갖는 한, 우리 아이들이 진정으로 책을 사랑하고 책과 벗하는 사람으로 자라기란 요원하지 않을까.

또 하나, 개인적으로 우리나라 국어 참고서만큼은 제발 최우선으로 개선됐으면 한다. 캘리포니아 학교에서 사용하는 '읽기—캘리포니아' 교재는 매우 훌륭하다. 여행, 영웅, 자연 등의 주제를 설정해 이에 관한 픽션, 논픽션들이 컬러 삽화와 함께 수록돼 있다. 이야기에 관한 열린 질문들과 주제와 연관된 수학, 지리, 역사, 예술 활동을 연계시키고 있다. 이와 함께 미스터리, 연극, 시 등의 장르적 특징도 익힐 수 있게 했고, '묘사하기'에 대한 활동이 제시된 후 '학생 작가의 견본' 코너를 통해 또래 아이의 글을 소개하고, 어떤 부분이 묘사가 갖춰야 할 특성인지 알려준다. 어린 작가에 대한 소개도 물론 빠뜨리지 않는다. 가장 좋은 것은 이런 활동에 대한 '지침'과 '답'을 제공하는 참고서가 없다는 사실이다.

반면 우리나라 국어 참고서에는 지문의 한 줄 한 줄 아래마다 단어의 뜻, 놓치지 말아야 할 점, 숨은 의미, 동의어 등이 깨알같이 적혀 있다. 읽고 싶은 의욕을 싹 달아나게 하는 데 매우 효과적이다. 초·중·고등학교를 끝내면 아이들이 완전히 질려서 교과서에 실린 시, 소설, 고전작품은 쳐다보지도 않는 이유가 이것이다.

"네가 고른 이야기를 읽어보렴"

필독서보다 애독서

담임선생님으로부터 국어시간에 '이야기를 들려주세요!'라는 활동과 평가가 이뤄질 거라는 안내문을 받았다.

전래동화, 요정 이야기, 사기꾼 이야기 장르 중에서 짧은 동화책을 고르세요. 이야기는 10분을 넘지 않아야 합니다. 이 활동의 목적은 여러분의 독서능력과 이야기 전달 능력을 향상시키는 데 있습니다.
책을 선택했으면, 하루에 몇 번씩 여러분의 이야기를 읽어보세요.
평가는 다음과 같은 기준으로 합니다.

	3=뛰어난 2=잘한 1=발전이 필요한		
목소리를 크게 냈는가	3	2	1
단어를 명확하게 발음했는가	3	2	1

표현력 있게 낭독했는가	3	2	1
유창하게 읽었는가	3	2	1
책으로 얼굴을 가리지 않았는가	3	2	1
청중의 눈을 자주 바라보았는가	3	2	1

활동의 목적과 평가기준이 명확했다. 무엇보다 '평가를 위한 평가'가 아니라 독서력과 이야기 전달력 향상에 기여하는 평가항목이었다. 안내에서 보았듯이 혼자 책을 읽고 즐기는 감상자의 입장에서 벗어나, 좋아하는 책을 친구들에게 들려주는 전달자의 입장에 서게 하는 활동이었다. 그렇게 되면 감상자일 때에는 생각하지 않았을 궁금증들이 생겨난다. 등장인물들은 이 상황에서 어떤 생각을 하고 어떤 목소리로 이야기했을까? 그들의 마음을 어떤 어조로 표현하면 좋을까? 주인공의 억울함을 어떤 표정과 목소리로 전달해야 할까? 자신의 표현, 창작, 실천과 연관된 구체적인 행동호기심이 생겨나고, 그 호기심을 풀어나가는 과정에서 통찰력, 상상력, 표현력이 향상된다.

이 활동에서 가장 인상적이었던 것은 자기가 원하는 책을 고르게 하되, 서로 겹치지 않도록 조율한 점이었다. 딸에게 물어보니 도서관에서 사서 선생님이 책상 위에 50여 종의 이야기책을 한 권씩 늘어놓았다고 했다. 25명의 아이들은 무슨 책을 고를지 탐색하는 시간을 충분히 가진 다음, 순서를 정해 한 명씩 자신의 이야기를 골랐다. 담임선생님은 언제, 어느 시간에 이야기를 들려주고 싶은지 아이들이 정하게 했다.

딸은 〈헨젤과 그레텔〉을 빌려왔다. 과자로 만든 집이 무척 아름답고 먹음직스럽게 그려진 책이었다. 아이는 매일 저녁 먹기 전에 한 번, 저녁 먹은 후에 한 번, 자기 전에 한 번 소리 내어 읽기를 즐겁게 연습했다. 내게 시간을 재달라고 부탁하기도 했다. 자기가 생각해도 정말 너무하다고 느낀 의붓엄마의 대사는 제법 앙칼지게 표현해서 웃음이 나왔다.

친구들 앞에서 즐겁게 이야기를 들려준 딸은 담임선생님으로부터 3과 2가 적절히 섞인 점수와 함께 다음과 같은 코멘트를 받아왔다.

"훌륭한 낭독이었어! 목소리는 멋지고 컸고, 모두가 너의 목소리를 뚜렷이 들을 수 있었단다."

이런 방식으로 한 달 동안 25명의 이야기꾼들이 각기 다른 25권의 책을 친구들에게 읽어줬다. 다양한 책을 읽게 해준 것이 특히 좋았다고 생각한다. 평가의 공정성을 이유로 책을 한두 권으로 제한했으면 어땠을까? 누가 더 잘 읽는지 분명히 드러났을지는 몰라도 듣는 아이들은 매우 지루했을 것이다. 우리가 중고등학교 교과서에 실린 책들을 좋아하게 되기 어렵듯이, 활동이 끝나면 제목만 들어도 질려서 이 책들을 다시는 읽고 싶어지지 않을지도 모른다. 우리나라 초등학교에서는 '10권의 필독서 읽기'와 같은 방학숙제를 내준다. 우리도 필독서가 아니라 다양한 권장 리스트를 만들고, 그중 자신이 몇 권을 선택하는 방식으로 바꾸면 어떨까? 그게 필독서를 애독서로 만드는 비결 아닐까?

"취향저격! 책을 골라드려요"

공공도서관 사서의 책 추천제도

행동호기심을 일으키는 공간으로 도서관보다 더 적합한 곳이 있을까? 읽어주기를 기다리는 책들이 한가득 꽂혀 있는 서가를 누비며 원래 찾던 책 대신 그 옆에 우연히 눈에 띈 책을 집어서 단숨에 읽어 내려가는 기쁨이라니.

생각해보면 지금의 나를 키운 건 팔 할이 도서관이었다. 푹신한 소파가 있었던 초등학교 도서관에서 나는 점심시간을 아껴 셜록 홈즈와 괴도 루팡 시리즈를 숨도 안 쉬고 읽었다. 고등학교 때 드넓은 독서실 앞 구석에 있었던 작은 다락방 도서관은 입시공부에 지친 내게 숨 돌릴 시간을 주었다. 사서선생님 대신 도서관을 지키다 보들레르의 시집을 발견한 어느 날, 나는 불어불문학과에 가기로 결심했다. 프랑스 유학 시절 국립도서관의 특수자료실에서 사서가 강보에 싸인 아기처럼 소중히 배달해준 삽화 시집을 흰 면장갑을 끼고 한 장 한 장 넘겨보았던 감동은 또 어떤지. 호안 미로가 그린 삽화는 금방이라도 총천연색 물감이 뚝뚝 흘러내릴 듯 선명하고 아름다웠다.

그런데 얼마 전 서울의 동네 구립도서관에 갔다가 놀랐다. 도서관이 거의 독서실로 사용되고 있었기 때문이다. 여유로운 마음으로 책을 읽으러 오는 사람보다 공부하러 오는 사람이 훨씬 많았다. 번호표를 뽑고 다닥다닥 붙은 책상 한 자리를 차지한 후 맹렬히 공부에 몰두하는 사람들이 내뿜는 열기로 공기가 무거웠다. 무표정한 얼굴의 사서들은 모니터만 뚫어지게 바라보고 있었다. 문득 미국에 체류할 때 이용했던 공공도서관이 떠올랐다.

캘리포니아에 머무르는 동안 다양한 공공시설을 이용했는데, 가장 친숙한 곳은 역시 도서관이었다. 특히 시내에 위치한 산타바바라 공공도서관은 토요일마다 별다른 일이 없으면 딸과 함께 기내용 가방을 끌고 찾아가곤 했다.

도서관에 웬 기내용 가방이냐고? 빌려온 책을 반납하고 빌려갈 책을 담기 위해서였다.

"몇 권 대출할 수 있나요?"

"99권이요."

도서관 카드를 만들다 일순간 내 귀를 의심했다. 잘못 알아들은 줄 알고 다시 묻자 담당자는 웃으면서 한 번에 99권을 빌릴 수 있고, 기한은 3주이며, 원한다면 인터넷으로 3번까지 연장 가능하다고 알려주었다. 교육용 비디오, 잡지, 책 모두 포함해서 99권이었다. 다른 사람이 그 책을 요청하지 않으면 내가 가만히 있어도 시스템에 의해 자동으로 3번까지 연장됐다. 다들 99권씩 빌려가면 도서관이 유지될까 잠시 걱정했으나 그럴 염려는 없는 듯했다. 도서관 서고는 늘 책으로 빽빽이 차 있었으니.

빌리고 반납하는 것도 모두 자동화되어 있었다. 우리나라의 몇몇 도서관에서도 경험해보고 신기해했던 것인데, 이곳에서도 기계에 카드 바코드를 인식시키고 대출 버튼을 누른 다음 빌리고 싶은 책을 모두 쌓아 올려놓으면 이 똑똑한 기계가 착착착 자동으로 인식했다. 그런 다음 대출목록 이메일 전송 버튼을 누르면 끝이다. 반납은 더 간편하다. 반납함 입구에 책을 밀어 넣으면 끝.

그런가 하면 겨울방학 때 딸과 함께 방문한 시애틀 공공도서관은 또 다른 놀라움을 주었다. 바로 사서들의 책 추천이었다. 곳곳에 비치된 작은 브로슈어에는 장르별 추천도서와 간략한 설명이 담겨 있었다. '다운로드 받을 수 있는 오디오북', '컨셉북', '금서禁書', '그래픽 소설', '호러', '역사 로맨스', '어린이 공상과학', '가족이 함께 읽기 좋은 책' 등 흥미로운 추천들이 가득했다. 이런 안내물들은 그 자체로 정보와 함께 생각의 확장을 돕고, 창의적인 영감을 주었다. 가령 '금서'를 추천한 안내물에는 "만일 어떤 것이 논란의 여지가 있다면, 왜 그것을 배제하지 않는가?"라는 행정관리자의 글이 인용돼 있었다. 이런 논리 하에 얼마나 많은 명작들이 금서가 되었던가.《허클베리 핀의 모험》은 '슬럼가에나 어울리는 쓰레기'라는 이유로 한때 금서였고,《이상한 나라의 앨리스》는 중국에서 인간과 동물이 동급으로 다뤄지는 것은 말도 안 된다는 이유로 금서로 지정된 적이 있다. 시애틀 도서관에서 추천하는 금서목록은 우리가 확고하게 붙들고 있는 고정관념을 깨고 새

미취학아동을 위한 5권의 책+CD 추천 보따리를 구비한 어린이 전용 도서실

첨단 설치작품과 아재개그에 능한 사서가 있는 혼합실

로운 틀로 세계를 바라보도록 안내했다. 추천의 글 또한 훌륭해서 모든 책들을 다 읽어보고 싶게 만들었다. 이 모든 것을 기획하고 글을 쓴 사서들은 도대체 어떤 사람들일까? 다들 해당 분야의 박사쯤 되나?

어린이 전용 도서실에서도 놀라움은 계속되었다. 한쪽 서고에 파란색 신발주머니 같은 게 죽 놓여 있었다. 궁금해서 열어보니 5권의 책과 CD 하나가 들어 있었다. 미취학아동을 위해 도서관에서 제안한 종합선물세트 같은 추천도서 보따리였던 것.

그중에서도 가장 눈에 띄었을 뿐 아니라, 나를 당장 행동하게 만들었던 안내물은 '당신이 다음에 읽을 5권의 책'이었다. 무슨 책을 읽을지 망설이는 이들을 위해 사서가 5권의 책을 추천해주는 것이었다. 시애틀의 사서가 과연 내게 어떤 책을 추천해줄까? 너무 궁금해서 해당 사이트에 바로 접속했다.

이름과 이메일을 입력하고 질문에 대해 간단히 대답하면 되었다.

'당신이 즐겨 읽는 작가들, 좋아하지 않는 책들과 간단한 이유, 어떤 책을 읽고 싶은 기분인지 등을 자유롭게 써주세요.'

나는 다음과 같이 썼다.

"알랭 드 보통을 좋아합니다. 지금은 뛰어난 자서전 또는 상상력과 창의성을 증진시키는 데 도움이 되는 책을 읽고 싶네요. 과학책은 별로 좋아하지 않습니다."

'성인용 도서, 청소년용 도서, 어린이용 도서 중 고르세요.'

"성인용 도서."

'어떤 형태의 책을 원하는지 고르세요. 종이책, CD, 전자책, 오디오북.'

"종이책."

그런 다음 완료를 눌렀더니 안내문이 떴다.

'당신의 질문 ID는 10978931입니다. 빠른 시일 내에 메일로 답변을 드리겠습니다. 기다리셔도 답이 오지 않으면 혹시 스팸메일 처리가 되지 않았나 확인해보세요.'

산타바바라에 돌아오니 답 메일이 와 있었다. 자신을 에릭이라고 소개한 사서가 간략한 이유와 함께 다음 책을 추천해주었다.

1. 존 론슨Jon Ronson의 《그러므로 당신은 공개적으로 망신당했다So You've Been Publicly Shamed》. 알랭 드 보통을 좋아한다면 마음에 들 거예요.
다음은 상상력과 창의성을 촉진시키는 뛰어난 자서전입니다. (나는 뛰어난 자서전 또는 상상력과 창의성을 촉진시키는 책을 원한다고 했는데, 사서가 두 조건을 모두 충족시키는 추천을 해줬다.)
2. 캐리 브라운스타인Carrie Brownstein의 《배고픔이 나를 모던 걸로 만든다Hunger Makes Me a Modern Girl》
3. 패티 스미스Patti Smith의 《저스트 키즈Just Kids》
4. 소설가 조안 디디언Joan Didion에 관해 쓴 트레이시 도허티Tracy Daugherty의 《마지막 사랑 노래The Last Love Song》
5. 마지막으로 사랑스럽고, 서정적인 자연 여정을 다룬 캐서린 노버리Katharine Norbury의 《어도 The Fish Ladder》를 추천합니다.

에릭은 이 책들을 즐겁게 읽고 나서 피드백을 달라고 부탁했다. 추천한 책들은 대부분 출간된 지 1년이 안 된 신간이었다. 추천 메일 하나만으로도 얼굴 한 번 본 적 없는 에릭이 무척 친근하게 느껴졌다. 내가 몰랐던 책들을 읽게 되다니, 한 번도 가볼 생각을 하지 않았던 새로운 길을 탐험하는 기분이 들 것 같았다.

지금까지 내가 생각한 도서관은 책을 읽고 빌려주는 곳이었다. 내가 다닌 도서관이 모두 그랬으니까. 내가 아는 사서의 주된 업무는 사람들이 물으면 그 책의 위치를 알려주는 것이었다. 그런데 시애틀 공공도서관은 도서관이 책을 추천해주는 곳이며, 사서는 기획자이자 편집자이며 분야별 전문가인 매우 역동적이고 창의적인 직업임을 보여주었다.

참, 시애틀 공공도서관의 어떤 창의적인 사서는 내게 뜻밖의 '아재개그'를 했다. 5층 '혼합실'이라는 이름의 정보검색층에 가니 6개의 벽면 LCD 화면에 주식시세표 같은 것이 둥둥 떠다니고 있었다. 나이 지긋한 사서에게 물었다.

"뒤에 있는 화면이 흥미롭네요. 설명해주실 수 있나요?"

"미안합니다. 국가기밀이기 때문에 설명해드릴 수 없어요."

나도 모르게 "정말요?"라고 했더니 "농담입니다" 하면서 상세하게 설명해주는 게 아닌가. 아, 싱거운 아저씨 같으니.

그가 말한 '국가기밀'은 UCSB 인터렉티브 미디어과의 조지 리그레디 George Legrady 교수가 제작한 〈볼 수 없는 것을 볼 수 있게 만들기〉라는 전자 설치작품이었다. 도서관에서 사람들이 대출한 책, DVD 등의 데이터를 분석하고 시각화해 현재 시애틀 공동체가 어떤 생각을 하고 있는지 보여주는 것이었다. 5분 정도마다 화면이 바뀌면서 대출종수가 분야별로 수치화되기도 하고, 대출한 책 제목이 흘러가기도 했다. 듀이코드 000부터 999까지 분류된 책의 제목들이 비처럼 흘러내리기도 했다.

시간 가는 줄 모르고 쳐다보다가 생각했다. 다른 사람이 어떤 책을 몇 시에 빌렸으며 오늘 이 도서관에서 몇 명이나 대출해갔는가를 세세히 알 필요가 있을까? 리그레디의 매혹적인 작품은 '그렇다'고 말하고 있었다. 이 도서관은 사람들이 검색하고 빌려간 책을 분석하고 통계내고 대중과 공유함으로써, 자신과 이웃이 무엇에 관심을 가지고 어떤 생각을 하며 살아가는지 알게 하는 중요한 매개 역할을 하고 있는 것이다. 이제 도서관은 정보를 저장하고 자료들을 검색하거나 빌려주는 곳이라는 전통적인 역할을 넘어 공동체의 소통과 창의적인 문화 형성에 적극적인 역할을 하는 곳으로 탈바꿈하고 있다. 책에서 다양한 영감과 활력을 얻고, 개인적으로 책 추천도 받을 수 있는 도서관이 우리나라에도 활성화되기를 기대해본다.

"독서정체성을 키워줘야 합니다"

UCSB 독서클리닉 교사 발레리와의 인터뷰

UCSB의 교육학과에서는 아이들을 위한 독서클리닉 프로그램을 운영했다. 비슷한 학년의 아이들 2~3명이 책을 읽고 이야기하고 다양한 독후활동을 하는 프로그램이었다. 아이가 가보겠다고 해서 보냈더니 꽤 재미있어하고, 집에 가지고 오는 독후활동 결과물들도 하나같이 흥미로웠다.

처음에는 각자 아이들이 좋아하는 주제의 책들에서 시작했다. 딸이 돌고래를 좋아한다고 하자 이에 관련된 픽션, 논픽션 2~3권을 다양하게 읽으면서 이야기를 나누었다. 그러면서 차츰 관심범위를 넓혀나갔다. 가령 딸이 지나가는 말로 "우리 엄마는 프랑스 시를, 아빠는 프랑스 역사를 가르쳐요"라고 했더니, 다른 아이가 "어, 우리 엄마도 프랑스어 할 줄 아는데요" 했다. 그 이야기가 오간 다음 시간에 아이들은 프랑스와 프랑스 혁명에 관련된 책을 함께 읽고 토론했다. 마리 앙투아네트의 가발에 관한 이야기를 읽은 다음에 자기가 쓰고 싶은 가발을 디자인하거나, 프랑스의 디저트인 마카롱에 대한 이야기를 읽은 다음에는 새로운 디저트를 개발해서 육하원칙에 맞는 소개글을 쓰고 그림 그리는 활동을 했다. 관심사와 독서의 연관, 읽기와 창작의 연관이 물 흐르듯 자연스러웠다. 이곳 교사이자 코디네이터인 발레리Valerie Meier와 인터뷰를 해보기로 했다.

발레리는 '외국인을 위한 언어교육'을 전공하는 박사과정 생으로, 2년째 이곳에서 아이들을 지도하고 있었다. 우선 이곳 독서클리닉이 지향하는 목표가 무엇인지 물었다.

"다양한 목적과 여러 방식의 독서가 있고, 읽기와 쓰기가 서로 긴밀하게 연결돼 있음을 아이들에게 경험시키는 것입니다. 독서에 흥미를 갖게 하고, 독서정체성reading identity을 키워주며, 읽기 기술을 습득시키는 것이 구체적인 목표입니다."

'독서정체성'이란 무엇입니까?

"스스로를 애독가로, 나아가 작가로 인식하는 것입니다. 책 읽는 건 나랑거리가 멀다고 생각하는 게 아니라, 평생 진짜 재미있어서 책을 읽는 탐독가로 스스로를 인식하는 것이지요. 또한 자신이 읽은 책의 작가들처럼 언제든 자기도 책을 쓸 수 있다는 생각을 갖는 일이기도 합니다."

발레리의 말을 들으면서 '독서정체성'이 매우 중요한 키워드라고 생각했다. 독서정체성만 가지게 하면 제발 책 좀 읽으라고 잔소리할 필요도, 억지로 독서논술학원에 보낼 필요도 없다. 독서를 의무나 지식습득의 수단으로 접근해서는 결코 키워줄 수 없는 자질이다.

아이들은 어떤 목적을 가지고 이곳에 옵니까?

"과거에는 책읽기에 문제가 있는 아이들 위주였다면, 지금은 더 다양한 읽기 경험을 하고, 독후활동이나 글쓰기를 연계하기 위해 옵니다. 캘리포니아 중산층 부모들 사이에는 독서가 매우 중요하다는 인식이 있습니다. 학업을 잘하기 위해서가 아니라 독서를 즐거워하고, 독서를 통해 세상을 알고, 자신의 인격을 형성하는 것이 중요하다는 공감대가 형성돼 있죠. 캘리포니아 공교육에서도 점점 평가에 대한 압박을 주고, 독서 분야에서도 픽션보다는 논픽션을 강조하는 경향이 있다 보니 스스로 좋아서 책을 읽는 경험을 다양하게 제공해주고 싶은 부모들도 생겼습니다."

선생님이 수업에서 가장 중요시하는 것은 무엇입니까? 아이들이 무엇을 배웠으면 하나요?

"저도 어렸을 때 독서를 좋아하고, 즐겼습니다. 그래서 독서가 얼마나 힘 있는 활동인지 알게 해주고 싶어요. 독서를 통해 정말 많은 것을 알 수 있죠. 독서에 대한 열정을 일으키고, 독서를 통해 다양한 경험을 하게 해주고 싶습니다."

어떤 방식으로 그런 동기부여를 합니까?

"가령 클리닉에 온 어떤 2학년 아이는 독서를 너무 싫어했어요. 약간의 난독증도 있었고, 독서 수준은 유치원 정도였습니다. 그래서 주제로 접근했습니다. 이 아이는 격투기를 좋아했어요. 학문적인 주제와는 거리가 멀지만, 위키피디아 등을 참조해서 격투기에 관한 아주 쉬운 책을 제가 직접 만들었어요. 그걸 읽게 했더니 아이가 흥미를 가졌습니다. 이 활동만으로 아이가 책읽기를 좋아하게 되었다고는 생각하지 않지만, 적어도 관심 있는 주제를 더 잘 알기 위해 책을 봐야겠다는 생각을 하게 됐다는 것은 큰 발전이라고 생각합니다.

독서클리닉의, 혹은 선생님만의 특별한 읽기 교육법이 있나요?
"3~5학년의 경우 2~3명의 소그룹으로 나눠 우선 읽을 책의 주제에 관한 이야기를 나눕니다. 그 주제에 대해 알고 있는 것을 공유하고, 책에 대한 흥미를 높이는 활동이죠.

책을 읽는 동안에는 '능동적인 독자'가 되도록 끊임없이 유도합니다. 책을 읽긴 하는데 아무 생각 없이 그냥 글자를 따라가는 아이들이 많아요. 그게 아니라 이 책에서 어떤 메시지를 주려고 하는지, 다음 이야기는 어떻게 전개되리라 예상하는지 등에 대해 처음에는 문단이 끝날 때마다 제가 질문을 던져서 대답하게 하고, 그다음에는 책을 읽으면서 스스로 끊임없이 질문을 던지게 만드는 것이죠. 고학년의 경우 이해되지 않는 문장이 있으면 맥락으로 유추하게 하고, 이해가 안 되는 단어는 라틴어의 접미사, 접두사 등을 단서로 유추하게 하기도 합니다."

읽기 수업이 어떤 면에서 창의성 교육에 기여한다고 생각하십니까? 창의적인 읽기 방법은 어떤 것이 있을까요?

"독서는 어떤 프로젝트의 일부로 사용하기에 아주 좋은 도구입니다. 여러 가지 독후활동과 연계시킬 수 있기 때문이죠. 캘리포니아의 교육은 저학년 때는 창의성을 강조하면서 무엇이든 자기 생각을 말해보고, 그걸 가지고 그리기나 쓰기 등 창작활동을 해보라고 격려합니다. 그런 다음 중학교, 고등학교로 올라가면서 좀 더 비판적인 사고를 끌어내는 독서교육을 지향하죠.

독서클리닉 여름캠프에서는 실생활 프로젝트를 합니다. 우리의 캐치 프레이즈가 '읽는 것은 나는 것이다'인데요. 이게 무엇을 의미하는지 다양하게 생각해보고, 로고를 디자인해보게 합니다. 이 로고를 티셔츠에 새기는 방법을 책과 동영상으로 익히고, 직접 티셔츠를 만들어봅니다. 그런 다음 다른 아이들을 위해 티셔츠 제작 매뉴얼북을 만드는 큰 프로젝트입니다."

책을 읽고 나서 창작활동을 하는 게 인상적이었습니다. 아이가 마카롱에 대한 글을 읽고 디저트를 상상해서 육하원칙에 맞게 써보는 활동을 즐거워하더군요. 저는 독서에서 창의적 글쓰기로, 논픽션(혹은 사실)에서 픽션으로 이어지는 방식이 흥미로웠고요.

"역사 이야기는 무조건 사실이라고 생각하는 아이들이 있습니다. 역사도 누군가가 사실을 근거로 재구성한 이야기인데 말이죠. 그래서 음식과 역사를 결합시켜서 역사가라면 어떤 식으로 기술할까 생각해보게 한 것입니다. 창의적인 글쓰기 안에 배운 것들(육하원칙, 책에서 쓰인 근거를 통한 역사가의 기술방식)을 재활용해서 말이죠.

2학년의 경우 따개비, 해삼 등 바다생물에 관한 책을 읽고 바다에 사는 새로운 종을 상상하고, 이를 과학적인 방식으로 기술하는 프로젝트를 했습니다. 실물도 만들었고, 자연사 박물관 전시 설명까지 적는 것이었죠."

발레리와의 인터뷰를 끝내고, 독서클리닉 수업을 다음과 같이 창의교육 방법으로 응용하면 좋겠다는 생각을 했다.

첫째, '창의정체성creative identity'을 확립한다. 자신을 스스로 창조자, 즉 무언가를 만들어내는 사람으로 인식하는 것이다. 창의성은 나와 거리가 멀다고 생각하지 않고, 스스로를 창의적인 사람이라 인식해 무언가를 만드는 사람의 입장에서 생각하고 행동한다.

둘째, '생활창의성life creativity'을 키운다. 이를 위해 실생활과 연계된 프로젝트를 하게 한다.

셋째, '재활용 창의성recycling creativity'을 발휘한다. 배운 것들을 모두 끌어모아 자신의 창의적인 작업으로 재탄생시킨다.

03

1마일 달리기

자기와의 경쟁으로 도전능력을 기른다

'나의 달리기'

매주 1마일 달리기의 법칙

호프 초등학교 학생들은 체육시간과 별도로 매주 한 번씩 운동장을 달리는 '나의 달리기My Run' 시간을 갖는다. 같은 학년끼리 함께 달리는데, 4학년은 월요일마다 오전 간식시간이 끝나면 모두 운동장에 모인다. 그러고는 각자의 리듬대로 운동장 4바퀴를 뛰는데 그 정도면 대략 1마일(1.6km)이 된다. 1마일을 아무 목적도 없이 슬슬 뛰는 것은 아니고, 매번 기록을 재고 자신의 '나의 달리기' 카드에 적는다. 달리기 파트너가 있어서 상대방이 달릴 때 서로 기록을 재준다고 했다. 그렇다고 이것으로 점수를 매기는 것도 아니고, 잘 달린 학생에게 상을 주는 것도 아니다. 그저 매주 꾸준히 달리고, 자신의 기록이 조금씩 좋아지는 기쁨을 스스로 느끼면서 체력과 저력을 기르는 것이다.

처음에 딸은 힘들어했다. 월요일 아침마다 밥을 먹으면서 "오늘이 또 그 날이네" 하며 한숨을 폭 쉬었다. 힘들고 재미없다는 것이었다. 그러다 어느 순간부터 자신의 기록이 얼마 단축되었다고 신이 난 표정으로 말하기 시작하더니, 월요일도 다른 날처럼 의연하게 학교에 가게 되었다.

이것 외에도 호프 초등학교에서는 학교 운영기금 마련 이벤트로 '태양 아래 즐겁게 달리기Fun in the Sun Run'를 개최했다. 아이들에게 공모해서 채택된 디자인으로 티셔츠도 만들어 입고, 전교생이 학교 밖 호프 교육구역 전체로 진출했다. 조용했던 거리의 정적을 깨고 경쾌하게 지축을 울리며, 아이들은 말 그대로 이글거리는 태양 아래 달리고 또 달렸다. 헥헥거리며 교실로 돌아온 아이들의 뺨이 잘 익은 사과처럼 붉었다.

매주 친구들과 함께 뛰면서 각자 자기와의 경쟁을 펼치는, 근성을 길러주는 교육 프로그램이라니 정말 멋지지 않은가. 꾸준한 달리기 습관이 몸에 밴 아이들이 훗날 하프 마라톤을 뛰고 풀코스 마라톤에도 도전하면서 완주의 기쁨을 느끼는, 심신이 건강한 성인이 되는 게 아니겠는가. 실제로 캘리포니아에서는 어디에서나 가벼운 옷차림으로 달리는 사람들을 볼 수 있었다. 대학교 연구실을 나와 캠퍼스와 면한 바닷가 쪽으로 산책을 하고 있으면, 말총머리를 야무지게 묶고 짧은 반바지 차림으로 달려오는 여대생과 귀에 이어폰을 꽂고 웃통을 벗고 달리는 남학생들을 심심찮게 만난다. 내 옆을 빠르게 스쳐 지나가며 내는 숨소리가 매우 거친 것으로 보아 상당히 힘들게 뛰고 있다는 것을 알 수 있다. 심지어 쌍둥이를 실은 유모차를 밀면서 달리는 못 말리는 엄마도 보았다. 모두들 달리는 습관이 몸에 밴 사람들이다.

소설가 무라카미 하루키는 아마추어 마라토너로도 유명하다. 그는 꾸준히 마라톤에 도전하면서 장편소설을 쓸 수 있는 체력을 길렀을 뿐 아니라, "소설 쓰는 방법의 많은 것을 매일 아침 길 위를 달리면서 배워왔다"고 말한다. 이런 의미에서 어쩌면 사람들이 얘기하는 '1만 시간의 법칙'보다 호프 초등학교의 '매주 1마일 달리기의 법칙'이 아이를 성공으로 이끄는 좋은 습관이 아닐까.

'안전교육'이 아니라
'로데오 날'

재미있으면서 교육적이려면

개학식 직후 아이의 학교에서 안내문을 받았다. 4학년부터 6학년까지 '로데오 날'을 개최할 예정이니 동의서에 서명하라는 내용이었다. 로데오? 이 카우보이의 후예들이 학기 시작하자마자 축제부터 한판 벌이는 건가? 그런데 자전거와 헬멧은 왜 가져오라는 거지? 제멋대로 날뛰는 야생의 소 대신 자전거로 황야를 질주하는 대회인가? 어쨌든 재미있겠다 싶었다.

부모가 동의하지 않거나 아이가 원하지 않는 경우에는 해당 시간에 보조선생님과 독서활동을 한다고 했다. 늘 바쁘다는 핑계로 아이에게 자전거 타는 법도 가르쳐주지 못했던 터라 걱정이 되었다. 이곳 아이들은 대부분 자전거를 잘 탈 테니 학교에서 자전거 타는 법부터 가르쳐줄 리는 만무하고… "그냥 어떻게 하는지 지켜보거나 독서활동을 하는 게 어때?" 아이에게 물어보니 아이는 강력하게 참가하고 싶다는 의지를 표명했다. "학교에서 하는 활동은 무엇이든 적극적으로 해보라면서요?" 결정적인 한 방에 할 말이 없어진 나는 아이와 함께 시내에 가서 자전거와 헬멧을 사가지고 왔다.

로데오 날까지 남은 기간은 3일. 저녁을 먹고 선선해진 시간에 맹훈련이 시작됐다. '그 전까지 배우겠어? 그래도 이번 기회에 좋은 엄마 노릇이나 하지'라는 내 느슨한 마음가짐에 비해 아이는 결연한 표정이었다. 어떻게 도와줘야 할지 몰라 첫날은 무작정 자전거를 붙잡고 평지에서는 슬슬, 내리막길은 허둥지둥, 오르막길은 헥헥거리며 왔다 갔다 하기를 무한 반복했다. 뭔가 조언도 해줘야 할 것 같아 "자전거는 균형이 생명이야. 왼쪽으로 기울 것 같으면 오른쪽으로, 오른쪽으로 쏠리면 왼쪽으로 살짝 힘을 줘봐. 느낌 와? 느낌 와?" 하며 코치 흉내도 냈다. 사이비 코칭을 전혀 눈치 채지 못한 딸은 "균형이 생명!"이라고 구호처럼 외치며 열심히 연습에 매진했다. 균형이 잘 잡힌 느낌이 오는 순간 몇 번 자전거를 살짝 놓아봤는데, 조금 가다가 "어어어어~" 하면서 금방 쓰러지곤 했다. 첫날이니 오늘은 여기까지 하자고 집으로 돌아오는데 손목이 욱신욱신 아팠다.

D-2. 저녁을 먹으니 하루의 피로가 몰려들어 침대에 누워 뒹굴뒹굴 책 읽으며 쉬고 싶은 생각이 굴뚝같은데, 딸이 "자전거 연습하러 가요"라고 초롱초롱한 눈빛으로 신호를 보냈다. 둘째 날은 몸놀림이 좀 더 유연해져서 자전거 몸체를 꽉 붙잡지 않고 어깨만 살짝 잡아줘도 돼서 일단 살 것 같았다. 잡은 손을 떼고 혼자서 꽤 오래 앞으로 달릴 수 있게 됐다. 나는 "오~!" 하며 감탄을, 딸은 "예~!" 하며 환호성을 질렀다.

D-1. 처음에만 잡아주면 자기 힘으로 쭉 직진해서 달릴 수 있게 됐다. "로데오 날에 참가하려면 출발할 때도 내 힘으로 해야 할 텐데…" 혼잣말 하는 딸에게 옛 기억을 떠올려 방법을 설명해주니 여러 번 연습 끝에 혼자 출발할 수 있게 됐다.

자전거 실력이 느는 것을 스스로 느끼니 딸이 너무 신나했다. 지켜보는 내가 흐뭇한 건 물론이었다. 무언가를 배우려면 '전문가 선생님'의 강습을 받아야 자세도 바르고 빨리 배울 수 있다는 생각에만 젖어 살았는데, 더 중요한 것은 자기 힘으로 하는 것임을 새삼 깨달은 순간이었다. 사랑하는 가족이나 친구들의 응원과 도움을 받아 자기 힘으로 시도해보면 전문가가 기술이나 요령을 가르쳐줬을 때와는 또 다른 자기만의 깨달음, 한 단계씩 알아가는 기쁨, 스스로 해냈다는 강렬한 성취감을 느끼게 된다는 사실 말이다. 이로써 우리 모녀는 아주 특별한 마음가짐과 나름의 준비된 자세로 '로데오 날'을 맞이했다.

로데오 날이라고 하지만 하루 종일 자전거를 타는 것은 아니었고, 오전에는 정규수업을 하고 점심을 먹은 다음 일정이 진행됐다. '로데오'라는 말에 온갖 상상력이 발휘된 나의 예상과 달리, 실상은 자전거 안전교육의 날이었다. 프로그램은 자전거 수신호 교육과 도로교통 안전교육 두 파트로 나눠서 진행되었다. 각 파트마다 담당 선생님이 한 분씩 계시고, 자원봉사 학부모들 4~5명이 진행을 보조했다. 한 조가 수신호 교육을 받을 때, 다른 조는 도로교통 안전교육을 받는 식이었다.

그런데 진행과정이 상당히 인상적이었다. 도로교통 안전교육의 경우, 운

자전거 수신호 교육을 받고 있는 아이들

동장 바닥에 도로 표시, 우회전, 좌회전, 교차로 등의 표시를 정확히 해놓고 정지 신호와 나무도 세워두어 가능한 한 실제 도로상황과 비슷하게 연출했다. 처음에는 자전거를 세워두고 선생님과 함께 도로를 걸어 다니며 도로에서 마주칠 수 있는 상황을 시뮬레이션했다.

"처음에 출발할 때 어떻게 해야 하죠? 다른 차가 오지 않는지 왼쪽 오른쪽 왼쪽을 확인해야 해요."

선생님의 설명이 있은 후 아이들은 한 명씩 마치 자전거를 탄 것처럼 왼쪽 오른쪽 왼쪽을 확인한 후 길을 나섰다.

"자, 저기 정지 신호가 보이네요. 신호등이 없는 사거리에 정지 신호가 보이면 어떻게 하나요?"

"무조건 서야 돼요. 그리고 왼쪽 오른쪽 왼쪽을 살펴야 해요."

정지 신호체계는 우리나라에 없는 것이라 나도 운전할 때마다 익숙해지려 노력하던 중이었다. 멀찍이서 지켜보는 내게도 이 교육은 참 유용했다.

"먼저 정지한 사람이 먼저 갑니다. 그럼 여기서 질문. 동시에 정지하면 누가 먼저 갈 수 있나요?"

아이들이 여기저기 손을 들고 대답했다.

"오른쪽에 있는 사람이 먼저 가면 돼요."

"그럼 누가 먼저 왔는지 잘 모르겠으면 어떻게 하나요?"

그랬더니 아이들이 너도 나도 약속한 듯 손을 털듯이 흔들면서 상대방더러 먼저 가라는 수신호를 해보였다. 웃음이 나왔다. 엄마 아빠가 운전하는 걸 보고 자란 눈썰미에서 비롯된 몸짓이었다.

"좋아요. 마음 편히 상대방에게 양보하면 돼요."

즐거운 교육의 열기가 무르익고 있었다. 딸이 이곳에서 사귄 첫 친구 크리스티나의 엄마 다이애나는 트럭 운전사가 되어 열연을 펼쳤다.

"어, 저 앞에 트럭 운전사가 딴 곳을 보고 있네요. 신호도 넣지 않아서 어디로 갈지 모르겠어요. 그럴 때에는 어떻게 할까요? 네, 여러분을 볼 때까지 기다리면서 시선을 맞춰야 해요. (휴대폰 보면서 엄청 딴청을 피우는 다이애나. 아이들은 친구 엄마의 이 모습이 우스운지 키득거리면서도 언제 자기들을 봐줄까 애타는 표정이었다. 그 순간 살짝 고개를 든 다이애나.) 아, 여러분을 보네요. 자, 수신호 하세요."

한 번 전체적인 시뮬레이션을 한 후 실제 자전거를 타고 도로를 도는 교육이 이어졌다. 직진만 겨우 익힌 딸이 자전거를 타고 코너를 돌 수 없다는 것을 알아챈 선생님이 자원봉사자 엄마와 함께 코너 도는 방법을 따로 연습하도록 배려해주었다. 놀랍게도 금방 코너를 돌 수 있게 되니 "대단한걸 Awesome!" 하고 칭찬하면서 그다음 과정으로 한 손을 떼고 좌회전, 우회전 수신호 넣는 연습을 하라고 격려해주었다. 한쪽에서는 자전거를 신나게 타면서 좌회전, 우회전을 할 때 좌우를 살피고 수신호를 넣는 프로그램이 진행되었다.

전체적으로 정리하는 시간도 인상적이었다. 선생님이 말했다.

"오늘 로데오 날에 여러분이 열심히 참가해서 기뻤어요. 재미있었어요? 오늘 배운 게 있었나요?"

그러자 아이들이 너도 나도 손을 들어

"출발하기 전에 눈으로 주변을 확인하는 거요",

"앞의 차와 3피트 거리를 두는 거요",

"정지 신호에서 누가 먼저 출발하는가 하는 거요"라고 자기가 배운 바를 열심히 말했다. 선생님은 손을 든 아이들에게 하나하나 기회를 주었고, 참을성 있게 끝까지 아이들의 발표를 유도했다.

어렸을 때부터 눈높이에 맞게 철저히 안전교육을 시키는 부분이라든가 아이들의 발표력을 향상시키는 수업방식에 대해 생각해보면서, '로데오 날' 안내문에 적힌 '재미있으면서 교육적입니다'라는 문구가 머릿속에 떠올랐다. '교육' 하면 '인내'와 '고통'이라는 두 단어가 자연스레 연상되는 우리에게는 '재미'를 추구하면 교육의 질이 떨어진다는 우려도 있는 게 사실이다. 그런데 캘리포니아의 교육은 '교육'과 '재미'를 동등한 위계에 놓는다는 지향점이 뚜렷해 보였다. 그리고 학생들을 행동하게 만드는 데에도 후자가 더 효과적이었다. '자전거 안전교육의 날'은 듣기만 해도 하품이 나지만, '로데오 날'은 제목만으로도 상상력과 참여 의욕이 발동한다.

사실 '아는 사람은 좋아하는 사람만 못하고, 좋아하는 사람은 즐기는 사람만 못하다 知之者 不如好之者, 好之者 不如樂之者'는 공자의 유명한 말씀에서 알 수 있듯이, '즐기는 마음'은 동양에서 강조해온 미덕이다. 너무 앞만 보고 열심히 달리느라 우리 안에 있던 '즐김의 정신'을 외면하고 살아온 것은 아닐까. 로데오 날을 계기로 사흘 만에 자전거를 혼자 탈 줄 알게 된 딸을 보며 생각했다. 딸은 저녁을 먹자마자 동네 한 바퀴 돌려고 이미 헬멧을 쓰고 있었다.

"속도를 늦추지 마!"

몸과 마음의 균형을 배우는 방과후 활동

캘리포니아에 와서 학기 초에 가장 궁금했던 것 중 하나가 아이들의 방과후 활동이었다. 여유롭고 즐거워 보이는 이곳 아이들의 생활은 우리나라 아이들과 많이 다를까? 크리스티나의 엄마 다이애나에게 물었다.

"크리스티나는 학교 끝나고 뭐해요?"

"크리스티나는 바빠요. 지금 축구시즌이거든요. 월, 수, 금요일에 축구 연습하고 토요일은 시합이 있어요. 화요일은 피아노 레슨, 목요일은 비치에서 서핑을 해요."

크리스티나의 쌍둥이 남매인 찰스의 스케줄은 월, 수, 금 야구 연습에 화, 목은 크리스티나와 같고, 일요일에 시합이 있었다. 축구시즌이 끝나면 농구시즌이 있고, 그게 끝나면 수영시즌이 있다고 했다. 결과적으로 이곳 아이들도 우리나라 아이들 못지않게 바빴다. 다만 우리 아이들처럼 수학학원, 영어학원 가느라 바쁜 게 아니라 운동이나 취미활동을 거의 선수 수준으로 하느라 바빴던 것이다. 좋은 팀에 들어가기 위해 개인 레슨을 받기도 하는 모양이었다. 좋은 학원에 들어가기 위해 개인과외를 받기도 하는 우리나라의 경우와 정확히 똑같았다. 공부를 운동으로만 바꾸면 말이다. 대체 이곳 부모들은 어떤 생각으로 공부는 안 시키고 죽도록 운동을 시킬까?

궁금해하던 차에 다이애나의 전화를 받았다.

"이번 주 토요일에 예원이랑 크리스티나의 축구시합에 올래요?"

나는 약간 망설였다. 한낮에는 30도를 웃돌 때였다. (산타바바라는 1년 내내 온화한 기후라고 해서 유토피아적인 삶을 꿈꾸었는데 완전히 속았다.) 이 뙤약볕에 야외에서 축구시합 관람이라니… 그것도 초등학교 4학년 여자아이들의 시합이 뭐 그리 재미있으랴 싶었다. 하지만 한편으로 궁금하기도 했다. 이들이 이토록 열을 올리는 축구활동의 실체가. 그래서 가보기로 했다.

시합은 오후 2시에 있었다. 전용 경기장에서 시합을 하는데 워낙 많은 인파가 몰려서 주차하기 힘드니 자기네 차로 가자고 했다. 우리는 이동식 접이의자 두 개와 물만 챙겨 출발했다. 크리스티나 아빠 제프가 운전하는 차에 오르니 오늘의 전사는 '블랙 매직'이라 씌어 있는 검은 유니폼에 빨간 머리띠, 알록달록 무지개 양말까지 축구선수 복장을 제대로 갖추고 있었다.

도로는 매우 붐볐다. 차들이 줄을 서다시피 하면서 간신히 움직였다.

"오늘 시합이 많아서 이렇게 복잡해요. 아침 10시부터 저녁 7시까지 쭉 경기가 있거든요." 다이애나의 설명이었다.

'와… 이 많은 가족들이 주말마다 이렇게 경기장으로 향한단 말이지…

놀랍다, 놀라워.'

제프가 주차할 곳을 찾아 빙빙 도는 사이 우리는 먼저 내렸다. 드넓은 천연잔디구장 곳곳에서 시합이 벌어지고 있었다. 경기장 가장자리에는 어린 선수들의 가족들이 파라솔을 꽂아놓고 앉아 열렬히 응원전을 펼쳤다.

크리스티나가 속한 블랙 매직의 상대팀은 '마시멜로'였다. 그들은 형광빛 도는 주황색 유니폼을 입고 있었는데, 이쪽이나 저쪽이나 내 눈엔 그저 귀엽기만 했다. 각자 진지한 표정으로 공을 차며 몸을 풀고 있는 모습도 귀엽고, 심지어 "이건 연습이 아니야. 실전이야. 필드에서 절대 속도를 늦추지 마!"라고 엄포를 놓는 코치의 모습도 재미있었다. 그래서 두 팀 모두 잘하는 선수들이 많아서 이번 경기가 특히 빅매치라는 크리스티나 엄마의 설명을 한 귀로 흘려들었다.

그런데 시합이 시작되자 생각이 달라졌다. 와… 이건 재미삼아 하는 아이들 놀이가 아니었다. 양 팀의 선수들은 쏜살같이 필드를 질주했다. 패스도 정확하고, 상대편의 허점을 공략할 줄도 알았다. 슛도 비교적 정확했다.

순식간에 상대팀에게 한 골을 허용하자 블랙 매직팀의 코치가 쉰 목소리로 고래고래 소리쳤다. "속도를 늦추지 마! 패스해! 달려!"

고함을 지르는 것은 코치만이 아니었다. 양쪽 팀 부모들 또한 질세라 큰 소리로 아이들을 응원했다. 그런데 가만히 듣고 있으니 응원은 응원인데 단순한 응원이 아닌 것 같았다.

"잘한다, 패서디니. 공을 놓치지 마!"

"에밀리가 비어 있어! 그리로 패스해!"

"뺏기지 마! 공을 지켜! 지켜!"

"잘한다, 잘한다! 달려, 달려, 달려~ 슛!"

오후 2시를 넘어선 시각, 태양은 뜨겁게 내리쬐었다. 아이들은 헐떡거리며 쉴 새 없이 뛰어다니고, 부모들은 서부 개척시대에 땅을 차지하기 위해 마차를 몰던 사람들처럼 아이들을 가혹하게 몰아붙였다.

아이들의 시합이라 그런지 세 차례 쉬는 시간이 있었다. 그때마다 부모들은 아이들에게 수박을 먹이고 얼음을 입에 넣어주었다. 권투선수에게 하듯 얼음물을 딸의 머리 위로 부어주며 파이팅을 외치는 아빠도 있었다.

스코어 4대 4의 팽팽한 접전 끝에 어느덧 경기는 막바지로 접어들었다. 아이들의 움직임이 둔해질수록 "속도를 늦추지 마!"라는 코치의 외침은 더 커져갔다. 그 순간 한 아이가 태클을 당해 쓰러져서 시합이 중단됐다. 많이 아픈지 꼼짝을 못했다. 아이의 엄마가 경기장으로 뛰어갔다. 심하게 다치지 않았는지 걱정이 되었다. 조금 있다가 그 아이가 일어나니 모든 관중이 아무 말 없이 박수를 쳤다. 그 아이는 경기에 계속 참여했다. 나는 그 냉정한 격려의 박수에 소름이 돋았다.

'매주 있는 경기가 뭐라고 다친 애를 계속 시합에 뛰게 한단 말인가.'

'이 경기가 뭐라고 모든 부모들은 저렇게 결사적으로 응원하는가.'

블랙 매직팀이 거세게 몰아붙였지만 상대방에게 연속 두 골을 허용하면서 시합이 끝났다. 양 팀 부모들이 일제히 일어나더니 손으로 터널을 만들었다. 터널 안으로 선수들이 줄지어 통과하는 동안 부모들은 모두에게 잘 싸웠다는 격려의 말을 전했다.

경기가 끝난 후에도 머릿속에는 무섭도록 격렬하게 응원하던 부모들의 모습이 강렬하게 남아 있었다. 미국의 사커맘, 사커대디들은 왜 자녀들에게 공부 대신 축구를 시키는가? 나의 의문에 미국에 오래 살면서 아이들을 키우고 있는 교민들은 다양하게 대답해주었다.

"자기들도 그렇게 자라서 그 즐거움을 아는 데다 축구가 자존감이나 협업을 배우는 데 좋다고 생각하니까요."

"축구하는 아이들끼리 끈끈해지고 진정한 친구를 사귈 수 있으니까요."

"아이들은 축구하면서 공부를 병행하기 위해 시간관리 교육도 함께 받아요. 선수가 되지 않더라도 대학에 들어갈 때 그런 면에서 높이 평가받죠."

반면 사커맘 다이애나는 '균형' 때문이라고 대답했다. 개인적으로 가장 인상적인 대답이었다.

"나는 지적 능력과 육체적 능력의 균형이 중요하다고 생각해요. 축구는 그 균형을 잡아주는 데 아주 좋은 운동이죠. 크리스티나가 일류대학에 들어가는 건 그다지 중요하지 않아요. 스티브 잡스를 봐요. 꼭 일류대학을 나와야 성공하는 건 아니잖아요. 성공을 위해서는 몸과 마음의 건강이 매우 중요해요. 그래서 나는 아이들에게 매일 10분씩 명상하게 합니다. 자기 자신을 돌아보는 데 명상이 좋으니까요. 그리고 아이들이 될수록 많은 경험을 쌓았으면 좋겠다고 생각해요. 축구는 인생 경험을 가능하게 해주죠."

미국에서 여자축구가 유행이 된 것은 '타이틀 나인Title IX'으로 불리는 법의 덕이 컸다. 미국 연방정부는 1972년에 제정된 이 법을 통해 공공지원을 받는 모든 교육기관에서 양성평등 교육을 의무화했다. 이를 계기로 여자축구를 비롯한 여자 스포츠가 폭발적으로 발달하기 시작했다. 미국 여자아이들의 롤모델 1위라고 하는 여자축구선수 미아 햄Mia Hamm은 여학생들에게 미치는 축구의 교육적 효과를 다음과 같이 말한다.

"그들은 공을 패스하거나 슛을 하면서 정말 열심히 집중합니다. 그러다 보면 갑자기 어떤 스위치가 켜지면서 그들의 얼굴에 환한 미소가 번지는 걸 볼 수 있어요. 어린 소녀들 안에서 자신에 대한 신뢰가 자라는 걸 지켜보는 건 매우 중요합니다. 남자아이들은 이미 그렇게 격려받고 있죠. 이제는 딸들에게 축구를 통해 성취할 기회를 줄 차례예요."

그녀의 말은 미국의 온 가족들이 주말마다 열 일 제치고 경기장으로 향하는 이유를 어느 정도 설명해준다. 하지만 나는 크리스티나의 시합을 보면서 그들의 DNA에 내재한 더 근원적인 이유가 있을 것 같다는 느낌이 들었다. 그들을 본능적으로 움직이게 하는 이유 말이다.

미국은 영국의 식민지에서 시작했으나 혁명을 통해 세계 최초로 근대적 공화국을 탄생시켰고, 광대한 땅을 조금씩 개척한 끝에 세계 제1의 대국으로 발돋움했다. 그런 나라가 축구를 통해 전형적인 미국인의 정수를 길러내는 것이라면 지나친 해석일까? 이 아이들은 인생의 축소판인 작은 경기장에서 살아남는 법을 배우고 있었다. 그들이 온몸으로 달리고 부딪치고 넘어지면서 뺏고 뺏기고 넘겨주고 넘겨받는 공은 그들에게 주어진 인생의 기회였다. 그들은 이 철저한 개인주의의 나라에서 스스로를 지키면서 동시에 팀원들과 협력해 상대를 이기는 기술을 익히고 있었다. 우리 아이들이 남들보다 앞서 출발하기 위해 실내에 틀어박혀 창백한 얼굴로 선행교육을 받고 있을 때, 이곳 아이들은 햇볕에 그을린 얼굴로 최후의 승자가 되기 위해 씩씩하게 승리를 쟁취하는 지혜를 배우고 있었다.

시합에 졌다고 우는 아이들은 아무도 없었다. 엄마가 위로하자 크리스티나는 씩씩한 얼굴로 "괜찮아요"라고 대답했다. 나의 딸이 다가가 "너 정말 잘하더라. 멋졌어" 하니 웃으며 "고마워. 시합 재미있었니?"라고 대답하는 크리스티나가 참 어른스럽게 느껴졌다.

시합 끝나고 돌아오는 길에 다이애나가 오후에 뭐할 거냐고 물었다. 그냥 쉴 거라고 했더니 고개를 저었다.

"집 더운데 좀비처럼 늘어져 있으면 뭐해요. 바닷가에서 노는 게 낫지. 생각 있으면 지난번에 갔던 비치로 나와요."

응원만 했는데도 지쳐 '집에 가자마자 침대에 좀 누워야지' 생각했던 내게 강력한 한 방을 날린 셈이었다. 이 못 말리는 사커맘, 사커대디 부부는 다음 날에는 아침 10시에 열리는 아들 찰스의 야구시합 응원을 간다고 했다. 경기장 가까이 도달하면 다이애나는 오늘 크리스티나에게 들려준 것처럼 찰스에게도 팝송 〈명예의 전당〉을 크게 틀어주면서 씩씩하게 따라 부르겠지.

"그래, 넌 가장 위대한 사람이 될 수 있어

넌 최고가 될 수 있어

넌 세상을 이길 수 있어

행운을 기다리지 마

네 자신을 바쳐

그러면 명예의 전당에 선 너를 보게 될 거야

전 세계가 네 이름을 알게 될 거야"

생일에는 새로운 도전을!

함께 배우는 생일파티

딸이 캘리포니아 초등학교 생활에서 특히 즐거워했던 것 중 하나는 생일 파티였다. 교실 한쪽 벽에는 반 아이들의 생년월일이 게시되어 있다. 해당 아이의 생일이 되면 교실 앞 야외 탁자에 모여 함께 생일축하 노래를 부른다. 주로 오전 쉬는 시간이 끝날 때 잠깐 짬을 내는 것 같았다. 형편에 따라 부모가 컵케이크나 빵, 피자 등을 준비해주기도 했다.

호프 초등학생 사이에서 유행하는 축하방식은 생일축하 노래 마디마다 추임새를 넣는 것이다. "생일 축하합니다, 차차차!" 혹은 "생일 축하합니다, 피카츄!", "생일 축하합니다, 차이나치킨!" 이런 식이다. 왜 하필 '피카츄'이고 '차이나치킨'인지는 알 수 없지만, 아이들은 삼음절로 된 강렬한 발음을 넣어가며 밋밋한 생일축하 노래에 활력을 불어 넣었다.

친한 친구들끼리는 따로 생일파티를 했다. 제법 친구들을 많이 사귀고 학교생활에 익숙해진 딸도 학부모의 이메일 초대장이나 아이들이 직접 손으로 만든 초대장을 받곤 했다. 생일파티는 하나같이 독특했다.

옆 반 친구 케이틀린의 생일파티에 초대받은 날, 딸은 내내 흥분 상태였다. 대학 체육관에서 함께 줄을 타거나 암벽타기를 배우는 파티였다. 겁이 많은 딸에게 괜찮겠냐고 물으니 "그럼요!"라고 허세를 떨었다. 어떻게든 생일파티에는 꼭 가고 싶은 모양이었다. 하긴 생일파티에 빠지고 싶지 않은 마음은 어느 아이나 같은지, 그날 에블리나는 이마에 커다란 밴드를 붙이고도 체육관에 나타났다. 어제 축구연습을 하다가 옆 아이의 팔꿈치에 맞아 이마가 찢어졌단다. 임시처치만 하고 월요일에 수술 일정을 잡아놓고도 파티에 온 것이다. 이 아이들에게 친구의 생일파티란 마치 우리네 결혼식과 장례식처럼 열 일 제치고 참석해야 하는 '우정'과 '의리'와 '연대'의 장이었다.

안전동의서에 서명하고 체육관으로 가보니 스태프 몇 명이 영역별로 대기해 있었다. 아이들은 각자 하고 싶은 영역으로 가서 헬멧을 쓰고 장비를 갖춘 뒤 스태프의 지도하에 암벽을 오르거나 줄을 탔다. 지켜보고 있으니 각자의 재능도 고스란히 드러나서, 두각을 나타내는 아이들이 한두 명씩 있었다. 소피는 처음 해본다더니 빠른 속도로 암벽의 까마득한 꼭대기까지 올라가 천장에 달린 종을 힘차게 쳤다. 나탈리는 양쪽으로 매달린 바이올렛과 이브의 무릎을 밟고 올라가 2단으로 된 줄의 한가운데에 우뚝 섰다. 서커스단 선수들을 보는 것처럼 아찔했지만 세 아이 모두 늠름했다.

모험을 즐기지 않는 편인 내 딸과 몇몇 아이들은 줄을 그네처럼 타거나 줄사다리를 몇 칸만 올라갔다가 내려오는 등 그들 나름대로 즐거운 시간을 보냈다. 생일 당사자인 케이틀린도 딸과 번갈아 줄 그네를 타며 낮은 높이에서만 놀았다. 그러니까 케이틀린이 줄이나 암벽타기를 좋아하고 잘해서 생일파티를 그곳에서 한 것은 아니었다는 뜻이 된다. 평소에 많이 해보지 못했던 것을 친구들과 함께 배우자는 취지였던 것이다. 이곳 부모들은 돈을 많이 들이지 않으면서도 개성 있는 생일파티를 통해 아이들이 함께 새로운 것에 도전하고 즐길 수 있는 시간을 마련해주곤 했다.

소피가 생일파티에서 스케이트를 배웠던 것도 마찬가지 이유였다. 소피는 암벽은 잘 탔지만 스케이트는 전혀 탈 줄 몰랐다. 친구들과 함께 2시간 동안 스케이트 타는 법을 즐겁게 배우고 나서 함께 피자를 먹고 헤어졌다. 산타바바라에 있는 유일한 실내 스케이트장인 '아이스 인 패러다이스' 즉 '천국의 빙상장'은 아이들의 생일잔치 장소로 인기가 좋았다.

카밀라도 '천국의 빙상장'에서 발레복을 입고 생일파티하는 게 소원이었다고 한다. 마침내 소원을 이룬 날, 아이들뿐 아니라 함께 온 엄마나 아빠도 자유롭게 스케이트를 탔다. 따뜻한 곳에서 나고 자라서 스케이트 경험이 거의 없는 부모들 사정은 아이들과 다를 바 없었다. 엉덩이를 빼고 어기적거리며 발을 옮기다 꽈당 넘어져도 별로 창피해하지 않고 웃으며 아이 친구의 생일을 즐겼다.

문제는 나였다. 이 나이에 타국에 와서 어설프게 스케이트를 타다가 넘어져서 어디라도 부러진다면? 남은 시간 내내 기브스를 하고 집에만 있다가 귀국할 생각을 하니 끔찍했다. (딸이 겁이 많은 건 유전이다.)

"발 사이즈가 어떻게 되죠?"

아, 상념에 잠길 때가 아니었다. 멍하니 서 있는 나에게 스케이트 대여소 직원이 물었다. 스케이트를 신고 오로지 두 칼날에만 의지하고 서 있으니 기분이 이상했다. 어묵에 꽂는 꼬치처럼 온몸이 뻣뻣해지는 게 느껴졌다. 빙상장 안을 쭉 둘러 설치된 손잡이를 부여잡고 다리를 후들거리며 서 있는 내게 딸이 다가왔다. 소피의 생일 때 2시간 배웠다고 딸은 자신감이 하늘을 찔렀다.

"엄마, 넘어지지 않으려고 하면 오히려 더 넘어져요. 손잡이를 자꾸 붙잡으려고 하면 실력이 안 늘어요. 그냥 모르겠다, 하고 타세요."

그날 이후 우리 가족은 몇 번 더 '천국의 빙상장'에 갔다. 한국에 살 때에도 코앞에 실내빙상장이 있었지만 늘 바빴던 우리 가족은 한 번도 가본 적이 없었다. 그러다 따뜻한 캘리포니아에서 스케이트를 배운 것이다. 귀국하면 주말마다 가자고 약속한 목록에 실내빙상장이 포함됐다. 소중한 것들은 가까이 있는데, 장미를 떠난 어린왕자의 깨달음처럼 나도 이 먼 곳에 와서야 비로소 내가 사는 곳의 소중함을 깨달았다.

가장 스케일이 큰 생일잔치는 바이올렛이었다. 그 집은 산타바바라에서 산길로 30분 달리면 나오는 카추마 호수에서 1박 2일 캠핑을 하는 이벤트를 열었다. 호숫가에서 뛰어놀고, 게임을 하고, 바비큐를 먹고, 캠프파이어에 마시멜로와 버터 옥수수를 구워 먹었다. 밤이 되면 각자 형편에 따라 집에 돌아가도 되고, 예약해둔 그룹 캠핑장에서 가족끼리 텐트를 치고 자도 되었다. 그밖에도 크리스티나는 집으로 친구들을 불러 각자 입던 옷이나 쓰던 물건을 3개씩 가져와 맞바꾸는 뜻 깊은 생일잔치를 했다.

하나같이 개성 있고 즐거운 생일파티였다. 그리고 어느덧 딸의 생일이 다가왔다. 물을 유난히 좋아하는 딸은 수영장에서 생일파티를 하고 싶어 했다. 마침 딸이 수영강습을 받고 있는 YMCA에 적당한 시설이 있어서 예약하고, 2주 전에 파티 장소를 체크하고, 부모들에게 초대 메일을 돌렸다. 모두들 올 수 있다고 했다. 야호! 딸은 환호성을 질렀다. 그날부터 딸은 매일같이 생일파티에서 놀 게임 프로그램을 구상하고 소품을 만드느라 바빴다.

파티는 즐거웠다. 딸이 계획하고 부모가 보조한 게임에 아이들은 즐겁게 참여했다. 팀을 나누어 동물 흉내나 캐릭터 흉내를 내고 맞히는 '몸으로 말해요' 게임을 특히 재미있어했다. 문제는 수영장에서 하는 게임이었다. 물에서는 캘리포니아 아이들 특유의 자유분방함이 폭발해 아무리 모이라고 해도 말을 듣지 않았다. 우리 가족이 이리저리 다니며 아이들을 모으려 고군분투하자 지켜보는 미국 엄마들이 쯧쯧 하는 표정을 지었다. 수영장에서 아이들을 모아보려는 시도 자체가 무모하다는 게 그들의 생각이었다. 할 수 없이 자유롭게 놀게 놔두고 나는 엄마들 옆에 앉아서 수다를 떨었다. 장소가 수영장이니 자연스럽게 화제는 수영에 관한 것이었다.

"아이들이 하나같이 수영을 잘하네요. 축구, 농구, 테니스만 잘하는 게 아니었네요."

내가 말했더니 팀을 짜서 매일 수영장에서 연습하고 정기적으로 시합에 참가한다고 했다.

"이곳은 실내수영장이 거의 없던데 다들 어디에서 수영을 해요?"

그랬더니 한겨울에도 실외수영장에서 수영을 한단다. 아무리 캘리포니아라도 겨울은 겨울인데, 몸이 덜덜 떨려도 그냥 한단다.

펜실베이니아에서 전학 온 나탈리는 그곳에서도 또래 중 가장 **빠른** 선수로 이름을 날렸는데, 캘리포니아도 서서히 평정하고 있는 중이라고 했다.

"아까 보니까 소피도 꽤 **빠르던데요**?"

"소피는 **빠르지** 않아요. 다만 지구력이 좋아요. 그만 하라고 할 때까지 얼마든지 수영장을 왕복할 수 있답니다." 소피 엄마가 말했다. "한 번은 2월이라 날씨가 꽤 추웠는데, 하도 물 밖으로 안 나오고 수영을 해서 할 수 없이 다그쳤더니 마지못해 나오는데 소피의 두 팔이 모두 새파랗게 변해 있었어요. 그래도 아무렇지 않은 표정으로 추운 줄 몰랐다고 하더라고요."

나는 어떻게 하면 그렇게 강한 아이로 키울 수 있느냐고 물었다.

"난 아무것도 안 했어요. 그냥 내 딸이 로봇인가 봐요" 하며 소피의 엄마는 하하하 웃었다. 아, 여러모로 무서운 캘리포니아 엄마들. 아이가 스스로 흥미로운 것을 찾아 진로를 모색하기 시작하는 중학교 이전까지, 생일파티 역시 즐겁게 친구들과 어울리며 기초체력을 키우는 시간으로 활용되고 있었다.

친구와 동네 어른이
행동호기심을 길러준다

딸은 초반에 사귀었던 친구들 외에도 케일리, 카밀라라는 새로운 친구를 사귀어 삼총사처럼 붙어 지냈다. 케일리의 아빠는 UCSB 화학과 교수로 러시아 출신이고, 엄마는 중국계 이민자였다. 배관공인 카밀라의 아빠는 멕시코, 엄마는 볼리비아 이민자 출신이었고, 이 두 사람은 영어를 배우다 만나 결혼해서 두 딸을 낳아 기르고 있었다. 아이는 다양한 문화적 배경을 가진 친구들과 놀면서 자연스럽게 그들의 문화에 관심을 갖게 되었다.

초반에 영어를 잘 못 알아듣겠다며 긴장한 기색이 역력했던 아이가 빨리 가서 친구들과 놀아야 한다며 환한 얼굴로 학교에 가기 시작했다. 나는 이곳 엄마들과 영어로 1시간 이상 대화하면 몹시 피로해져 배터리가 방전되는 증상에 (귀국하는 그날까지) 시달렸는데 말이다.

친구들과 방과후에 롤러스케이트도 타러 가고, 친구네 가족을 따라 하이킹도 가고, 서로의 집에서 하룻밤 자기도 하면서 아이에게 일어난 변화는 놀라웠다. 약간 소심하고 매우 신중하던 아이가 적극적이고 대담해졌다. 친구들을 따라 공중제비 넘기도 연습하고, 몽키바에도 매달리고, 높은 바위에도 거침없이 올라갔다. 우리 집에서 케일리, 카밀라와 함께 놀이시간을 갖던 날, 아이가 마치 방언이 터지듯 술술술 하고 싶은 말을 다 하며 즐겁게 의사소통하는 모습을 보고 너무 놀랐던 기억이 난다. 아, 역시 언어는 책상에 앉아서 익힐 수 있는 게 아니었던 것이다.

아이는 친구들과 놀면서 큰다. 친구와 놀면서 의기투합할 때 행동호기심이 자라난다. 그런데 우리나라 아이들은 또래 친구들과 놀 시간이 턱없이 부족하다. 우리 아이들에게도 친구들과 놀 수 있는 시간과 즐거운 추억들을 더 선사해야 하지 않을까?

아이를 활달하게 만드는 것은 친구들만이 아니다.

길을 걷다 보면 딸에게 말을 거는 동네 어른들이 꽤 있었다. 내가 옆에 있었지만 내가 아닌 딸에게 눈높이를 맞춘 채 직접 말했다.

"네 드레스 정말 마음에 든다. 발렌타인데이라서 어디 좋은 데 가니?" 이런 식이었다.

초콜릿 상점의 점원도 아이의 눈을 보고 웃으며 말을 건넸다.

"와, 정말 맛있는 초콜릿을 골랐구나. 누구에게 줄 거니?"

"삼촌이요. 저를 보러 잠깐 놀러오셨거든요."

"와, 삼촌이 정말 좋아하시겠구나."

친구의 부모들도 마찬가지였다.

"이게 누구야? 명배우가 왔잖아! 연극 준비하는 동안 재미있었니?"

"네, 정말 재미있었어요."

"그래, 그게 가장 중요한 거야."

한국에서 어른들에게는 모기만 한 목소리로 최대한 얌전을 빼며 말하던 아이가 친구들의 부모와 눈을 맞추며 스스럼없이 대화를 나누기 시작했다. 아이를 어른과 동등한 인격체로 여기고 대화하는 그들의 태도가 아이의 발표력과 사회성을 길러준 것이다. 그곳 아이들은 자연스럽게 어른들의 대화에 끼었고, 궁금한 것들을 주저하지 않고 물었다.

반면 우리나라는 아이를 어른들의 부속물로 취급한다. 아이가 옆에 있는데도 엄마에게 "애가 참 똘똘하게 생겼네요"라고 말을 건넨다. 간혹 "너 몇학년이니?" 하고 물으면 아이는 우물쭈물하고 엄마가 "3학년이에요"라고 대변인처럼 대답한다.

아이의 발표력과 창의력을 길러주고 싶다면 이제부터 아이에게 묻고 아이가 대답하게 하자. 또 한 가지. "너 몇 살이니?", "몇 학년이니?", "이름이 뭐니?" 같은 천편일률적인 질문에서도 탈피하자. 단답형으로 답할 수 있는 물음은 대화를 오히려 끊어놓는다. 느낌, 감정, 의견, 생각을 묻는 질문을 하면 응답이 또 다른 질문이나 응답을 낳으며 흥미로운 대화로 이어진다. 대한민국 아이들을 창의적으로 키우려면 이웃집 아이에게 던지는 질문에도 신경을 쓰자.

행동호기심을 기르는 10가지 실천지침

번호	실천지침	이렇게 해봐요!	이렇게 하지 말아요!
1	연설은 짧게 하세요.	유머러스한 말이나 열정적이고 짧은 응원이 아이의 의욕을 고취시키고, 창의적으로 움직이게 합니다.	아무리 좋은 말이라도 길게 늘어놓지 마세요. 위인이나 이론가의 말을 인용해서 가르치듯 연설하지 마세요.
2	공지사항에 마술쇼, 광고홍보문구 등을 적극 활용하세요.	제막식 행사를 활용한 반편성 발표, '로데오 날', '난파선 파티' 등 재미있는 문구는 아이들의 호기심을 극대화합니다.	재생지에 신명조체로 '~교육의 날'이라는 제목의 똑같은 포맷으로 안내사항을 공지하지 마세요.
3	'무엇을 하고 싶니?' '어떻게 해야 할까?'라고 물어보세요.	질문형 수업을 하세요. 정보를 주는 것보다는 질문이 호기심과 차원 높은 사고를 돕습니다. 아이들에게 선택할 기회를 주세요.	정보를 일방적으로 알려주고, 이를 확인하는 수업으로 일관하지 마세요. 단도직입적으로 명령하거나, 완벽하게 짜인 한 가지 프로그램을 제시하지 마세요.
4	도전문제와 추가점수를 주세요.	107점을 받아본 아이는 긍정적인 사고방식을 갖게 되고, 두려움 없이 도전을 즐기게 됩니다.	배점이 동일한 문제를 제시하고 점수를 깎는 방식의 평가만 고집하지 마세요. 아이가 100점을 맞는지 평균 이상인지에 연연하지 마세요.
5	학교행사는 강당식이 아니라, 박람회식으로 하세요.	스스로 궁금해서 행동하는 아이에게 잊지 못할 보상을 주세요.	강제로 인원을 동원해 똑같은 콘텐츠를 제공하지 마세요.

6	독서교육을 정규교과 안에 편성하세요.	교실에서, 학교 도서관에서 때로는 각자, 때로는 함께 책을 읽는 경험은 매우 중요합니다. 학교가, 부모가, 사회가 독서를 중시한다는 것을 학생들에게 구체적으로 보여주면서 아이의 독서정체성을 키워주세요.	독서를 교과와 별개로, 따로 시간을 내서 해야 한다는 인식을 주지 마세요. 독서감상문 쓰기 대회, 독서퀴즈 등 테스트용 독서교육으로 일관하지 마세요.
7	친구들에게 소리 내어 책을 읽어주는 활동을 하세요.	각자 선택한 서로 다른 책들을 친구들 앞에서 동화 들려주듯 읽어주게 하세요.	모두 동일한 책을 읽고 와서 감상문을 발표하거나 토론하는 수업으로 일관하지 마세요.
8	다양한 운동에 도전하게 하세요.	여러 운동을 다양하게 배워보며 몸을 움직이는 즐거움을 느끼게 하세요. 서툴러도 스스로의 힘으로 익혀가며 성취감을 맛보게 하세요.	기술습득을 목적으로 하는 단기속성 마스터형 체육 수업을 하지 마세요. 아이가 어떤 운동에 재능이 있는지 섣불리 판단하지 마세요.
9	달리기와 팀 스포츠를 꾸준히 하게 하세요.	기초체력과 근력을 꾸준히 기를 수 있는 달리기와 축구 등의 운동으로 자기와의 경쟁을 하게 하세요.	개인기로 승부가 나는 시합을 통해 어린 나이부터 타인과의 경쟁을 지나치게 의식하게 하지 마세요.
10	생일파티를 새로운 것에 도전할 수 있는 기회로 삼으세요.	줄타기, 캠핑, 스케이트 배우기 등 친구들과 새로운 도전을 할 수 있는, 기억에 남을 독특한 생일파티를 열어주세요.	오로지 자기 아이만 돋보일 수 있는 생일파티를 계획하지 마세요.

2부

몸으로
새로움을 찾는다

행 동 발 견 력 키 우 기

창의행동력을 키우기 위한 두 번째 단계는 '행동발견력' 훈련이다. 현장에 직접 가서 보면 분명히 새롭게 보이는 것들이 있다. 그 새로움의 의미를 스스로 파악하는 능력이 바로 행동발견력이다. 행동발견력 훈련을 통해 누군가가 알려주는 주입식 지식, 간접적인 지식이 아니라 자기가 경험하며 깨달은 자기주도적 지식, 체험적 지식을 얻을 수 있다.

2부에서는 행동발견력 훈련법으로, 변신하여 발견하는 방법과 실험과 체험을 통해 발견하는 사례를 소개할 것이다.

첫째, 변신하여 발견하는 방법은 아이들로 하여금 다른 상황, 다른 공간으로 들어가 다른 존재가 되는 경험을 하게 하는 것이다. 가장 대표적인 것으로 연극수업이 있다. 어렸을 때 연극을 하는 이유는 배우가 되기 위해서가 아니라 또 다른 삶을 살아보기 위해서다. 자신을 객관화하여 자기 내면의 새로움을 발견하고, 타인이 되어봄으로써 그들의 입장을 구체적으로 이해하게 된다. 자신과 타인을 오가면서 나와 세계를 발견하는 일, 여기에서 창의성으로 향한 문이 열린다. 길을 걷고, 물건을 사다가도 문득 배역 속의 인물이었다면 이렇게 행동했을 거라는 생각을 하게 된다. 내가 짓는 표정에 배역 속의 인물이 겹쳐지는 걸 느낀다. 이렇게 행동발견력이 극대화된 순간에 문학수업, 역사수업을 한다면? 그 효과가 얼마나 클지 생각해보라. 선원이 되어 배에서 1박 2일을 지내는 '큰 돛단배 프로젝트', 학교 전체를 중세마을로 만들어 시대를 고스란히 재현한 '중세를 걷기', 수도사나 원주민 복장을 하고 당시의 삶에 대해 연설하도록 한 '캘리포니아 미션 프로젝트', 로봇 복장으로 로봇의 원리를 배운 과학캠프 등, 할리우드가 있는 캘리포니아에서는 분장을 하거나 가면을 쓰고 수업하는 것만으로도 창의교육의 효과가 얼마나 증폭되는지를 잘 알고 있는 것 같다.

창의성을 일깨우는 교수법 가운데 심리학자 드 보노Edward de Bono가 고안한 '육색사고모자 기법'이 있다. 여기 여섯 색깔의 모자가 있다. 사람들은 자신이 쓴 모자에 해당하는 사고를 하면서 생각의 폭을 확장하는 훈련을 한다. 하나의 문제를 놓고 하얀색 모자를 쓴 사람들은 가치중립적이고 객관적 사고를, 빨간색 모자는 직관적이고 감정적 사고를 해보는 것이다. 검은색 모자를 쓴 사람들은 부정적 사고를 하며 그 문제의 단점이나 허점을 찾고, 노란색 모자를 쓴 사람들은 긍정적 사고를 하여 무조건 그 문제의 장점을 찾아내야 한다. 그런가 하면 초록색 모자를 쓴 사람들은 발산적 사고로 다양한 의견을 많이 제시하고, 파란색 모자를 쓴 사람들은 수렴적 사고를 하여 여러 주장을 정리, 종합하고 타당성을 따져야 한다.

'아하! 무슨 말인지 알겠다. 아이들에게 이 방법을 적용해보면 좋겠다. 하지만 번거롭게 굳이 모자를 써야 하나?'

이렇게 생각할지도 모르겠다. 하지만 나는 이 방법론의 핵심은 해당 색깔의 모자를 실제로 써보는 데 있다고 생각한다. 굳이 모자를 쓰지 않고 "이 그룹은 객관적 사고만 하세요", "저 그룹은 발산적 사고만 하세요"라고 지시해도 결과는 같을 것 같지만, 그렇지 않다. 흥미롭지 않은가? 그저 소품같아 보이지만, 모자를 쓰는 행위는 관련된 사고를 하도록 정신을 준비시키고 패러다임을 전환시킨다.

둘째, 실험과 체험을 통해 새로운 발견을 하는 방법이다. 우리나라에도 좋은 체험학습 프로그램이 많이 도입돼 있다. 다만 시행하는 방식은 조금씩 다르므로 캘리포니아의 사례들과 구체적으로 비교해보면 좋을 듯하다. 가령 과학 실험의 경우, 우리나라 교육은 대개 이미 정립된 지식을 알려주고, 그걸 잘 이해시키기 위해 직접 실험해보는 방식으로 돼 있다. 즉 답이 이미 정해져 있으며, 실험은 이론을 확인하기 위한 과정이다. 물론 아이들은 지식을 더욱 생생히 배우고 스스로 실험하면서 이를 확인하는 기쁨을 누리겠지만, 정해진 지식 이외에 창의적인 발견을 하기는 쉽지 않다. 반면 내가 접한 캘리포니아의 체험교육은 실험결과가 굉장히 여러 방향으로 도출되고, 아이들이 그 과정에서 모두 다른 깨달음을 얻었다. 나아가 과학실험임에도 문학, 체육, 음악 등 다른 과목 및 실생활과 자연스럽게 연계하고 있었다.

 또한 진행방식 면에서도 시사점을 찾을 수 있을 듯하다. 우리나라 아이들은 학교와 가정, 여러 기관을 통해 창의체험학습을 많이 하고 있다. 그런데 교실에서만 벗어났을 뿐, 선생님의 설명과 아이들의 지식습득이라는 별반 다르지 않은 방식으로 진행되는 경우가 많다. 이 점에서 캘리포니아의 사례와 비교하며 행동발견력을 높이는 방안을 고민해보면 좋겠다. 가령 캘리포니아 어린이박물관 이노베이션 랩의 사례는 문제해결 능력이 적극적인 스토리텔링과 손으로 여러 재료를 다루는 과정에서 길러진다는 사실을 알려준다. 캘리포니아 시립미술관의 사례는 끝없는 질문을 유도하고 비평가 – 감상자 – 작가의 입장을 골고루 경험하게 하며, 미술 – 수학 – 과학을 넘나듦으로써 새로운 시각을 얻게 한다. 이 사례들을 참조로 하여 아이들 스스로 자신에게 유리한 파도를 골라낼 수 있는 행동발견력 훈련을 해보자. 행동발견력은 인생이라는 바다에서 창의성을 무기로 신나게 서핑을 즐길 수 있는 발판을 마련해줄 것이다.

04

'되기' 트레이닝

변신하여 발견한다

몸으로 소통하는 법

사라의 연극수업

호프 초등학교에서 방과후 연극수업 수강생을 모집하니 관심 있으면 설명회에 오라는 메일이 왔다. 현역 연극배우인 사라 임시교사의 지도하에 매주 이틀씩 연기 지도를 받으며 연습하고, 4월에는 공연도 할 예정이라 했다. 연극수업이야말로 창의적인 교육방식을 볼 수 있는 최고의 기회 아닌가? 취재 의욕에 불타오른 나는 딸을 꼬드기기 시작했다.

"연극수업 정말 재미있어 보이지 않니? 친구들이랑 언니오빠들도 사귈 수 있고, 무대에서 공연도 한대!"

사실 딸의 성격은 나와 여러모로 다르다. 연극배우의 꿈을 꾸며 초등학교부터 대학까지 쭉 연극 동아리 활동을 했던 나에 비해, 딸은 혼자 집중할 수 있는 미술 활동을 더 좋아한다. 일단 저질러보고 나중에 수습하느라 안간힘을 쓰는 나와 달리 딸은 매우 신중하다.

"설명회는 가셔도 되는데, 일단 비용은 내지 말고 오세요."

설명회에 다녀온 나의 설명을 듣고, 연극 대본을 훑어보면서 만약 자신이 참여한다면 이런저런 배역을 맡아보고 싶다고 한참 중얼중얼 시뮬레이션을 한 후, 딸은 해보겠다는 결심을 어렵게 했다. 그리하여 나는 배우의 독특한 연극 트레이닝 방법은 물론, 연습부터 공연 당일까지 아이들의 창의적인 변화과정을 생생하게 지켜볼 수 있었다.

사라 선생님은 몇 년째 호프 초등학교 방과후 연극수업과 공연을 책임지고 있는 베테랑이었다. 알고 보니 4~6학년 모두 합쳐 30명 넘는 학생들이 등록할 정도로 꽤 인기 있는 방과후 수업이었다.

"나는 두 유형의 사람들을 매우 싫어해요. 방향지시등을 켜지 않고 운전하는 사람과, 이러쿵저러쿵 뒷말하는 사람이죠. 우리는 이제 한 가족이 되었으니 절대 서로 흉보거나 비난하지 말고, 쓸데없는 경쟁심도 갖지 말고, 늘 긍정적인 마음으로 함께 도와주도록 해요.

캐스팅은 12월 말에 할 거예요. 졸업 전 마지막 공연인 6학년을 배려하긴 하겠지만 기본적인 원칙은 차등을 두지 않는 거예요. 남녀 차등도요. 남자가 얼마든지 여자 배역을, 여자도 얼마든지 남자 배역을 맡을 수 있어요."

몇 가지 주의사항을 전달한 후 첫 수업이 시작되었다. 이른바 '묵언non verbal' 훈련. 소리 내어 말하지 않고 동작으로만 의사소통을 하며 해당 그룹으로 모이는 과제였다.

"밝은 색 눈동자를 가진 사람들과 어두운 색 눈동자를 가진 사람들, 두 그룹으로 모여보세요."

아이들이 너도 나도 손가락으로 자기 눈동자를 가리키며 의사소통을 시작했다. 자기도 모르게 소리가 나오려고 할 때마다 "어, 말하지 말고 하세요" 하고 주의를 주니 몸놀림이 더 부산해졌다.

"나는 밝은 색, 어두운 색이라고만 말했어요. 어디에 속하는지는 스스로 판단해보세요."

두 그룹으로 잘 모여지자 다음 도전과제가 주어졌다.

"좋아하는 색깔별로 세 그룹으로 모여보세요. 빨간색, 파란색, 노란색."

아이들은 자신의 티셔츠를 가리키기도 하고, 나뭇잎을 가리키기도 하면서 어려움 없이 세 그룹으로 모였다.

난이도는 점점 높아졌지만 몸이 풀린 아이들은 즐겁게 움직였다.

"좋아하는 음악별로 모이세요. 컨트리 음악, 힙합, 로큰롤!"

점점 아이들의 기지가 발휘되었다. 팔짱을 끼고 빙빙 도는 아이들, 소 뿔 모양을 만들어 보이는 아이, 바지를 하나 걷어 올리고 껄렁껄렁 춤을 추는 아이, 바위rock에 올라 앉아 이쪽으로 오라고 손짓하는 아이도 있었다.

"다음은 치과 가기, 수학숙제하기, 시험 보기 중 가장 싫어하는 쪽으로 모이세요."

'오, 치과 가기랑 시험 보기가 팽팽하겠는데?' 그러나 나의 예상은 보기 좋게 빗나가고, 모두가 한 마음으로 자신의 이를 가리켰다(이건 동서양 치과 의사선생님들이 힘을 합쳐 풀어야 할 숙제인 듯하다). 그밖에도 코 후비는 사람, 입에서 음식 튀기면서 먹는 사람, 쉴 새 없이 수다 떠는 사람 중 누가 가장 싫은지 등 사라의 주문은 끝이 없었다.

묵언훈련이 끝난 후, 이번에는 서로 잘 모르는 4~6학년들 간에 익숙해지면서 공감대를 형성할 수 있는 훈련이 이어졌다. 돌아가면서 자기소개를 해보라는 식의 진부하고 난감한 과제를 시키지 않아 좋았다. 그렇게 하지 않는데도 슬슬 아이들의 성격이 눈에 들어오기 시작했다.

"키가 가장 큰 사람부터 순서대로 서보세요."

서로서로 키를 재가며 쭉 늘어선 아이들이 귀여웠다. 딸 뒤에 두 명의 아이가 더 섰다.

"자, 동그랗게 큰 원으로 서보세요. 이 원은 시계예요. 소피가 서 있는 곳이 12시, 시드니가 있는 곳이 6시예요. 생일 순서대로 서보세요. 1월생은 1시 부분에, 9월생은 9시 부분에 서야겠지요?"

아이들이 분주히 자신의 생일에 해당하는 곳으로 이동하기 시작했다. 가상의 시계가 그려져 있으니 해당하는 곳에 서려면 서로 얘기하면서 조율하는 과정이 필요했다. 친구 따라 5월 자리에 서 있던 10월생 4학년 아이가 6학년 언니의 지도 아래 자기 자리를 찾아갔다.

이번에는 알파벳 이름순으로 서는 과제가 계속되었다. 쭉 서서 차례대로 자기 이름을 말하니 하나의 짧은 퍼포먼스를 보는 듯했다. 도미노를 완성해놓고 블록들이 차례로 쓰러지는 걸 볼 때의 쾌감 같달까. 블록들이 순식간에 쓰러지듯, 무의식에 자리하고 있던 학년, 성별, 인종, 알던 아이와 모르는 아이 사이의 장벽이 순식간에 무너지고 있었다.

몸 풀기 과정이 끝나고 선생님은 아이들을 다시 불러 모았다.

"아까 생일별로 모였죠? 이번에는 생일이 봄, 여름, 가을, 겨울인 사람들

컨트리는 흥겨운 것

바위를 가리키는
센스 만점의 아이들

조별로 계절에 관한
극을 의논하는 아이들

네 그룹으로 모여보세요. 조별로 의논해서 자기 계절을 자랑하는 짧은 극을 만들어보세요. 자연 풍경, 즐길 수 있는 스포츠, 음식 등 다양하게 생각할 수 있겠죠? 규칙은 이거예요.

아이디어 회의에서 나오는 모든 의견을 긍정적으로 반영한다.

모든 조원의 아이디어가 하나씩은 반영되어야 한다.

모든 조원이 하나 이상의 장면에 등장하고, 한마디 이상의 대사를 해야 한다."

모든 구성원들이 소외되지 않고 참여할 수 있도록 배려하는 규칙이었다. 아이들은 생각을 풀어내는 게 재미있는지 연신 키득거리며 공연을 준비했다. 누구나 아이 때는 창조적이라는 말이 맞는 것 같다. 아이들은 순식간에 극을 완성했다. 연출가, 기획가, 주연, 조연 나눌 것 없이 모두가 연출하고 모두가 배우로 등장하는 연극이었다.

"지금이 가을이니까 가을 조부터 발표해볼까요?"

가을조가 무대 위에 섰다.

"가을fall은 낙엽이 떨어지는fall 계절. 그래서 우리도 쓰러집니다."

하더니 모두 일제히 바닥에 드러누웠다.

등장하자마자 쓰러지는 강렬한 시작이었다.

크리스마스 트리를 장식하는 개념으로 시작한 겨울 조, 세상에서 자기가 가장 예쁘다고 경쟁하듯 피어나는 꽃들을 표현한 봄 조, 여름은 매일 놀 수 있는 계절이라고 자랑한 여름 조의 공연이 이어졌다. 가장 보편적인 주제이면서도 그걸 몸으로 표현하니 실감이 한층 컸다.

"모두 훌륭했어요. 여러분은 어떤 장면이 기억에 남아요?"

"회오리바람이 치는 걸 온몸으로 표현한 장면이요."

"저 남자아이가 무대 이 끝에서 저 끝까지 똑같은 동작으로 다람쥐처럼 뛰어간 장면이요."

"좋아요. 그게 바로 무대 위에서 눈에 띄는 방법이에요. 많은 동작을 하지 않아도 돼요. 크고 강한 팔의 움직임 하나로 주목받을 수 있어요."

선생님이 몸소 크고 강한 움직임을 표현해 보였다.

"그리고 다람쥐 군이 한 것처럼, 자기 대사 차례가 아니라도 끝까지 무대 위에서 자기 캐릭터를 유지하면서 역할을 하면 관객들이 주의 깊게 바라보게 되지요."

2시간이 금방 지나갔다. 딸도 무척 재미있어하며 연극반 하기를 잘했다고 좋아했다. 수업시간에는 자기가 맡은 동작을 재빨리 해치우고는 손으로 얼굴을 가리고 수줍어하더니, 집에 와서는 그 언니가 한 동작이 가장 재미있었다면서 아주 크고 강한 움직임으로 우스꽝스러운 동작을 흉내 냈다. 자전거 타기, 수영하기에 이어 딸의 또 다른 도전이 시작되고 있었다. 주어진 다양한 동기를 끊임없이 붙잡고, 용기를 내 시도하는 노력 속에 아이들의 몸과 마음은 자기도 모르게 쑥쑥 성장해간다.

공연을 올릴 작품은 〈톨게이트의 유령〉이었다. 모든 일에 권태로워하는 마일로라는 아이가 톨게이트 유령의 도움으로 숫자의 나라와 글자의 나라를 탐험하면서 벌어지는 이야기를 사라가 연극대본으로 각색했다.

하지만 방과후 수업이 3개월째에 접어들도록 이 작품에 관한 어떤 활동도 하지 않았다. 첫 시간에 한 것과 비슷한, 재미있는 레크리에이션 같은 연기수업이 계속되었다. 어떤 날은 아이들이 로봇이 되어 같은 동작을 반복했다. 그러다 점차 난이도가 올라가 로봇 효과음을 내면서 같은 동작을 때로는 천천히, 때로는 강하게 하고, 원래 했던 동작을 거꾸로 하기도 했다. 또 다른 날에는 아이들이 거울이 되었다. 2인 1조로 거울과 인간이 되어, 거울이 된 아이는 인간이 하는 동작을 그대로 비춰서 따라 해야 했다.

"집중하세요. 서로를 건드리지 않도록 조심해요."

얼굴 표정에서부터 손의 움직임, 온몸의 움직임까지 훈련은 계속되었다. 아이들은 웃음이 터져 나오려는 것을 꾹 참고 짓궂은 파트너의 다리 찢기 자세, 몸을 뒤트는 요가 자세 등을 따라 했다.

거울놀이는 집중력 게임focus game으로 이어졌다. 이번에는 3인 1조로 조종자가 된 아이의 손이 움직이는 대로 나머지 두 아이가 움직여야 했다. 아이들은 마리오네트 인형이 된 것처럼 보이지 않는 실의 조종에 따라 하늘 높이 점프하기도 하고, 땅으로 웅크리기도 했다.

'그대로 멈춰라' 게임도 했다. 선생님이 어떤 대상을 말하고 "하나, 둘, 셋, 얼음!"이라고 외치면 그 대상이 되어 굳어 있는 것이다. 아이들은 바다 동물, 정말 차가운 동물, 뾰족한 가시가 있는 동물, 나무로 만든 물건, 거실, 스포츠 용품 등 다양한 것이 되었다.

'꽃 위에 앉아 있는 벌레가 돼라.'

'혼자서 들 수 없는 것이 돼라.'

'위험한 동물이 돼라.'

주문은 재미있으면서 표현하기에 점점 까다로워졌다.

그다음에는 2인 1조로 힘을 합쳐 자유의 여신상, 배, 자전거, 비행기가 되었다. 그다음 단계는 3인 1조로 한 명은 캐릭터가, 한 명은 세트(나무나 빌딩처럼 큰 무대배경)가, 나머지 한 명은 작은 물건(책, 가방 등)이 되었다. 아이들의 표현력은 점점 대담해졌다. 친구를 번쩍 들기도 하고, 업히거나 기대기도 하면서 아이들은 점점 그럴듯하게 표현하려는 사물이 되었다.

'어른이 아이가, 아이가 어른이 되다.'

'화산이 폭발하다.'

'동물원에서 동물이 탈출하다.'

한 사람이 헤드라인 뉴스를 말하는 이야기꾼이 되면 나머지 조원이 그걸 표현하기도 했다. 강당은 웃음소리가 끊이지 않았고, 역동적인 몸짓으로 활기가 넘쳤다.

아이들은 몸으로 표현하기의 달인이 되어가고 있었다. 자기 몸뿐 아니라 다른 사람의 몸을 함께 사용해 동물, 식물, 사물, 배경, 소품이 되더니 급기야 짧은 문장을 표현하는 경지에 이르렀다. 표현은 과감하고 날카로워졌다. 매우 섬세하고 구체적인 동작부터 상징적인 몸짓까지 넘나들 줄 알게 되었다. 한 번의 망설임도 없이 몸을 바닥에 굴리고, 온 힘을 다해 점프하고, 서로의 몸에 기대거나 올라탔다. 어떤 연극이론을 가르쳐준 것도 아닌데, 놀이하듯 친구들과 움직이면서 바뀐 이 변화가 놀라웠다. 자기 몸을 움직여보고 다른 사람들의 움직임을 보고 조화를 맞추면서 스스로 새로운 표현을 발견해가고 있었던 것이다. '역시 저 아이가 잘하는군' 같은 평가를 할 생각이 들지 않았다. 각자 개성이 살아 있으면서도 잘 훈련된 한 팀 같았다. 무엇보다 모두가 함께 발전하고 있었다.

서로가 서로의
주연과 조연이 되어

연극공연 날

두 달여의 훈련을 마친 딸은 마침내 연극 오디션을 보았다. 30여 개의 역할 중 하고 싶은 3가지를 골라 연기 대결을 펼치는 방식이었다. 사라 선생님은 오디션을 보기 전에 캐릭터의 특징을 자세히 설명해주고, 몸소 시연도 해보였다. 이처럼 인간적인 배려가 있었지만 무대 위에서 동작, 대사를 제대로 해야 하는 엄연한 오디션이었다. 무엇보다 원하는 배역을 맡고 싶어 하는 아이들 사이에는 자못 긴장감이 돌았다.

며칠 뒤 배역 발표가 났다. 대부분 1, 2순위로 지망한 배역을 맡은 듯했다. 딸 또한 가장 하고 싶어 했던 톨부스(고속도로 톨게이트 유령 캐릭터) 역할을 맡게 되었다. 우리 모녀는 서로 손바닥을 마주치며 기뻐했다. 맨 처음과 마지막 총 4번밖에 안 나오는 조연 캐릭터를 하고 싶어서 애를 태우고, 하게 되었다고 좋아하는 딸과 내가 한편으로 우습기도 했다.

"맨 처음 대사 하고 집에서 좀 쉬었다가 가도 돼요" 하며 딸은 히히히 웃었다.

그런데 이런 딸의 생각을 간파했는지, 선생님은 '.58'(숫자의 나라 소수점 집안의 딸 캐릭터. 하하)을 비롯해 딸에게 1인 3역을 하게 했다. 그뿐 아니었다. 공연날 보았더니 아이는 무대 위, 무대 아래 관객석까지 쉴 새 없이 등장했다. 다른 아이들도 마찬가지였다.

사라가 연출한 〈톨게이트의 유령〉은 마임과 이탈리아 거리극을 접목한 연극이었다. 아이들은 모두 검은 옷을 입고 피에로처럼 얼굴에 하얀 분장을 했다. 그래도 누가 누구인지 한눈에 알아볼 수 있다는 게 신기했다. 두 달여의 훈련과정에서 했던 놀이들은 연극 연출로 고스란히 흡수되었다. 아이들은 연극에서 등장인물뿐 아니라 몸소 무대배경과 소품이 되었다. 주인공 마일로가 숫자의 나라로 떠날 때, 아이들은 몸으로 배를 만들어 마일로를 태우고 갔다. 그들은 쉴 새 없이 식탁도 되고, 나무도 되고, 칠판도 되었다. 그걸 보는 재미도 상당했다.

이렇게 계속 등장하느라 정신이 없어서인지, 아니면 훈련 때와 공연 날이 별반 다를 게 없다고 생각했는지 무대에서 긴장하는 아이는 없었다. 대사가 많은 주인공 마일로만 가끔 대사를 까먹었는데, 그때마다 아이들이 자연스럽게 잘 넘겨주었다. "마일로가 연습 때마다 꼭 내 앞에서 한 문장을 잊어버려서 몇 번이나 알려줬는데, 공연 날에도 또 잊어버려서 그냥 내 대사를 했어요." 딸도 꽤 의젓해졌다.

연극연습 과정도 내가 어릴 때 체험했던 연습과는 달랐다. 외운 대사를

틀리지 않게, 연기를 자연스럽게 반복하는 과정이 아니었다.

"이곳은 장터니까 무대에 등장하지 않는 아이들이 서커스 쇼 같은 걸 연출해봤으면 좋겠어."

선생님이 말하면 아이들이 공중제비도 돌고, 훌라후프도 돌리고, 저글링도 하는 장면을 스스로 짜 와서 그중 가장 잘된 장면이 삽입되었다.

"언어의 나라에서는 여러 외국어가 잠깐씩 등장하면 어떨까?"

덕분에 연극에 한국말도 등장했다.

"이 사람은 정말 이상해."

딸의 갑작스런 한국말에 관객석에서 폭소가 터졌다.

무대와 기타 소품은 연극에 참여한 아이들과 부모, 형, 동생 할 것 없이 온가족이 주말에 모여 함께 만들었다. 종이로 커튼을 접고, 톱질을 하고, 사다리에 올라가 못을 박고, 찰흙으로 과일 소품을 만들고… 오랜만에 참여한 기분 좋은 노동이었다.

어릴 적 즐겨 읽었던 만화 가운데 《유리가면》이 있다. 평범해 보이지만 연극에 대한 열정에 불타는 마야와, 대배우의 딸이자 연기에 천부적 재능을 지닌 아유미가 명작 〈홍천녀〉의 주연 자리를 놓고 대결하는 이야기다. 나는 마야에 100% 감정이입하며 이 만화를 보고 또 봤다. 마야를 따라서 방 안에 없는 새가 마치 실제 존재하는 것처럼 연기하는 연습도 했다.

오랜만에 《유리가면》을 다시 펼쳐보며 생각한다. 수많은 등장인물들이 연기에 대한 열정을 보이지만 뭘 해도 두 주인공을 이길 수 없다. 재능 있는 사람이 모든 걸 걸고 노력하면 아무도 못 이긴다는 메시지가 강렬하다.

마치 이 두 사람 이외에는 애당초 연극배우를 꿈꿔서는 안 되었을 거라고, 정 하고 싶으면 다른 일을 하면서 조연에 만족하라고 종용하는 것 같다. 하지만 내가 교수가 되었다고 어렸을 때 꾸었던 연극배우에 대한 꿈과 열정이 소용없었다고 할 수 있을까? 참고로 강의를 들어본 사람은 알겠지만 내 강의는 매우 연극적이다, 하하! (호탕한 웃음)

재능 있는 자 vs 재능 없는 자, 입시용 예체능 vs 취미용 예체능, 주연감 vs 조연감, 이런 구분은 그 자체로 창의성의 걸림돌이다. 호프 초등학교 연극동아리 아이들의 연극훈련 과정, 오디션, 그리고 매우 수준 높은 공연은 경쟁과 재능의 신화에 가려서 우리가 잊고 있었던 가장 중요한 것을 일깨워준다. 밤하늘은 가장 크고 밝게 빛나는 별 하나 때문에 아름다운 게 아니라는 사실을. 각자의 자리에서 하늘을 밝히는 별들 모두가 밤하늘의 황홀한 풍경을 만들어낸다. 흔히 연극은 인생의 축소판이라 한다. 그렇다면 우리 인생은 《유리가면》식의 연출이 아니라 〈톨게이트의 유령〉식의 연출에 가깝지 않을까? 빛나는 한두 명을 위해 나머지 조연이 존재하는 게 아니라, 서로가 서로의 주연과 조연이 되며 살아가는 것이다.

배우들과 선생님, 가족들이 가지고 있는 언어문화적 배경, 장기, 아이디어가 만나 〈톨게이트의 유령〉이라는 창의적인 한 편의 연극이 완성되었다. 어디에서도 할 수 없는 귀한 경험이었다. 공연이 끝나고 딸이 감사편지와 꽃다발을 건네면서 사진을 찍자고 청했더니, 사라가 말했다.

"그냥 평범한 데서 찍지 말고, 이 통 안으로 들어가. 이 세상에서 가장 당당하고 환한 배우의 웃음을 웃자."

사라는 끝까지 딸에게 창의행동력 교육을 시켜주었다.

가오리 복장을 하고
당당히 걸어라

할로윈 퍼레이드

평소 같으면 〈잊혀진 계절〉을 들으며 차분히 그리운 사람들의 얼굴을 떠올리고 있었을 10월의 마지막 밤, 나는 급히 구한 우스꽝스러운 마법사 모자를 눌러쓰고 난감해하고 있었다. 디에고 길에 어둠이 내릴 무렵이었다. 좀비 축구선수, 포카혼타스, 요정 신부, 낙엽 여신, 해골 수도사, 치타로 분장한 아이들이 바구니 하나씩 들고 길을 나섰다. 빨간 망토를 두른 엄마, 검은 이브닝드레스에 검은 가면을 쓴 또 다른 엄마, 슈렉의 귀를 단 머리띠를 쓴 아빠 등 범상치 않은 모습의 부모들이 손전등을 들고 아이들의 뒤를 따랐다. 부모들의 복장이 아이들보다 어설퍼 다행이었다. 슈렉 아빠는 물과 비상약 등을 넣고 조명으로 장식한 손수레를 끌었다.

"Trick or treat(장난을 칠까요, 아님 사탕을 주실래요)!"

아이들의 장난기 어린, 흥분된 목소리가 울려 퍼지자 호박 초롱불을 예쁘게 밝혀놓은 집의 문이 열렸다. 할머니가 바구니에 초콜릿과 사탕을 담아주면서 "해피 할로윈!"이라 화답했다. 아이들은 다음 집, 또 다음 집으로 우르르 몰려다니며 "Trick or treat!"을 외쳤다. 갓난아기를 안은 엄마, 머리가 벗겨진 아저씨, 할아버지가 기다렸다는 듯이 문을 열고 바구니에 사탕을 담아주었다. 인심들이 후해서 바구니가 금방 그득해졌는데도 아이들은 한 집이라도 놓칠세라 꼼꼼히 초인종을 눌렀다.

물론 모든 집의 문이 열린 것은 아니었다. 사탕 바구니를 문밖에 내놓고 아이들이 알아서 가져가도록 '셀프 서비스'를 지향하는 집들도 있었고, 불을 다 꺼놓고 묵묵부답인 집들도 꽤 있었다. 대체로 집 앞 뜰을 재미있게 꾸며놓고 조명을 밝혀둔 집들의 문이 쉽게 열렸다. 어떤 집은 정원을 걸어가자 발밑에 연기가 피어오르기도 하고, 창문에서 해골 유령이 꿈틀꿈틀 움직여서 나도 모르게 몸서리를 치기도 했다.

날씨는 온화하고 밤공기는 맑았다. 하늘에 이토록 많은 별들이 빛나고 있었구나, 새삼 감탄했다. 디에고 거리에 면한 양쪽 집들을 샅샅이 훑고, 프리마베라 거리의 집들도 쭉 돌았다. 아이의 바구니에 1년 내내 먹어도 남을 양의 과자들이 가득 찼다. 덕분에 미국에서 파는 온갖 종류의 사탕, 젤리, 초콜릿, 과자를 한 번에 구경할 수 있었다.

공포영화는 질색인 터라 할로윈은 썩 달갑지 않았다. 온갖 해골, 미이라, 거미, 박쥐, 잘린 손, 유령, 좀비들이 한 달 전부터 거리마다 가득했다. 왜들 이러나? 그것들에 시선을 주지 않으려 애쓰며 나는 생각했다. 이 나라

동네 공원에서 벌어진 할로윈 축제

자기도 보여주고 남도 구경하는,
모두가 주인공이고 모두가 관객인 퍼레이드

크리스티나 가족. 찰스에게
'나 보이니?' 물었더니 고개를 끄덕였다.

이웃집으로 사탕채집에 나선 아이들

사람들은 죽음과 온갖 어두운 것들, 두려움의 대상을 정면으로 드러내놓고 즐기고 있다. 자기들이 스스로 그것이 되어보면서 평소 잊고 있었던 혹은 외면했던 죽은 자, 혐오스러운 존재들을 다른 각도로 바라보고 있는 것이다. 그들의 노력 속에 빛과 어둠, 삶과 죽음, 긍정과 부정의 가치가 전도되었다.

할로윈은 죽은 자의 혼령을 달래기 위해 벌이던 아일랜드 켈트족의 축제에서 유래했다. 가톨릭에서 순교자들을 기리는 모든 성인 대축일(만성절) 전야제와도 합쳐지고 변형돼 오늘날의 축제와 같은 할로윈이 되었다. 토요일이라 낮에 딸과 함께 동네 공원에 갔더니 아이들이 벌써부터 온갖 분장을 하고 나와 호박 볼링, 사탕 고리 던지기, 풍선 터뜨리기 등 재미있는 게임을 수행하고 사탕을 받고 있었다. 꼬마들에게 스타킹을 뒤집어씌워 누가 오래 버티는지 겨루는 말 그대로 숨 막히는 게임도 있었다. 한쪽에서는 밴드가 신나는 음악을 연주하고 아이 어른 할 것 없이 싱글벙글 웃는, 시골 장날 같은 정겨운 풍경이었다.

아이의 학교에서는 전교생이 '할로윈 퍼레이드'를 했다. 선생님들을 포함해 유치원생부터 6학년에 이르기까지 모두 할로윈 복장을 하고 행진하는 행사였다. 시간이 돼 음악이 울리자 담임선생님을 따라 유치원생들부터 줄줄이 나와 운동장을 한 바퀴 돌기 시작했다. 불가사리, 미니언, 상어, 백설 공주, 도넛, 요정, 은둔괴물, 공룡, 카우보이, 건담, 이집트 여왕… 다양한 복장을 한 아이들이 줄지어 걸어갔다. 페인트칠을 한 얼굴, 앞이 보일까 걱정될 정도로 완벽히 가린 복장 등 할로윈 변신은 상상 이상으로 강렬했다.

완벽하게 배트걸로 분장한 선생님, 플라멩코 댄서로 분장한 선생님, 머리부터 발끝까지 형광주황색으로 치장한 선생님 등 선생님들의 변신도 화끈했다. 늘 차분한 편인 아이의 담임선생님은 크레욜라 상자를 뒤집어쓰고 카메라를 외면한 채 새침하게 걸어갔다.

할로윈의 날을 맞이해 학교 퍼레이드, 동네 놀이 축제, 아이들의 사탕 사냥까지 구경하면서 복장과 창의성의 관계에 대해 생각해보게 되었다. 이곳 학교에서는 별 다른 부연설명 없이 특정 색깔의 옷을 입고 오라는 날이 꽤 있었다. "내일은 파란색 옷을 입고 오세요"라고 해서 뭔가 특별한 이유가 있나 보면, 호프 초등학교가 바닷가 근처에 있으니 하루쯤 파란색 옷 입는 날을 정하자, 이런 식이었다. 캠프에서도 단지 조 이름이 오렌지라는 이유로 주황색 옷을 입고 오라고 했다. 같은 색 옷을 입고 뭔가 특별한 이벤트를 하는 것도 아니었다.

할로윈 때에도 마찬가지였다. 행진이 한창 재미있으려던 찰나, 그게 끝이었다. 웃고 떠들며 한 바퀴 운동장을 돌더니 다시 반으로 돌아가서 가방을 챙겨 순식간에 아이들은 부모를 따라 집으로 흩어졌다. 실컷 힘들게 꾸미고 와서 운동장 한 바퀴 도는 게 끝이라니, 복장을 갖춰 입은 게 너무 아깝지 않은가. 뭔가 아쉽다는 느낌을 지울 수 없었다. 심지어 전교생이 다 모인 행사에 사회자도 따로 없었다. 우리 같았으면 어떤 프로그램이라도 진행했을 텐데. 하다못해 베스트 분장 콘테스트나 장기자랑이라도 말이다.

그런데 한편으로는 그런 단순함이 괜찮게 여겨지기도 했다. 콘테스트 등 프로그램이 추가되면 모종의 경쟁이 생기고 부모들에게도 부담이 될 것이다. 그렇게 본다면 자기가 정한 콘셉트로 소신 있게 차려 입고 슬슬 걸어 다니면서 자기도 보여주고 남도 구경하는, 모두가 주인공이고 모두가 관객인 가벼운 퍼레이드도 나쁘지 않다는 생각이 들었다. 정색하지 않고, 가르치려 들지 말고, 자연스럽게 즐겨라. 호프 초등학교 할로윈 퍼레이드가 보여준 캘리포니아 식 행동방식이었다.

특별한 이벤트를 하지 않았지만 분장을 하고 다른 캐릭터의 옷을 입는 것만으로도 아이들은 이미 창조적 전환이라는 중요한 경험을 하고 있었다. 스위스 심리학자 융이 말한 페르소나persona, 즉 주변 세계와 상호작용하기 위해 우리가 쓰는 사회적 가면처럼, 분장을 한 아이들은 일종의 다양한 창의적 페르소나를 자기에게 덧씌워보고 있는 것이다. 그럼으로써 새로운 자아로 거듭나는 경험을 충분히 하게 된다. 창의력에서 강조하는 다른 시각으로 보기, 타인의 입장이 되기, 틀 밖에서 생각하기라는 추상적인 방법보다 훨씬 쉬운 이 방식을 통해 근원적이고 효과적인 창의행동력 훈련을 할 수 있다.

선원은
양치질을 하지 않았다

선원 되기 프로젝트

오전 9시.

나는 호프 초등학교 교실에서 다른 학부모들과 함께 초조하게 아이들을 기다렸다. 배에서 하루를 보내고 돌아오는 아이들을 맞이하러 모인 것이다. 우리는 책걸상을 양쪽으로 밀어 넓은 공간을 만든 후, 각자 하나씩 준비해 온 음식을 탁자에 뷔페처럼 늘어놓았다. 문 앞과 교실 천장에 검은색과 빨간색 띠를 붙이고 행진곡을 틀어놓으니 제법 축제 분위기가 나서 아이들을 환영할 만반의 준비가 갖춰졌다.

"왜 하필 어젯밤에 천둥번개가 쳤는지. 아이들이 무서워하지 않았는지 걱정이에요."

"그러게요. 우리 아이는 엄마랑 떨어져서 잔 게 처음이거든요."

"우리 애도요. 그런데 작년에 배에서 바다에 빠진 아이가 하나 있었다던데."

"어머나, 정말요?"

"다행히 금방 건졌다지만 떨어지면서 어디에라도 부딪혔으면 어쩔 뻔했어요."

하룻밤 아이를 떠나보낸 미국 엄마들의 걱정은 한국 엄마들 못지않았다.

아, 드디어 온다.

검은 쓰레기봉투를 하나씩 끌고 환한 얼굴로 아이들이 교실로 들어오고 있다. 봉투 안에는 쓰레기가 아닌 하루 동안의 생존 물품들이 들어 있다.

엄마와 진한 포옹. 뽀뽀. 빠르게 오가는 질문과 흥분 어린 경험담.

밝은 얼굴로 도착한 포스터 선생님은 우리의 걱정을 단번에 덜어주었다.

"모두들 잘 지냈어요. 우는 아이는 한 명도 없었고, 다들 잠도 잘 잤어요."

드디어 내 딸도 환하게 웃으며 도착. 한 달 만에 만난 것처럼 반갑다. 많은 것이 궁금해 죽겠는데 "재미있었어요" 한마디 하더니 친구들과 우르르 몰려가 손을 씻고는 아침이 차려진 탁자로 달려가 버린다. 집에서는 먹지 않던 딱딱한 베이글에 크림치즈를 꼼꼼히 발라서 맛있게 와구와구 먹는다.

호프 초등학교는 4학년부터 1박 2일의 체험학습 프로그램을 운영하고 있다. 학교의 가장 큰 행사 중 하나여서 학기 초부터 안내를 하고, 기금을 모으고, 떠나기 한 달 전에는 학부모 설명회를 통해 자원봉사자를 모집한다. 학년마다 행선지가 다른데, 4학년은 산타바바라 해양박물관 및 해양연구소와 연계해 기획한 '큰 돛단배Tall Ship 프로젝트'를 수행하고 있다. 큰 돛단배에서 하룻밤을 지내며 1835년 선원들의 고된 생활을 실제로 체험하는 것이다. 움직이지 않고 바다에 정박해 있는 배이긴 하지만 말이다. 역사교육, 협동작업, 비판적 사고, 규율, 자존감을 기반으로 한 문제해결력을 키우는 것이 제시된 프로그램의 취지다.

아이들은 오전에 정상적으로 수업하고 점심을 먹은 다음 해양박물관을 관람했다. 그런 다음 늦은 오후 선원이 돼 배에 올랐다. 선장의 지휘 아래 뱃노래를 부르고, 당시 역사에 대해 토론하고, 항해 이야기를 나누었다. 그리고 조를 나눠 그 시대의 선원 역할을 수행했다. 예를 들면 조리실galley 조는 부엌일 담당으로 그날 먹을 스튜 요리와 설거지를 해야 했고, 내 딸이 속한 삭구素具장비rigger 조는 배에 밧줄과 사슬을 장치하는 일, 짐을 싣고 내리는 일, 갑판 청소를 담당했다.

"엄마, 배에서 자원봉사할 사람 물어보면 절대 손 들면 안 된대요."

"왜?"

"바이올렛이라는 반 친구가 나한테만 살짝 알려줬는데요, 화장실 청소 시킨대요. 아무한테도 말하지 말라고 했어요."

내 아이의 귀에까지 들어왔으니 누구에게나 알려진 공공연한 비밀인 듯 했다. (궁금해서 물어보니 그래도 착한 ─ 혹은 비밀접선에 어두운 ─ 아이 한 명이 손을 들어서 화장실 청소를 했다고 한다.)

돌아가면서 해적이 오나 안 오나 보초를 서기도 한다. 순서를 잘못 뽑으면 자다가 새벽 2시에 일어나 보초를 서야 한다. 자원봉사 학부모의 역할은 주로 시간별로 선원들을 깨우는 일이다. 아무튼 적당히가 아니라 제대로

조별로 그린 그림들

휴게실, 아니 생존자들의 베이스캠프로 변신한 교실에서의 '난파선 파티'

180년 전의 선원 체험을 해보는 것이다.

제대로 된 체험은 준비물에서도 나타났다. 준비물은 간단했다.

- 침낭
- 밥그릇, 컵, 숟가락 하나(유리제품 안 됨)
- 비옷
- 편안한 옷 두 벌(젖을 경우 대비)
- 양말 두 켤레와 운동화
- 방한복, 장갑, 모자

이것들을 커다란 검은 쓰레기봉투에 한꺼번에 넣고 그 위에 이름을 붙여 가져오라는 게 전달사항이었다. 쓰레기봉투의 새로운 사용법이 신선하다고 생각하면서 준비물을 다시 찬찬히 살펴보았다. 어? 그런데 왜 칫솔, 치약, 수건은 없지? 너무 기본적인 거라 적지 않았나 싶어서 넣어 보냈는데, 결과적으로 쓴 흔적도 없이 도로 가지고 왔다. 1박 2일 동안 세수고 양치질이고 아무것도 안 했다는 것이다. 화장실만 있고 손 씻을 데도 없었다고 한다. '아, 캘리포니아의 교육은 이따금 너무나 뻔뻔하게 과감한 거 아니야?' 그런데 알고 보니 19세기부터 만성적으로 가뭄에 시달려온 캘리포니아 주의 역사 체험을 정말 제대로 한 것이었다.

체험활동을 떠나기 전, 나는 아이가 혼자 못하는 게 많다는 걸 알게 되었다. 우선 침낭에 들어가 안쪽에서 지퍼 잠그기부터 연습했다. 겨우 정복했더니 다음의 난코스는 침낭을 잘 말아서 주머니에 넣는 것이었다. 사실이건 나도 안간힘을 써야 가능했을 정도니, 아이 힘으로는 아무리 맹연습을 거듭해도 자꾸 부풀어오르는 침낭을 어찌해볼 도리가 없었다. 결국 침낭주머니를 포기하고 빨랫줄로 둘둘 묶어가기로 했다. 그런데 이번에는 빨랫줄이 문제였다. 아이는 매듭을 묶고 풀 줄도 몰랐다. 가장 간단한 방법으로 매듭을 묶고 푸는 걸 연습시켰다. 쓰레기봉투를 묶고 푸는 것도 반복해서 연습했다. 그 밖에도 단단한 생수 뚜껑을 돌리는 일이라든지 자기 전 안경을 안경집에 잘 넣어 보관하는 일 등 야무지게 잘할지 걱정되는 게 한두 가지가 아니었다. 모두 스스로 해보도록 가르쳐주지 않고 내가 대신 해줬던 일들이었다.

학부모가 해야 할 숙제도 있었다. 아이들 몰래 선원에게 보내는 편지를 준비하는 일이었다. 마치 1835년에 살고 있는 것처럼 써야 하는데, 아이들이 역사적 교훈과 재미를 함께 얻을 수 있는 방식으로 당대의 시대상을 포함시켜야 했다.

"명심하라. 때는 1835년이고, 학생들은 선원이라는 직업으로 상인의 배에 승선했다. 선원은 1년 이상 항해하는 상태다. 당신은 동부에서 편지를 쓰고 있으며, 선원의 부모, 아내, 아이, 연인, 친구 중 하나가 돼 당시 농가의 삶 혹은 도시의 삶이 얼마나 어려웠는지, 세상에는 어떤 일이 일어나고 있는지, 어떤 새로운 발명으로 흥분 상태에 있는지 등을 쓰면 된다."

'와~ 이걸 어떻게 해?'라고 생각하고 있는데, 한마디가 덧붙여 있었다. "아이들이 새벽에 일어나 보초를 서느라 힘들 때 이 편지를 전달받으면 무척 힘이 날 테니 정성껏 준비해달라."

그리고 참조할 만한 시대적 맥락이 몇 개 제시돼 있었다.

- 여성은 투표를 할 수 없다.
- 가스등이 최근 발명되었다.
- 여성은 선원이 될 수 없다.
- 선원의 삶은 고되고, 선장은 잔혹한 경우가 많았다.
- 앤드루 잭슨 대통령(재임기간 1829~37)이 재선된 상태다.
- 보스턴 음악 아카데미가 최근 문을 열었다.
- 워배시-이리 운하가 건설 중이다.

다행히 나처럼 막막해하는 부모를 위해 다음과 같은 예시도 함께 제시돼 있었다.

찰스 선원에게

네가 캘리포니아 해안으로 떠난 게 이렇게 오래됐다는 것이 믿기지 않는구나. 네가 무척 보고 싶단다. 샌디에이고, 산타바바라를 거쳐 몬트레이까지 항해하면서 많은 친구들을 사귀기 바란다. 선장에게 배가 산타바바라에 도착할 때 네게 이 편지를 전해달라고 부탁했는데, 과연 그 못된 자가 잘 전달할지 걱정이구나.

네가 없는 동안 이곳엔 많은 변화가 있었어. 네 누나는 결혼을 했고 뉴욕에 사는 네 사촌이 누나의 방을 차지했단다. 그 아이가 집안일과 농장 일을 많이 도와주고 있어. 네 아버지는 내륙 깊숙이 물자를 운반할 워배시-이리 운하를 짓는 일을 하고 계신단다. 캘리포니아에도 운하가 있니? 너희 아버지가 계속 바쁘셔서 일손이 부족해 포도를 수확하기가 어렵구나.

네가 너무 보고 싶을 때면 네가 탄 배가 정박해 있던 항구를 오래 산책하곤 한단다. 아들아, 오늘 밤 자기 전에, 보초를 설 때, 그리고 아침 해가 솟아오를 때 엄마를 생각해다오. 혼 곶Cape Horn을 거쳐서 집에 돌아오는 길에 행운이 있길 바라며, 곧 보스턴 항구에서 널 만날 날을 고대한다. 너를 위해 기도하마. 순풍이 불고 바다가 잔잔하길 바라며.

사랑을 담아

엄마가

작문하느라 조금 애를 먹긴 했지만, 박물관-연구소-학교가 연계하고 학부모와 아이가 각자의 역할을 맡는 등 서로 힘을 모아 이 체험학습을 준비한다는 사실이 감동적이었다. 또한 한 달 전부터 수업시간에 큰 돛단배 그림을 그리고, 조를 나눠 관련 역사를 조사하고, 선원의 노래와 뱃사람의 언어를 배우며 이날의 체험을 준비하는 모습이 인상적이었다. 아이들은 체험 전에 배에서 어떤 활동을 할지 가상의 이야기를 쓰고, 체험 후에 다시 체험기를 써보는 활동을 했다. 한마디로 교과와 창의적 체험활동, 학교와 기관을 연계한 입체적인 융합체험학습이었다. 더욱이 제삼자의 입장에서 과거의 역사를 배우는 게 아니라 그 사람이 직접 돼봄으로써 역사를 자기 몸으로 체화하게끔 하는 교육 아닌가.

딸이 배에서 실제로 사용했다고 하는 뱃사람의 언어들도 재미있었다. 예컨대 이런 단어들이었다.

Aye(아이) "네"

Aye Aye(아이 아이) "네, 명령을 이해했습니다. 명령을 수행하겠습니다"

Avast(어베스트) "그만"

Sir(써) 선장에게 말할 때마다 마지막에 붙여야 하는 경칭

배에서 하룻밤을 보낸 선생님과 아이들은 다음 날 오전 9시에 학교 교실로 돌아온다. 축제의 분위기는 계속 이어져 교실에서 '난파선 파티Ship Wreck Party'를 한다. 쉽게 말해 녹초가 된 아이들의 휴식시간인데, 오전 내내 아이들은 학부모들이 준비해놓은 음식을 먹으며 교실 바닥에 침낭을 깔고 자기도 하고, 후크 선장 영화를 보면서 자유로운 시간을 갖는다.

옛날 선원처럼 진짜 세수도 양치질도 안 하게 하면서 아이들 스스로 19세기 중반의 삶을 체험하고 이해하게 하는 교육이었다. 매듭도 혼자 못 묶던 아이가 갑판청소 등을 하며 하룻밤을 씩씩하게 잘 지내고 온 것이 마냥 대견했다. 또 하나, 바닥에서 친구들과 뒹굴며 책을 읽는 아이를 보면서 교실이라는 공간이 마음먹기에 따라서는 거실도 되고 캠핑장도 될 수 있음을 알았다. 참 넉넉하고 다정한 공간이고, 다양한 활동을 품을 수 있는 멋진 공간이라는 생각을 했다.

중세 마을이 된 학교에서
중세의 삶을 살다

중세를 걷기 프로젝트

산타바바라에서 1년간 임차한 숙소 바로 옆에는 라콜리나La Colina 중학교가 있었다. 저녁을 먹고 아이는 자전거를 타고, 나는 그 뒤를 따라 뛰는 것도 아니고 걷는 것도 아닌 어정쩡한 걸음으로 이 중학교로 산책을 가곤했다. 빼빼마른 야자수가 높이 솟은 넓은 잔디 마당에는 미식축구 연습시합이 벌어지고, 철봉에서 노는 아이들, 보드를 연습하는 아이들, 개를 산책시키는 사람들이 늘 운동장에 있었다.

그런데 어느 날 이 학교 전체가 감쪽같이 중세 마을로 변했다. 바닥에는 짚이 깔리고 운동장 곳곳에 중세 저잣거리 등이 꾸며졌으며, 입구에는 성곽이 세워졌다. 편한 운동복 차림으로 껄렁거리며 돌아다니던 중학생 아이들이 중세의 무사, 검투사, 왕, 공주, 상인, 수도사 복장을 제대로 갖춰 입고 저마다의 공간을 차지하고 서 있었다.

'중세를 걷기'는 라콜리나 중학생들이 중세의 생활상을 연출하는 프로젝트다. 학생들은 두 달 넘게 중세의 삶을 학습하고, 이를 연출하기 위해 극본을 짜고 역할을 분담하고 소품을 준비하고 학교 전체를 중세 마을로 만들었다. 이들은 하루 동안 중세 사람이 돼 인근 초등학생들과 지역주민 앞에서 그들의 삶을 연기할 예정이었다. 하루 종일 과거의 복장과 말투, 직업에 맞는 행동으로 자신이 준비한 이야기를 하는 것만이 아니라, 사람들의 질문에도 대답해야 했다.

설명에서 짐작했겠지만, 대강 머릿속으로 역사적 인물에 감정이입을 해보는 게 아니라, 제대로 시대와 인물을 연구해서 구체적으로 몰입할 수 있게 하는 매우 창의적인 역사교육 방법이었다. 초등학생들은 살아 있는 역사 전시를 체험하면서 자연스럽게 중학생들에게 역사를 배울 수 있었다. 중학생들이 어떤 표정으로 무슨 이야기를 할지, 그리고 초등학생들은 어떤 반응을 보일지 매우 궁금했다. 그래서 행사 당일 학부모 자원봉사를 하기로 했다.

8명의 아이들과 라콜리나 중학교, 아니 중세의 어느 마을에 도착하니 입구에서 지도를 나눠주었다. 72개의 부스별로 중세의 어떤 장소에서 어떤 일이 벌어지고 있는지 간단히 설명돼 있었다. 내 역할은 아이들이 가고 싶어하는 부스 중 사람이 많이 몰리지 않은 곳으로 인솔하는 것이었다.

중학생들이 직접 탐구하여 제시한 주제들은 한결같이 구체적이고도 흥미로웠다. '성城 짓기와 공격하기', '중세 유럽의 오락거리', '중세 중국의 경

중세의 삶을 온몸으로 열연하고 있는 라콜리나 중학생들과 열심히 호응하고 있는 초등학교 관객들

이로운 사건들', '유럽의 유명 작가들', '중세의 혁신가들', '중세의 시장', '서아프리카 이야기', '유럽의 종교', '영광스런 바이킹들', '전쟁 중의 왕들', '필경사의 삶', '원탁의 기사들' 등 마음 같아서는 72개 부스를 모두 가보고 싶었다.

각 부스마다 공연은 대략 5~7분간 진행되었다. 이곳 아이들이라고 누구나 거리낌 없이 열연을 펼치는 건 아니었다. 부끄러워서 모기 소리만 하게 말하면서 꼬마 관객들과 눈도 못 마주치는 아이도 있었다. 외운 것을 잊어버려서 더듬는 아이도 물론 있었다. 그래도 초등학생 관객은 매우 진지하게 이들의 이야기를 경청했다. 이런 공연을 관객이 바뀔 때마다 반복해야 하니 에너지가 보통 필요한 일이 아니었다. 30번쯤 되풀이해서 연기하다 보면 정말 온전히 그 인물이 되겠구나, 하는 생각이 들었다.

'암흑의 시대'라 일컬어지는 중세에는 글을 읽고 쓸 줄 아는 사람도 적었고 삶의 질도 비참했다. 유럽인들은 신에 대한 강한 믿음, 그리고 현세보다 천국에서의 삶에 대한 기대로 하루하루 힘든 일상을 버텼다. 한쪽 부스에서는 이런 모습이 적나라하게 재현되었다. 또 다른 곳에서는 십자군 전쟁을 통해 서로 다른 문화가 섞이고, 건축·과학·음식·의복·의학에 대한 새로운 생각들이 어떻게 생겨났는지 보여주었다.

초등학교 동생들을 위한 눈높이 교육도 돋보였다. 초등학생 관객들은 퍼포먼스의 일부가 되어 기사의 갑옷을 입어보기도 하고, 중세의 전쟁 장면에 참여하기도 했으며, 벽을 부수는 분노하는 군중이 되기도 했다. 필경사가 돼 글씨를 써보고, 중세의 옷을 입고 빨아보거나 당시 음식을 먹어보기도 했다. 중요한 역사적 사건만 다루지 않고 중세인들의 일상과 의식주를 체험해보게 하는 기획이 돋보였다.

퍼포먼스가 끝나면 아이들은 자유롭게 질문도 하고, 타지마할 궁전 색칠하기 견본 등 작은 선물도 받았다. 모든 체험을 끝내고 나오는 길에는 중학생들이 만든 각국의 중세 건물 모형들이 전시돼 있었다. 중세라는 주제로 학생들이 할 수 있는 모든 것들을 한 셈이었다. 학교 곳곳에는 아이들이 기념사진을 찍을 수 있는 부스도 마련돼 있었다. 아이들은 성곽 입구에서, 바이킹 배 위에서, 그리고 중세 기사와 공주 패널에 얼굴을 내밀고 즐겁게 사진을 찍었다.

창의행동력을 길러주는 방법으로 다양한 인생의 단면을 제대로 체험하게, 아니 '살아보게' 하는 것 이상이 있을까. 책상 앞에 앉아 머릿속으로 지식을 달달 외우거나, 팔짱을 끼고 멀리서 고개만 끄덕여서는 창의성이 생겨날 리 만무하다. 배우는 학생도 가르치는 학생도 모두 즐거운 깨달음을 얻을 수 있는 '행동하는' 연계수업을 우리나라에서도 시도해보았으면 한다. 동생은 언니에게 배우면서 크고, 언니는 동생을 가르치면서 성장하지 않겠는가. 배우는 입장이 아니라 가르치는 입장, 관람하는 입장이 아니라 기획하고 준비하고 보여주는 입장에 서보는 것이 가장 중요한 창의적 직업인의 자세이니 말이다.

무한변신
트레이닝 사례들

이밖에 캘리포니아에서 경험한 체험학습 사례는 다음과 같다.

역사시간의 '캘리포니아 미션 프로젝트'

캘리포니아의 초등학교 4학년 역사시간에는 '캘리포니아 미션California Mission'에 대해 배운다. 미션은 에스파냐 선교사가 원주민인 인디언들을 포교할 목적으로 세운 성당으로, 1769년 설립된 샌디에이고 데 알칼라 성당을 시작으로 21곳에 지어졌다. 산타바바라에도 매우 아름다운 성당이 있다.

아이들은 팀 프로젝트로 성당을 조사하는 것 이외에 선택과제를 하게 된다. 8가지 과제 중 하나를 잘 수행하면 추가점수를 3점까지 받을 수 있고, 결과물은 '성당의 날Mission Day'에 전시된다. 선택과제는 다음과 같다.

• 어도브 벽돌 만들기 : 당시 어도브 벽돌이 어떻게 만들어졌는지 조사하고 직접 만들어보라. 가능하다면 사람들과 공유할 수 있도록 사진을 찍고, 만든 벽돌을 가지고 오라.

• 성당에 관한 이야기 읽기 : 《Zia》, 《Pasquala》, 《Mystery on Trail》, 《Song of the Swallow》 등 자신의 레벨에 맞는 책을 읽어라. 이야기 주인공처럼 옷을 입고 와서 주인공의 하루 생활에 대해 짧은 발표를 하라.

• 노래하기 : 당시 불렸던 노래를 조사하고 스스로 노래를 만들어보라. 배경음악이나 악기를 사용하면 금상첨화다.

• 요리하기 : 당시 먹었던 음식이나 요리를 조사하고 조리과정을 설명하라. 맛볼 수 있는 음식을 요리해서 가져오라. (52명의 아이들과 몇 명의 학부모 용)

• 테크놀로지 : 파워포인트, 동영상, 슬라이드쇼 등으로 성당에 대해 소개하라.

• 22세기의 성당을 디자인하라 : 기존 성당을 참조해 22세기의 성당 평면도를 만들고, 앞면을 스케치하라. 이 성당을 어느 도시에 지으면 좋을지 생각하라.

• 의상을 입어라 : 성당의 창시자, 성당 신부나 원주민처럼 옷을 입으라. 해당 인물의 일상에 대해 짧은 연설을 준비하라. (이게 우리가 가장 좋아하는 과제 중 하나다.)

• 성당을 방문하라 : 성당 방문기를 사진 일기로 만들라. 각각의 사진을 설명하는 글을 쓰라.

학생이 직접 만들어온 어도브 벽돌과 제작과정

과제가 굉장히 실질적이고 실용적이다. 과거의 것들을 조사하거나 책을 읽고, 그것을 토대로 자신의 작품을 만들거나, 인물을 연기하거나, 음식을 만드는 창의적인 활동을 주문하고, 그것을 친구들뿐 아니라 부모들과 공유하는 도전과제다.

딸은 '성당을 방문하고 사진일기를 제출하라'는 과제를 택했다. 최초의 성당인 샌디에이고 데 알칼라 성당과 산타바바라 성당을 방문하고 사진일기를 만들었다. 성당의 날에 가보니 '우리가 가장 좋아하는 과제'라고 제시되었던 '의상을 입고 짧은 연설을 준비'한 아이는 4학년 2개 반 중 한 명뿐이었다. 작고 빠른 목소리로 정말 짧게 발표를 해치우고 자기 자리로 돌아갔다. 원래 수줍음을 타는 아이인데 용기를 낸 듯했다. 창의행동력을 실천하는 것은 손 잘 들고 발표 잘하는 미국 아이들에게도 쉬운 건 아니다.

과학캠프의 '로봇 되는 날'

여름방학에 딸은 '로봇 도전 과학캠프'에 등록했다. 로봇의 작동원리를 연구해서 로봇 장난감을 만드는 과정이었다. 여기서도 역시 '되기 수업'이 있었다. '로봇 되는 날'을 정해놓고 로봇 복장을 하고 교실에 오도록 한 것이다. 아이는 어떻게 꾸밀지 한동안 고민하더니, 버리려고 쌓아둔 온갖 재활용품을 사용해 로봇 가면 만들기에 돌입했다. 상자를 은박 호일로 감싸고 눈과 코 부분에 구멍을 뚫었다. 햇반 그릇에 젓가락을 꽂으니 안테나로 변신했다. 3시간 동안 씨름하더니 제법 그럴듯한 로봇 가면을 만들었다. 스스로 뿌듯했는지 가면을 쓰고 정체를 알 수 없는 로봇 춤을 신나게 추기 시작했다.

다음 날, 기대만큼이나 재미있는 로봇들이 교실에 가득했다. 머리뿐 아니라 허리, 다리, 팔에 로봇 의상을 장착한 아이는 걷는 것도 힘들어했다. 아이들은 밖에 나가 단체사진을 찍고 다시 교실로 돌아와 로봇 차림으로 수업을 했다.

"종이가 안 집어져요. 누가 이 종이 좀 주워줄 사람?"

떨어진 종이 한 장을 자기 힘으로 줍지 못해서 도움을 요청하는 아이를 보면서 '아, 그냥 재미로만 로봇 옷을 입고 수업을 하게 한 건 아니구나' 하고 깨달았다. 로봇 옷을 입고 하루 정도는 일상생활을 해봐야 비로소 조금이라도 로봇의 입장이 될 수 있는 것이다.

창의력 신장을 위한 기법 중에 고든William Gorden이 고안한 '시네틱스synetics'가 있다. 해결하려는 문제를 다른 유사한 대상이나 사태에 유추해 생각하거나, 해결하려는 대상을 의인화해 문제를 해결하는 기법이다. 가령 심부름 잘하는 로봇을 고안하려면 내가 그 로봇이 되었다고 생각하고 문제에 접근하는 것이다. 그런데 나도 수업에서 학생들과 이 기법을 활용한 활동을 해보았지만, 학생들이 내놓은 해결책은 대부분 예측 가능한 범위 내에 있었다. 자신이라는 틀 밖으로 나가 대상 자체에 온전히 감정이입하는 데 실패했기 때문이다. 이는 머릿속으로만 생각해서는 결코 해결하려는 대상이 될 수 없음을 보여준다. 창의행동력을 키우려면 시네틱스 기법을 다음과 같이 수정해야 한다. 해결하고자 하는 대상의 복장을 입고 자신의 일상을 그대로 살아보라. 수업도 듣고 물도 마시고 화장실도 가고 말이다. 창피하고 불편해서 어떻게 그렇게 하냐고? 용기와 행동력이 없으면 창의성도 없다.

05

다양한 실험과 시도

간 다 , 해 본 다 , 발 견 한 다

"뜨지도 가라앉지도 않는
플링커를 만드세요"

'답 없는' 과학실험

딸은 일주일에 두 번, 방과후 돌봄기관인 '걸스잉크Girls Inc.'에 다녔다. 나는 용감하고 똑똑하고 담대한 여성을 키운다는 이 기관의 표어가 무엇보다 마음에 들었다. 물론 학교가 끝나면 차로 데려가고, 6시까지 돌봐준다는 점과 더불어 말이다. 걸스잉크의 아담한 건물에는 거실, 조리실, 체육실, 미술실, 과학실, 도서실 등이 갖춰져 있고, 건물 밖 뜰에는 꽃들이 만발하고 레몬이 주렁주렁 달려 있어서, 아이들은 이곳에서 집에 있는 기분과 학교에 있는 기분을 반반씩 느낄 것 같았다.

수요일은 과학 클럽 활동의 날이었다. 하루는 아이들이 한창 재미있는 실험을 하고 있었다. '플링커flink-er'라 부르는, 수조 안에 넣으면 수면 위로 떠오르지도 않고 완전히 바닥으로 가라앉지도 않는 물체를 만드는 게 목표였다. '여러분의 플링커는 적어도 10초 동안 플링크^{flink}해야 성공이다'라고 칠판에 씌어 있었다. 용어가 궁금해서 찾아보니 'flink'는 '빛나는, 빠른'이라는 의미의 독일어에서 온 말인 듯했다. 코르크를 기반으로 클레이, 압정, 클립, 고무줄, 나사 등의 재료를 가지고 플링커를 만들어 물속에서 뜨지도 가라앉지도 않는 아슬아슬한 상태를 10초 이상 유지해야 했다.

아이들은 물속에서 하나씩 형태를 변화시키거나 재료를 더하거나 빼는 과정을 통해 인내심을 가지고 완전히 가라앉지 않을 정도로 적당히 가볍거나 적당히 무거운 상태를 스스로 찾아내야 했다. 성공을 열망하는 아이들의 움직임은 분주했다. 코르크에 압정을 여러 개 꽂았다가, 다시 하나 뺐다가, 고무줄을 묶었다가, 풀었다가, 다른 아이들이 하는 방법을 힐끗 보면서 따라 해보기도 하며 온갖 방법들을 동원했지만 좀처럼 시원하게 성공하는 아이가 없었다. 안타까운 마음으로 지켜보고 있으려니, 아이들 한 명 한 명의 성격이 눈에 들어왔다.

클립을 소금쟁이처럼 늘리고 거기에 나사를 달아 독특한 플링커를 만드는 아이가 있었다. 그런데 조금 해보다가 걸핏하면 '악' 하고 소리를 지르고 투덜거렸다. 이 아이는 기발한 생각은 잘해내는데 인내심이 없어 보였다. 그런가 하면 플링커가 되었든 안 되었든 간에 무조건 "선생님 됐어요, 됐어요. 나 됐다, 얘들아" 하며 자랑하는 아이도 있었다. 일단 우기고 보는 성격인 것이다. 한편 내 딸은 신중히 재료를 덧붙이기도 하고 덜어내기도 하며 한동안 집중하다가, 여기저기서 '어, 된다, 된다' 하니 신경이 쓰이는지 고개를 돌리며 연신 힐끗거렸다.

"무슨 일이 일어났니?" "얼마 동안 플링크했니?" "다시 올라왔니, 가라앉았니?” 선생님은 아이들 스스로 문제를 해결하도록 끊임없이 질문을 던졌다.

플링커 만들기 활동이 흥미로웠던 점은 '10초 이상 플링크하게 만든다'는 결과 자체가 중요한 게 아니라는 데 있었다. 형태와 무게가 다른 재료들을 하나씩 바꿔보면서 어떤 일이 일어날지 예측하고, 실제로 해보면서 변화하는 과정에서 새롭게 무언가 알아가는 기쁨을 느끼고, 플링크하게 만들 수 있다는 믿음을 갖고 인내심 있게 실험하는 과정을 배우는 게 훨씬 중요했다. 플링커 만들기 활동은 창의적 발견력을 기르는 최적의 프로그램이었다.

마치는 시간이 돼 정리하면서 선생님은 아이들에게 물었다.

“뭐가 가장 재미있었니?”

“물에 조금씩 가라앉거나 떠오르는 걸 보는 거요.”

“그럼 뭐가 가장 힘들었니?”

“물에 가라앉으면서도 뜨게 하는 게 가장 힘들었어요.”

“왜 그게 가장 힘든 것 같니?”

“재료를 조심조심 더하거나 빼면서 집중해야 하니까요.”

“우리 주위에 플링커와 같은 게 있을까?”

“네, 잠수함이요.”

“악어요.”

“하마요.”

플링커 만들기 활동을 다른 곳에서도 하는지 궁금해서 집에 돌아와 인터넷 검색을 해보다 재미있는 걸 발견했다. 미국의 어느 어린이 과학교육 사이트가 플링커 만들기 활동을 한 아이들의 짧은 보고서를 올려놓은 것이었다. 대개의 보고서는 "내가 만든 건 33초 동안 플링크했어요. 나는 코르크, 파이프 청소용구 한 개, 바늘 몇 개, 압정 몇 개, 와셔(너트 밑에 끼우는 둥근 쇠붙이) 한 개를 사용했어요"라는 식이었다. 무슨 재료를 사용해 몇 초 플링크했는지 결과에만 초점을 맞추고 있었다. 그런데 유독 흥미로운 보고서들이 있었다. 몇 가지를 번역해보면 다음과 같다.

"플링커는 용기 안에 물을 얼마나 담고 있는가가 관건이라고 봐요. 나는 그걸 스티로폼 조각과 안전핀을 가지고 실험해봤어요. 먼저 나는 스티로폼에 3개의 안전핀을 꽂았죠. 그랬더니 떴어요. 5개의 핀으로도 떴고, 6개로도 떴어요. 7개에서 가라앉았어요. 6개로 떴고, 6개로 떴고, 6개로 떴고, 7개로 가라앉았고, 7개로 가라앉았어요. 그리고 결국 6개로 플링크하는 데 성공했어요. 그러는 동안 나는 물의 양을 조절했어요." (카일리, 10세)

"나는 작은 물체들 여러 개를 물에 띄워봤어요. 그런데 그중 두 개만 플링크했어요. 2분 동안요. 그걸 지켜보는 건 정말 재미있었어요. 나는 병아리콩들과 검은눈콩들이 만드는 물의 춤을 바라보고 있다고 생각했어요." (세젤, 8세)

"나는 수영 팀에 소속돼 있어요. 수영장을 왕복하고 나서 잠깐 쉬는 시간에 내 자신을 플링크할 수 있는지 시험해봐요. 물 아래로 내려가서 코로 적당한 공기를 내뿜으면 나는 거의 물과 같은 무게가 돼요." (케이티, 12세)

처음에 카일리의 글을 읽고 의아했다. 핀을 6개 꽂았을 때는 떠 있었는데, 7개 꽂았을 때 가라앉더라는 것까지는 이해했다. 그런데 다시 핀을 6개 꽂아서 떠 있었다는 사실을 세 차례나 반복해 기록하고, 7개 꽂아서 가라앉았다는 이미 입증했던 사실을 두 번이나 기록한 이유는 무엇일까. 맨 마지막 문장을 읽고서야 이 아이가 핀의 개수는 그대로 두고 물의 양을 조절했다는 걸 짐작할 수 있었다. 카일리는 모두가 재료와 형태를 변형시키는 데 초점을 맞출 때 물의 양이라는 다른 관점으로 시선을 돌렸다. 그리고 자신의 가설이 맞는지 알아보기 위해 세밀하게 조작하고 관찰한 것을 고스란히 기록으로 남겼다. (정작 물의 양을 얼마나 조절했는지는 기록하지 않았지만, 아직 열 살이지 않은가.)

세젤은 플링커 만들기 과정에서 뜻밖에 발견한 예술적인 면을 아름답게 표현했다. 케이티는 실험을 자신의 삶 자체로 연장시켜 자신을 플링크한다는 발상의 전환을 했고, 실험과정에서 자기만의 깨달음을 얻었다.

세 아이의 글은 무엇보다 이들이 얼마나 실험과정 자체를 즐거워했고 몰입했는지 보여준다. 이들은 빨리 플링크하도록 무언가를 만들어야겠다고 초조해하지 않고, 그 과정에서 들었던 궁금한 생각들을 실천으로 옮겨 새로운 창의적 깨달음을 얻었다.

일전에 연구책임자로 초중등 학교현장의 창의융합 교육 프로그램을 개발한 적이 있다. 다양한 전공의 초중고 교사, 장학사, 수석교사들이 개발진으로 참여했는데, 개발한 프로그램을 시범적으로 반 아이들에게 구현해보는 과정에서 한 선생님이 다음과 같은 문제를 제기했다.

"팀별로 융합수업을 진행하다가 원래의 교과목표에서 완전히 벗어나 엉뚱한 길로 가버린 팀이 하나 생겼습니다. 이럴 경우 교과목표로 다시 돌아오도록 유도해야 할까요, 아니면 계속 그들 방식대로 하게 내버려둬야 할까요? 평가할 때 이런 팀에는 어떤 점수를 줘야 할지도 난감합니다."

새로운 발견을 가능하게 하려고 융합수업을 한 것이니 격려해주고 나름대로 완성도가 있으면 점수를 줘야 한다는 의견부터, 어디까지나 수행평가가 동반되는 수업이므로 독창성은 칭찬해주되 교과목표는 완수하게 해야 한다는 의견까지 분분했다.

포스트잇은 강력한 접착제를 개발하려고 하다가 오히려 잘 떨어지는 접착제를 발명하게 된, 그러니까 엉뚱한 길로 가버린 대표적인 케이스 아닌가? 목표를 향해 잘 갔든 다른 길로 샜든, 중요한 것은 그렇게 해서 어떤 발견과 깨달음을 얻었는지에 초점을 두는 일일 것이다.

사람들은 흔히 창의성을 문제해결력에 결부시킨다. 하지만 '플링크하게 하라'는 과제는 주어진 문제를 해결하는 데 급급하지 말고, 그 과정을 즐기면서 문제와 관련된 다양한 모색과 시도를 해보라고 유도한다. 모색의 과정에서 어떤 의문이나 새로운 생각이 떠올랐다면, 원래의 문제와 상관없다고 무시하지 말고 자신의 생각을 끝까지 진전시켜 해결해보라고 격려하는, 더욱 다차원적인 창의성 훈련방법이다. 과연 캘리포니아의 아이들은 각기 다른 방식으로 실험하고 자기만의 깨달음을 얻었다. 모두 빛나는 발견이었다. 플링크 과학실험을 보면서 평가가 창의적인 발견력을 키우는 데 걸림돌이 돼서는 결코 안 된다는 사실을 새삼 깨달았다.

악어뼈가 들려주는
이야기를 그린다

캘리포니아 과학아카데미 교육 프로그램

"과학자란 어떤 사람인가요?"

"열쇠 구멍을 통해 들여다보는 호기심 많은 사람이죠.

그 안에서 무슨 일이 벌어지는지 알려고 노력하면서

자연의 열쇠구멍을 들여다보는 사람 말이에요."

– 자크 쿠스토, 프랑스 탐험가

어디에나 '이곳에 가면 반드시 이걸 봐야 한다!'는 대표선수가 있게 마련이다. 샌프란시스코에 있는 캘리포니아 과학아카데미California Academy of Sciences에서는 돔으로 된 천문관에서 나사가 제작한 우수영상쇼를 보는 게 가장 인기다. 그런데 결론적으로 나는 못 봤다. '입장권과 별도로 무료티켓

을 지정된 장소에서 따로 끊어야 하고, 제한인원이 차면 입장이 마감됩니다'
라고 입장권 맨 아래에 작게 인쇄된 안내문구를 못 봤기 때문이다. 입장에
성공한 정보력·주의력 강한 사람들의 기뻐하는 얼굴을 외면한 채, 나는 교
육 프로그램이 운영되는 박물학자 센터Naturalist Center로 발걸음을 옮겼다.

캘리포니아 과학아카데미는 이름만 들으면 음악가일 것만 같은 이탈리
아 출신의 세계적인 건축가 렌조 피아노가 설계한 최첨단 친환경 과학관이
다. 친환경적인 '살아 있는' 지붕 아래 자연사박물관, 수족관, 천문관이 모
두 있는 대규모 과학관이다. 가장 인상적이었던 것은 어느 코너에 가든 대
중을 교육하고자 하는 의지를 강하게 느낄 수 있었다는 점이다. 곳곳에 주
황색 옷을 입은 전문 해설요원들이 책상 앞에 앉아 있다가, 관람객이 질문
하면 벌떡 일어나 이구아나의 습성에 대해, 인류의 기원에 대해, 또는 지층
의 형성과정에 대해 열정적으로 설명해준다.

그중에서도 박물학자 센터는 캘리포니아 과학아카데미의 교육의지가 집
약된 곳이라는 느낌마저 주었다. 들어서자마자 박제된 살쾡이, 오리, 부엉
이, 화석, 쥐라기 초식공룡의 앞다리 뼈, 먹이사슬 표, 강낭콩이 자라는 모
형, 책 등 시선을 끄는 것들이 한가득이다. 또한 도서관 서가처럼 '새와 포
유류', '인류학', '지질학', '생물학' 등 분야를 대표하는 실물들과 관련 도서
들이 유리장 안에 정갈하게 진열돼 있다. 그 앞에도 물론 한 분야에 한 명
꼴로 전문 해설요원이 있다.

이곳에 비치된 미스터리 박스들 가운데 하나를 꺼내면 해당 주제에 관한
호기심을 한껏 충족시켜주는, 그리고 더한 호기심을 이끌어내는 실물들과
질문을 만나게 된다. 가령 내가 열어본 '산호' 미스터리 박스에는 뇌 모양으

로 주름이 잡힌 둥근 뇌산호, 숫사슴의 뿔 모양으로 생긴 석산호, 버섯처럼 생긴 버섯산호가 들어 있었다. 그리고 질문이 끈으로 달려 있다. "왜 사람들이 나를 뇌산호라고 부를까?" 자세히 보라고 돋보기도 들어 있고, 사진과 설명을 곁들인 스크랩북도 있다. 조금 더 어려운 질문도 있다. "이 가운데 어떤 산호가 더 단단할까?" 이런 질문에 답하려면? "정보가 더 필요하면 스크랩북을 찾아보라"고 친절히 지시한다.

뭐니 뭐니 해도 나를 강하게 유인한 곳은 '모든 뼈는 이야기한다'는 슬로건과 함께 동물의 두개골 뼈가 놓여 있는 곳이었다. 뼈를 자세히 들여다보고 드로잉을 할 수 있게 현미경과 종이가 놓여 있고, 다른 쪽에는 격자형 유리판과 격자형 종이가 있었다. 어차피 천문관에도 못 들어가니(뒤끝 작렬) 나는 격자형 판 앞에 놓인 미국 악어의 뼈를 드로잉해보기로 했다.

이건 어디까지나 시간과 인내심과 관찰력 싸움이었다. 격자의 이쪽 칸에 콧구멍 뼈가 걸쳐 있는지 저 칸에 있는지 매우 헷갈렸다. 여기에 앉은 걸 후회하지 말고, 초조해하지도 말고, 구경하는 다른 사람들의 시선을 의식하지 않은 채 어쨌든 집중해서 완성해보기로 했다. 대충 그리자고 해도 내게 불이익이 오는 건 없다. 하지만 이 과정을 참아내야 그림이 완성될 뿐 아니라 미국 악어 두개골이 들려주는 이야기를 제대로 들을 수 있다.

실제로 뼈는 내게 말을 하고 있었다. 악어뼈를 바라보고 있으니 모든 걸 덜어낸 정수를 접한 느낌이었다. 아래턱 위에 완고하게 닫힌 위턱, 그리고 한 번 물면 결코 놓지 않겠다는 집념을 보여주는 이빨들이 악어의 두개골을 완성한다. 몸통은 없지만 두개골만으로도 먹이를 잡을 때까지 얼마든지

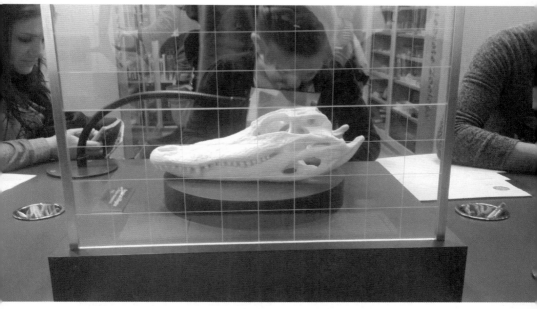

악어뼈 앞에 앉아 그림을 그리고 있으면 한 존재의 정수精髓에 다가가는 느낌을 받는다.

기다릴 수 있다는 듯 '납작' 엎드린 악어의 자세가 연상되었다.

　내 대각선 건너편에 앉은 할머니는 나보다 훨씬 먼저 와서 그림을 그리고 있었다. 한 번도 얼굴을 들지 않고 현미경을 들여다보며 굉장히 열심히 그렸다. 옆에 앉은 손녀가 할머니의 그림을 보면서 잘 그렸다고 감탄했다. 실력자인가 보네, 할머니의 그림이 무척 궁금했지만 내 그림에 다시 집중하기로 했다. 종이 옆에는 '이것은 캘리포니아 과학아카데미에서 뼈 전시를 보고 내가 그린 그림입니다'라는 문구가 인쇄돼 있고 이름, 나이, 동물뼈 이름을 적게 돼 있다. 그림을 완성하고 이름을 쓴 후 왠지 모를 뿌듯함과 뻐근

함으로 자리에서 일어났다.

지나가는 길에 할머니의 그림을 쓱 보았다. 사실 솜씨는 그저 그랬다. 다른 사람들도 내 그림을 보면서 그렇게 생각할 것이다. 하긴, 전시할 것도 아니고 내가 그리고 싶어서 그린 건데 완성도가 무슨 상관이랴. 짧지 않은 시간을 악어뼈만 뚫어져라 들여다보고 손으로 재조립해가며 그린 과정에서 얻은 자기 깨달음이 중요한 것이다.

40분가량의 사투 끝에 그림을 완성한 경험을 바탕으로 나는 선언한다. 창의발견력 향상에는 나사 우주영상쇼 관람보다 어쩌면 악어뼈 드로잉이 훨씬 도움이 될 것 같다고. 창의행동력의 대표주자인 레오나르도 다빈치가 그토록 세밀하게 인체 해부도를 드로잉한 이유 또한, 자기 손과 눈으로 대상을 새롭게 발견하기 위함이었으리라. 드로잉은 대상을 오래 자세히 바라보면서 그것과 시간을 함께 보내게 하는 매우 좋은 수단이다. 사진은 너무 빠르다. 조준, 찰칵이면 몇 초 만에 대상과의 접촉이 끝난다. 반면 드로잉은 대상과의 긴 대화를, 그리고 자기와의 싸움을 하게 한다. 비율, 크기, 생김새를 가늠하게 하고, 자기 눈으로 배우고, 끝까지 완성하는 인내를 배우게 한다. 캘리포니아 과학아카데미에서의 경험을 통해, 나는 잠시나마 과학의 열쇠구멍을 열심히 들여다본 인문학자로 거듭나게 되었다.

진짜 흥미로운 문제와
'미스터리 박스'

샌프란시스코 어린이창의성박물관 이노베이션 랩

경찰, 강도, 식인종 아버지, 아들 둘, 식인종 어머니, 딸 둘 이렇게 8명이 배를 타고 강을 건너려고 한다. 강을 건너는 규칙은 다음과 같다.

1. 경찰이 없으면 강도가 나머지 사람을 다 죽인다.

2. 아버지가 없으면 어머니가 아들을 잡아먹는다.

3. 어머니가 없으면 아버지가 딸들을 잡아먹는다.

4. 배는 한 척이고 배에는 두 명만 탈 수 있으며 어른들만 노를 저을 수 있다. (즉 아들과 딸은 노를 저을 수 없다.)

이 규칙을 준수하면서 8명 모두 무사히 강을 건너게 해보시오.

이 문제는 '강 건너기 게임'이다. 사고력수학 문제집에서 얼핏 보고 뭐 이런 끔찍한 설정이 다 있나 몸서리친 적이 있다. 답이 궁금한가? 스스로 도전해보든가 아니면 인터넷을 뒤지면 된다. 나는 이 문제에 도전하고 싶은 욕망이 전혀 일지 않았기에 패스했다.

흔히들 창의력을 문제해결력이라 생각한다. 틀을 벗어난 사고와 역발상을 통해 주어진 문제를 새로운 방식으로 풀어내는 능력이 곧 창의력이라는 것이다. 창의력을 테스트하는 문제는 언뜻 매우 어려워 보이지만 대개 정해진 답이 있다. 누군가 의도적으로 만든 문제이기 때문이다. 학원에서는 이런 문제를 푸는 다양한 방법을 익히게 한다. 누군가 의도적으로 설정한 문제를 많이 풀면 문제해결력이 높아질까?

그런가 하면 코넬 대학의 심리학자 아이센Alice Isen 교수는 문제를 풀기 전 긍정적 정서를 가지면 된다고 말한다. 창의성 문제를 풀기 5분 전에 코미디 영화를 보게 하거나 사탕을 몇 개 주면, 그렇지 않았을 때보다 문제해결력이 높아진다는 것이다. 글쎄, 나도 경직된 상태에서보다는 기분전환을 한 후 문제를 푸는 게 훨씬 나을 거라는 데 전적으로 동의한다. 그러니 '강 건너기 게임'이 잘 풀리지 않는다면 〈개그콘서트〉를 보다가 문제를 풀어보라. 어쩌면 답을 찾을 수 있을지도. 하지만 이런 식의 해결책은 뭔가 석연찮다.

나는 딸과 함께 간 샌프란시스코 어린이창의성박물관 이노베이션 랩에서 좀 더 설득력 있는 문제해결력 향상법을 찾았다. 정해진 답이 없는 문제, 문제 푸는 사람의 눈높이에 맞는 흥미로운 문제를 제시하고, 문제해결 과정에서 손으로 뭔가를 만들 수 있는 다양한 재료가 담긴 '미스터리 박스'를 제공하면 된다.

"이노베이션 랩에 온 걸 환영한다. 잘할 자신 있니?"

샌프란시스코 어린이창의성박물관 3층 이노베이션 랩에 있는 젊고 발랄한 선생님이 딸에게 물었다. 딸이 자신 있다고 대답하자 '탐사explore'나 '모험adventure' 코스 중에서 도전카드를 한 장 뽑으라고 했다. 모험 코스가 더 어려운 과제라고 말했음에도 도전의식이 발동했는지 딸은 모험을 택했다.

선생님은 딸이 고른 도전카드를 큰 소리로 읽으라고 했다. 딸은 다음과 같은 내용을 읽기 시작했다.

> 음악을 먹는 괴물이 배가 고파 마구 날뛰고 있다. 사람들은 다칠까 봐 모두 두려워하면서도 괴물에게 음악을 빼앗기지 않으려 한다. 세계의 음악이 영원히 사라지지 않도록 안전하게 지킬 수 있는 방법을 찾아보라.

"자, 이게 네가 풀어야 할 문제란다. 잘 해결할 자신이 있니?"

다시 자신 있냐고 묻자 딸은 (이번에는 얼떨결에) 자신 있다고 대답했다. 그러자 선생님은 미스터리 박스를 하나 고르라고 하더니 그 안에 있는 재료로 도전과제를 수행하라고 했다. 상자를 열어보니 털실, 종이 만들기 재료, 휴지 심, 빨대, 나무 스틱, 검은 천, 초콜릿 플라스틱 케이스와 가위, 붕대에 붙이는 면 반창고가 들어 있었다.

미션지와 재료를 앞에 놓고 딸이 약간 상기된 표정으로 깊은 생각에 빠져 있는 사이(근래 본 가장 진지한 표정), 나는 다시 도전과제 데스크로 갔다. 다른 과제들이 궁금해서 허락을 얻어 살펴보니 2~3세는 '창조create', 4~5세는 '발견discover', 6~8세는 '탐사', 8세 이상은 '모험'에서 질문지를 고르도록 돼 있었다. 2~3세 미션지에는 "다리" 같은 아주 간단한 단어가

들리시나요, 음악을 사랑하는 괴물의 스피커-머리에서 울려 퍼지는 아름다운 음악소리가.

씌어 있었고, 4~5세 코스는 이것보다는 조금 더 복잡한 단어, 예컨대 "엑스레이 안경"이 씌어 있었다. 미스터리 박스의 재료를 가지고 자기가 생각하는 다리나 엑스레이 안경을 만들면 되는 것이다.

6~8세에게는 조금 더 상상력이 가미된 도전과제가 주어졌다. 주로 이 세상에 없는 도구를 만들라는 주문이었다. 예컨대 "인간을 동물로, 동물을 인간으로 만들 수 있는 기계"라는 내용이 적혀 있는 식이었다. 그리고 8세 이상의 모험 코스는 딸이 뽑은 미션지처럼 한층 더 정교하고 복잡한 스토리텔링이 돼 있었다. 질문들이 하나같이 흥미롭고 재미있는 데다 문제를 풀려면 깊은 생각이 요구되었다. 가령 "초콜릿 나라의 온도가 서서히 올라가고 있어서 온 세상이 녹고 있다. 어떻게 해야 초콜릿 나라를 구하고 그곳 주민들이 초콜릿 범벅이 되는 것을 막을 수 있을까?"라는 식이었다.

이런 질문들의 패턴은 구체적인 현실의 문제(지구온난화, 소음과 음악의 차이)와 상상의 세계(초콜릿 나라, 음악을 먹는 괴물)가 결합돼 있었다. 아이들에게 흥미로운 도전과제를 던져줄 뿐 아니라 현실과 상상을 함께 만날 수 있게 만들어주는 질문이었다. 너무 현실적이면 실용적인 틀에만 갇히게 되고, 너무 상상으로만 치달으면 현실과 동떨어진 공상이 될 텐데, 두 가지가 균형 있게 결합된 좋은 질문들이라는 생각이 들었다.

한참 생각에 잠겨 있던 딸의 스토리텔링이 드디어 시작되었다. 음악 먹는 괴물을 물리치는 더 무서운 괴물을 만들겠다는 계획이었다. 딸에 의하면 그 괴물은 음악을 먹는 괴물보다 무섭지만, 음악을 사랑한다는 미덕이 있었다. 대단히 멋진 생각이라고 칭찬해줬더니 여러 가지 재료로 신나게 음악을 사랑하는 괴물을 만들기 시작했다.

미스터리 박스에는 단단한 것과 부드러운 것, 두꺼운 것과 얇은 것, 곡선과 직선, 휘어지는 것과 변화하지 않는 재질의 재료가 골고루 들어 있었다. 딸은 괴물 몸통이 된 휴지 심에 털실을 치렁치렁 늘어뜨리고 나무 스틱을 창처럼 붙였다. 송곳니도 붙이고 눈도 크게 붙이고… 열심히 만들던 딸이 "머리가 될 만한 게 없을까?" 갸우뚱하더니 초콜릿을 담는 플라스틱 케이스를 찾아냈다. 그리고 보니 그게 스피커 모양 같기도 했다. 그리하여 새로운 이야기가 덧붙여졌다. 음악을 사랑하는 괴물의 머리는 스피커여서 거기에서 아름다운 음악이 흘러나온다는 것이었다. 음악 먹는 괴물을 무찌르고 음악을 보존해야 한다는 도전과제를 드디어 완수한 것이다!

스토리텔링이 되는 순간은 자신만의 관점이 세워지는 순간이다. 그러면 평범한 플라스틱 포장재도 일상적인 용도에서 벗어나 스피커로 보인다. 창의성 프로세스에서는 흔히 발상의 전환을 강조한다. 그러면서 으레 '물구나무서서 세상을 보라', '거꾸로 뒤집어보라' 같은 조언을 한다. 그러나 발상의 전환은 아무런 계기도 없이 물구나무 한 번 서보고 뒤집어본다고 일어나지 않는다. 해결하고 싶은 절실한 문제가 있을 때, 내면에 질문이 있는 상태에서 세상을 바라볼 때, 무언가 제 손으로 만들어볼 때 비로소 포장재가 스피커로 바뀌는 전환의 순간이 온다.

이처럼 다양한 생각의 뜀틀 역할을 해줄 흥미로운 이야기(문제), 그 문제를 해결하기 위한 자신만의 스토리텔링, 그리고 그것을 실제로 만들고 구현해가면서 생각을 심화시키는 과정이 이 도전과제의 핵심임을 아이들을 지켜보면서 알게 되었다.

마지막 과정은 자신의 작업에 대한 프레젠테이션이었다. 완성된 작품을 들고 가서 딸은 자신의 영어실력 안에서 최선을 다해 선생님에게 설명하기 시작했다. 끝까지 경청한 후, 선생님은 딸에게 도전과제를 매우 훌륭하게 수행했다고 칭찬을 아끼지 않았다. 그리고 하이파이브를 청했다.

창의성은 여러모로 미스터리 박스와 닮아 있다. 그 안에서 무엇이 나올지 모르고, 그것들로 무엇이 만들어질지 모른다. 사실 무엇이 진짜 답인지도 모른다. 황당한 결과물과 사람들의 박수를 받는 결과물은 종이 한 장 차이라는 생각이 든다. 당연한 말이지만 사람들의 박수를 받는 결과물만이 정답은 아니다. 결과물이 나오기까지의 과정에서 어떤 깨달음이 있었고, 그것을 어떻게 자신만의 방식으로 발전하고 완성시켰는가? 여기에 진정한 의미가 있다.

'황당한 결과물'이라 하니 문득 생각나는 일이 있다. 〈아빠 어디 가〉라는 TV 프로그램의 열풍이 한창일 때 갯벌에서 조개류인 '쏙'을 캐내는 장면을 보고 딸이 "우리도 저거 해요"라고 졸라대서 서해안의 유명 갯벌에 간 적이 있다. 이런 가족들이 많은지 갯벌가의 펜션에는 장화와 삽, 소금이 구비돼 있었다. 펜션 사장님이 알려주신 요령을 간단히 정리하면 다음과 같았다. 숨구멍이 있는 곳을 삽으로 살짝 판다. 그러면 더 큰 구멍이 보일 것이다. 거기에 살살 소금을 뿌리면 쏙이 강한 바다 냄새에 이끌려 자신의 속살을 쏙 내밀 것이다. 그때 재빨리 잡아당겨라. 그러면 쏙을 얻으리라….

설명을 들으니 정말 쉬워 보였다. 그러나 늘 그렇듯 이론과 실전에는 괴리가 있는 법. 서울에서 부푼 꿈을 안고 온 우리 가족은 2시간 내내 간신히 3마리를 잡았을 따름이었다. "저쪽은 5마리나 잡았어요"라며 부추기는 아이 때문에 옆의 가족들과 경쟁이 붙기도 했다. 물은 점점 들어오는데 초라한 현실을 받아들이기 어려워 발길이 쉽게 옮겨지지 않았다.

너무 아쉬워 다음 날 다시 도전했지만 처참하게도 이번에는 한 마리도 잡지 못했다. 그랬더니 갑자기 남편이 이상행동을 보이기 시작했다. 큰 삽으로 같은 자리를 열심히 파는 게 아닌가. (남편은 무언가에 몰두하면 반드시 끝장을 보는 성격이다.) 쏙을 캐는 방법과는 거리가 멀어도 한참 먼 행동이었다. 지하실이라도 팔 기세였는데 다른 사람 보기 창피하기도 하고, 저런 무식한 사람을 내 남편으로 두었나 싶기도 하고… 대체 무슨 생각으로 저러는 건지 의아하고… 당황하는 사이에 엄청나게 큰 구멍이 파이고 거기에 바닷물이 고이고… 그런데 갑자기 뭐가 꿈틀했다. 남편이 온 힘을 다해 꿈틀거리는 물체를 잡아당기니, 쏙은 아니었고 엄청나게 큰 개불이 나왔다.

"엄마야~ 이 괴물 같은 게 개불이래요~" 딸이 신기해서 소리치자 삽시간에 구경꾼들이 모여들었다. 다들 부러운 눈초리로 우리의 개불을 구경했다.

쏙이 목적이었고, 쏙을 캐는 전형적인 방법과는 거리가 멀었으나 자기 나름으로 열심히 뭔가 했더니 뜻밖의 것이 얻어지더라… 왠지 창의성의 과정과 흡사하지 않은가? 목표지점의 결과를 미리 계산해서 지름길을 설정하는 순간 '다른 것'이 나올 수 없게 되는 건 확실하다. 창의성을 결과물만 가지고 섣불리 평가할 수 없는 이유다. 비상한 머리가 아니라, 행동하는 손이 새로운 발견을 가능하게 한다. 그러니 아이의 창의력을 키워주고자 하는 부모나 교사라면 아이가 어떻게 그런 생각을 하게 되었고, 그 생각을 어뗳게 펼쳐서 자기만의 결과물로 만들어냈는지에 의미를 부여하고 칭찬하고 격려해주자.

매직스쿨버스를 타다

산타바바라 시립미술관 체험학습

"매직스쿨버스다!"

줄맞춰 앉아 애타게 기다리던 아이들이 소리쳤다. 산타바바라 시립미술관에 속해 있는 예술교육기관으로 현장학습을 떠나는 아이들은 여러모로 흥분한 상태였다. 다들 학교 코앞에 사는지라 스쿨버스를 타볼 기회가 좀처럼 없었던 아이들은 스쿨버스를 타는 것만으로도 신나는 듯했다.

〈매직스쿨버스〉라는 세계적으로 유명한 과학책 시리즈가 있다. 매력적인 과학 선생님과 천진난만한 아이들이 매직스쿨버스를 타고 과학탐험에 나서는 이야기인데, 아이들이 좋아하는 건 물론이고 심지어 내가 읽어도 재미있다. 프리즐 선생님은 그날 탐구할 과학 주제와 관련된 맞춤형 옷과 구두, 귀걸이를 하고 등장하는데, 아이들이 교실에서 내용을 탐구하다가 질문을 하면 활기찬 목소리로 매직스쿨버스에 타라고 한다. 그러면 스쿨버스는 주제에 맞게 변신하여 아이들과 선생님을 공룡 시대로, 땅 밑 세계로, 인체의 피부 속으로 어디든 데려다준다. 가령 "꿀벌에 대해 알아보러 가자!"고 선생님이 외치면 스쿨버스는 작은 벌통으로 변하고, 아이들과 선생님은 꿀벌로 변한다. 선생님은 '진짜' 꿀벌이 하는 행동을 잘 관찰해서 그대로 따라 하라고 시키고, 아이들은 몸을 움직여 벌이 하는 것들을 배운다.

행동발견력을 키워주는 프리즐 선생님의 매직스쿨버스는 그 자체가 현장 체험학습의 은유다. 교실에서 배운 머릿속 지식은 교실 밖을 나오면 생생하게 살아 움직이는 현실로 변한다. 현장에서 탐구하려는 주제가 자신의 삶과 얼마나 긴밀히 연결돼 있는지를 실감하는 것이다. 바로 이 순간이 행동 발견력이 극대화되는 때다. 체험학습 현장에서 전문가가 아이들을 앉혀놓고 교실에서처럼 지식을 줄줄 설명해서는 안 되는 이유다.

"기사 아저씨가 안전히 여러분을 데려다줄 수 있도록 협조할 수 있죠? 제자리에 앉아 옆자리 친구하고만 조용히 얘기하세요."

옆 반 앤더슨 선생님이 신신당부했지만, 그러기에는 아이들이 지나치게 흥분한 상태였다. 선생님이 말씀을 끝내고 자리에 앉기가 무섭게 일제히 노래하는 매미들처럼 앞, 뒤, 옆, 뒤의 뒤 친구들에게 하고 싶은 말들을 재잘댔다. 그 소리 때문에 나는 진짜 매직스쿨버스를 타고 하늘에 붕붕 떠서 달리는 기분이 들었다. 뭐가 그리 반가운지 창밖으로 보이는 사람들에게 손을 열심히 흔드는 아이들도 있었다.

교육 프로그램은 세 파트로 구성돼 있었고, 아이들은 레드, 블루, 그린 세 조로 나뉘어 번갈아가며 체험했다. 레드 조를 따라 들어간 곳은 스크린이 있는 작은 방이었다. 아이들은 소파나 바닥에 자유롭게 둘러앉았다. 이곳에서는 칸딘스키, 몬드리안 등의 추상예술작품을 통해 도형, 비율, 평면과 입체 등의 수학적인 개념을 다루려는 것 같았다.

나는 그곳에서 제2의 프리즐 선생님을 만났다. 허스키한 목소리의 나이 지긋한 학예사의 수업은 상당히 노련했다. 그녀는 추상화의 개념은 무엇이며, 이 작가의 작품성향은 어떤 것이라는 '공부스러운' 이야기로 시작하지 않았다. 대신 산타바바라 시립미술관 입구에 있는 입체조형물을 보여주었다. 조형물을 아래에서 위로 클로즈업한 사진이었다. 파란 하늘과 은빛 나뭇잎들이 포착되었다.

"조형물과 하늘을 함께 보세요. 어떤 모양이 보이나요?"

아이들이 "오!" 하더니 너도 나도 손을 들었다.

"삼각형이요."

"찌그러진 오각형이요."

"피라미드요."

"좋아요. '네거티브 공간negative space'이라는 말 들어본 사람 있나요?"

"물체의 실루엣이 그려내는 배경 이미지예요."

놀랍게도 한 아이가 정확히 대답했다. 사진이나 그림을 볼 때 우리는 자연스럽게 대상 자체에 주목하지만, 배경 이미지를 주인공으로 생각하게 되면 새로운 시각적 전환을 일으킬 수 있다. 꽃병의 형태를 둘러싼 네거티브 공간에 의해 두 사람의 옆얼굴이 보이는 '루빈의 꽃병'이 대표적인 예다. 학

매직스쿨버스에 오르며 아이들은 생각한다. '어떤 마법같이 신나는 일들이 우리를 기다리고 있을까?'

전체가 360° 회전하면서 60여 종의 기계들이 구슬을 옮기며 각기 멋진 퍼포먼스를 보여주는 '물리학의 카루젤'

예사는 다양한 각도로 클로즈업한 사진들을 보여주었다. 그리고 조형물과 조형물들이 하늘과 만나 그려내는 네거티브 공간에서 원, 삼각형, 사각형, 직선, 곡선 등의 디테일을 발견하도록 안내했다.

"이 사진에 원이 있나요?"

"어, 있어요. 저 볼트가 원 모양이에요."

이제 아이들은 작아서 내 눈에는 보이지도 않는, 조형물을 고정시키는 볼트의 형태까지 주목하는 경지에 이르렀다.

이번에는 평면 그림을 보여주었다. 칸딘스키의 작품이었다.

"이 그림은 구체적인 대상을 다룬 그림인가요?"

"하지만 여러분의 상상력을 동원해서, 어떤 구체적인 형상을 발견할 수 있나요?"

그녀는 결코 자기 입으로 정보를 알려주지 않았다. 그 대신 집요하게 질문했다. 마치 소크라테스가 말한 '생각의 산파술' 같았다. 끊임없는 질문이 이어지는 대화를 통해 아이들의 호기심과 새로운 호기심을 이끌어내고, 새로운 시각과 창의적인 생각들로 유도하고 있었다.

"이빨이요."

"새!"

"파도."

"수박이요."

"물결이 바람으로 바뀐 뒤 커진 눈동자 같아요."

순간 내 귀를 의심했다. 이 아이는 시인이잖아!

선생님이 다른 설명으로 넘어갔는데도, 새롭게 읽어내는 데 발동이 걸린 아이들이 자꾸 애타게 손을 들어 "삼각 피자 같아요", "나무망치 같아요"라고 발표하고 싶어 했다.

"여러분이 본 작품은 러시아에서 태어난 바실리 칸딘스키의 추상미술 작품이었어요."

작가와 작품에 대한 정보는 이 한 문장으로 빠르게 정리했다. 그녀가 주안점으로 두는 부분이 단순한 지식전달이 아님을 알 수 있었다.

1부 순서가 끝났다. 다음으로 아이들이 도형을 활용해 직접 예술작품을 창작해보는 2부와, 도스 푸에블로스 엔지니어링 아카데미DPEA 고등학교 4학년 학생들이(미국은 중학교 2년, 고등학교 4년제다) 협동해서 만든 거대한 키네틱 조각작품 '물리학의 카루젤Carousel of Physics'을 직접 보면서 제작 및 작동원리에 대한 설명을 듣는 3부 프로그램이 이어졌다. 카루젤이 전체가 돌면서 각각의 말 인형이 움직이는 구조인 것처럼, '물리학의 카루젤'이라는 독특한 회전목마 또한 전체가 돌면서 각 부분에서는 구슬이 떨어지는 방향에 따라 여러 장치들이 작동하는 구조로 돼 있었다. DPEA 학생들이 각자한 부분씩 맡아서 1년 동안 완성한 거대한 키네틱 아트 작품으로, 60개의 프로젝트가 하나로 합쳐진 결과물이라고 했다.

카루젤 전체를 제어하는 스위치를 올리니 전체가 천천히 회전하는 동시에 60개 영역에서 구슬이 작동하면서 바쁘게 각자의 일들을 하기 시작했다. 팔처럼 생긴 막대가 빙빙 돌아가고, 매달린 수십 개의 빨간 공들이 물결처럼 일렁였다. 릴레이를 하듯 구슬이 차례차례 위에서 아래로 건네지기도 했고, 기계장치들을 건드리면서 색판이 돌아가거나 음악이 연주되기도 했다.

아카데미 교사와 이 프로젝트에 참여한 두 명의 학생이 작품을 설명해주었다.

"피겨 스케이트 선수들이 회전할 때 팔을 오므리고 돌지요? 그러면 속도가 더 빨라져요. 이 기계도 그런 원리를 이용해서 빠른 회전이 가능하게 했어요."

"패러글라이딩할 때 이쪽 저쪽을 당기면서 방향을 조절하지요. 그런 원리로 파도 치는 움직임을 만들어냈어요."

설명을 들으니 우리 주위의 물리학적 원리가 카루젤을 만들고 작동시키는 데 다양하게 활용된 듯했다.

마지막으로 각자 보고 싶은 부분에 서서 작동하는 기계를 마음껏 관찰할 수 있는 시간이 주어졌다. 바삐 움직이며 무언가 말을 건네는 기계를 뚫어지게 바라보는 아이들의 머릿속에 어떤 생각이 맴돌고 있을지 궁금했다. 우리 눈에 보이지는 않지만 수많은 원리에 의해 이 세상이 움직이고 있고, 공부는 그 원리들을 알아가는 즐거운 과정임을 아이들이 스스로 깨닫기 바라는 마음으로 나는 아이들과 함께 다시 매직스쿨버스에 올랐다.

〈매직스쿨버스〉 시리즈는 늘 변신한 스쿨버스가 원상태가 되고, 아이들이 교실로 돌아오는 것으로 끝난다. 꿀벌 편을 보면 아이들은 교실로 돌아온 후 꿀벌이 되었던 경험담을 나누며 벌꿀빵을 만들어본다. 또한 벌이 가장 좋아하는 꽃은 무엇인지, 사람들은 밀랍을 어디에 쓰는지 등의 새로운 질문이 나오고, 직접 양봉에 도전해보겠다는 아이도 생긴다. 진정한 마법은 이렇게 체험학습이 끝난 다음에 시작돼야 하는 것 아닐까? '참 재미있었어요' 하고는 선생님이 하라는 대로 따라 만든 과학 장난감을 방구석에 탁 던져놓고 더 이상 눈길조차 주지 않는 게 아니라 말이다.

아이들이 새로운 활동을 이어갈 때 프리즐 선생님의 모습은 폭탄머리, 콘센트 귀걸이, 온갖 가전제품으로 디자인된 옷, 스위치 달린 구두로 바뀌어 자연스럽게 다음 수업(독자 입장에서는 다음 책)에 대한 호기심을 유발한다. 매직스쿨버스가 들려주는 '전깃줄 속으로 들어가다' 편을 어서 읽고 싶어서 못 견디게 만드는 것이다.

"사람의 뇌와 돌고래의 뇌를 직접 봤어요"

딸 예원과의 인터뷰

틈날 때마다 캘리포니아의 교육현장을 부지런히 들여다보려 했지만 매 수업 시간마다 참관할 수는 없는 노릇. 그래서 호프 초등학교를 1년간 다녔던 딸과 서울로 돌아온 지 얼마 되지 않아 인터뷰를 해보기로 했다. 모녀가 일상적으로 나누는 대화가 아니라 책 집필을 위한 것이라고 딸에게 설명하고, 대화 내용을 녹음하면서 인터뷰를 진행했다.

학교 수업 중에서 무슨 시간이 가장 좋았니?

"컴퓨터 시간이요. 컴퓨터로 작업하는 여러 기술을 배우기도 했지만, 컴퓨터로 종이접기 영상을 보고 실제 종이접기를 한 적도 있어요. 저는 개구리 접기에 도전했는데 어려워서 겨우 성공했어요. 어떤 날은 선생님이 조별

로 학교에서 해야 할 행동과 해서는 안 될 행동에 관한 영화를 만들어보라
고도 하셨어요. 저랑 카밀라, 케일리, 바이올렛은 해서는 안 될 행동에 관
한 영화를 맡았는데, 일부러 서로 옷을 막 잡아당기면서 싸우고, 혼자만
공을 차지하고 놀고, 이런 걸 번갈아 연기하고 촬영도 했어요. 계속 웃음이
나서 여러 번 다시 찍고 또 찍었어요. 컴퓨터로 편집하고 나서 다른 조의 영
화도 다 같이 봤는데, 너무 웃겨서 다들 엄청 웃었어요."

또 다른 기억에 남는 시간이 있니?
"과학시간에 선생님이 늘 신기한 것을 가지고 오셔서 직접 보여주시고 만
져보게 해주시는 게 좋았어요. 운석도 만져보게 해주시고. 아, '뇌'에 관해
배우는 시간이 있었는데 사람의 뇌와 돌고래의 뇌를 직접 가져와서 보여주
셨어요. 선생님이 장갑을 끼고 두 개의 뇌를 들고 있었어요."

그래? 기분이 어땠니?
"토할 것 같았지만 잘 보니 사람의 뇌 크기랑 돌고래의 뇌 크기가 거의
똑같은 게 신기했어요. 사람의 뇌는 우리 얼굴보다 조금 작은 정도였고, 돌
고래는 그것보다 거의 차이를 느낄 수 없을 정도로 조금 작았어요."

다른 아이들의 반응은?
"저처럼 '속이 이상해요'라는 아이들도 있었고, 아무 생각 없이 갑자기 뇌
를 만진 아이가 있어서 선생님이 그 아이 손을 박박 씻게 하셨어요."

너랑 아이들은 무슨 질문을 했니?

"'다른 동물들의 뇌의 크기는 어떤가요?' '강아지의 뇌 크기도 우리랑 비슷하나요?' 이런 질문을 했더니 선생님이 바로 강아지랑 다른 동물들의 뇌를 컴퓨터에서 찾아서 보여주셨어요. 굉장히 작았어요. 돌고래가 가장 크고, 그래서 똑똑하다고 하셨어요.

저는 사람의 뇌와 돌고래의 뇌를 어디에서 가져왔는지 여쭤봤어요. 학생들이나 학자들을 위해 기증받은 거라 하셨어요.

끝날 때 뇌 모양 지우개가 달린 연필도 선물로 주셔서 정말 기뻤어요."

어떻게든 실물을 보여주고자 하는 선생님의 마음이 느껴졌다. 시범수업에서나 할 법한 인상적인 학습을 평범한 수업에서 하다니 놀라웠다. 아이들은 눈으로 확인하고 질문하고 궁금증을 풀어가는 학습을 하고 있었다.

"수학시간도 재미있었는데, 한국에서와 배우는 내용은 비슷하지만 배울 때 더 재미있고, 모르는 게 있으면 그걸 할 수 있는 다른 방법을 가르쳐주시는 게 좋았어요. 예를 들어 곱셈을 배운다고 하면 우리는 빨리 '6×9=54'가 나오도록 달달 외우게 하지만, 거기서는 어떤 아이가 왜 '6×9=54'인지 잘 모르겠다고 질문하면 손가락으로 푸는 방법, 바구니 속에 재미있는 물건들을 하나하나 넣으면서 푸는 방법 등을 다양하게 가르쳐줘요."

시험은?

"자주 보지만 따로 공부하지 않아도 칠 수 있는 시험이라 좋았어요."

그러고 보니 수학시험이나 단어 시험은 전날 복습할 책을 가지고 왔는데, 과학 같은 다른 과목은 엄마는 시험 치르는지도 모르고 있었네.

"네. 과학은 그냥 평소에 단원이 끝나면 함께 복습해보고 바로 시험을 봐서 별로 어렵지 않았어요. 아, 컴퓨터로 2주 동안 보는 기말고사가 인상적이었어요. 지문을 주고 그걸 내 말로 다시 재구성해보라는 작문 시험이 있었는데요, 물어보니 카밀라가 푼 문제랑 제가 푼 문제가 달랐어요. 저는 더운 사막에 관한 문제였고, 카밀라는 추운 사막에 관한 문제가 나왔어요."

딸이 말한 기말고사는 캘리포니아 전역에서 보는 시험으로 국어와 수학을 보며, 시간을 충분히 줘서 학교에서 정해진 기간 안에 자기 호흡대로 문제를 풀면 된다. 아이들마다 무작위로 시험지를 선택하는데 출제 문제가 조금씩 다른 것 같았다.

미국 초등학교의 가장 큰 장점이 뭐라고 생각하니?

"선택과 자유를 준다는 점이요. 예를 들어 체육시간에는 늘 3~4가지 활동 중에서 선택하라고 해요. 하루는 피구, 농구, 테니스 중에서 아이들이 다수결로 선택한 것을 해요. 그다음 시간에는 선택할 수 있는 운동을 다르게 알려줘요. 이렇게 선택할 수 있는 기쁨이 있어요. 미술시간에도 자기가 되고 싶은 것을 마음대로 꾸며보라고 한 활동이 좋았어요.

저는 자유를 좋아해요."

아이가 환하게 웃는다.

행동발견력을 기르는 10가지 실천지침

번호	실천지침	이렇게 해봐요!	이렇게 하지 말아요!
1	연극을 해요.	놀이와 같은 연극 트레이닝으로 자기 몸의 구조를 발견하고, 몸의 언어를 표현하는 법을 배울 수 있어요.	어린이 연극경연대회에 참가(및 수상)를 목표로 연극반 활동을 하지 마세요.
2	가면을 써보세요.	로봇 복장을 하고 로봇에 대해 공부하고, 수도사 복장을 입고 역사공부를 하여 대상과 동일시 및 자신을 객관화하는 법을 배웁니다.	객관적인 사실로서의 지식을 배우고, 로봇 만들기만을 목표로 로봇작동 원리를 배우게 하지 마세요.
3	역사적 인물의 삶을 그대로 살아봐요.	역사 속 인물의 직업을 고스란히 체험함으로써 당시의 역사적 맥락과 삶의 조건을 발견할 수 있습니다.	중요한 시대의 연도 및 위대한 선조의 업적을 암기하는 수업을 하지 마세요. 시·공간상의 제약을 이유로 몇 가지 과정은 '했다 치고' 생략하지 마세요.
4	움직이는 전시물이 되어봅시다.	오랜 기간 스스로 탐구하고 조사한 지식을 일일교사가 돼 후배들에게 전달합니다. 상호작용하는 방식 중 하나는 스스로 움직이는 전시물이 되는 것입니다.	강당에 후배들을 모아놓고 일반 수업이나 공연 방식으로 내용을 일방적으로 전달하는 활동은 하지 마세요.
5	조사해서 만들고 나누어요.	체험학습을 했다면 그 방식 그대로 물건, 음식, 노래를 만들어보세요.	체험학습 내용에 대한 지식을 테스트하는 활동지를 풀거나 견학감상문을 쓰는 획일적인 사후활동에서 벗어나세요.

6	결과가 정해지지 않은 실험을 하세요.	목표만 제시된 열린 실험에서 스스로 실험방법을 찾고, 그 방법에 따른 결론을 내리게 합니다.	정해진 실험목표, 실험재료, 실험과정을 그대로 따라 해서 누구나 같은 결론에 이르게 하지 마세요.
7	관람자보다 창작자가 되세요.	대상을 직접 드로잉해봄으로써 구조를 발견할 수 있습니다.	전시설명을 읽거나 해설을 듣고 사진 찍는 것으로 관람을 끝내지 마세요.
8	자기 손으로 만들어 문제를 해결하세요.	자신의 아이디어를 여러 재료를 사용해 구체적으로 만들어보는 과정에서 문제해결의 실마리를 찾습니다.	머릿속으로 생각하거나 정보검색으로 문제를 해결하는 데 머물지 마세요.
9	질문과 답을 계속하세요.	미술관 체험에서 작품에 대한 좋은 질문과 대답을 공유합니다.	작품에 대한 잘 가공된 정보를 듣는 것으로 만족하지 마세요.
10	자신의 눈과 전문가의 렌즈를 번갈아 사용하세요.	체험학습 기관에 가면 도슨트의 설명도 듣고, 설명 없이 혼자 발견하는 시간도 갖습니다.	전시된 작품에 대한 해설과 설명에 전적으로 의존하지 마세요.

3부

자신의 것을
만든다

행 동 결 정 력   키 우 기

"그림에 대한 책을 읽는 것은 그림을 그리는 것이 아니다."
― 창의성 코치 에릭 메이젤

창의행동력을 키우는 과정에서 궁극적으로 가장 중요한 것은 행동결정력이다. 한마디로 골을 집어넣는 것이다. 그 경험을 한 번이라도 제대로 한 아이들은 스스로 의미 있는 것을 만들어내는 창의적 인재가 된다. 그러려면 지식 공부든, 체험학습이든, 모든 활동이 자기 것을 만들어보는 것과 연결돼 있어야 한다. 시를 배웠으면 시를 써봐야 하고, 과학지식을 배웠으면 스스로 실험을 해봐야 하며, 자기 손으로 그리거나 만들기를 생활화해야 한다. 그래야 세상의 규칙을 따라가는 사람이 아니라 만들어가는 창의적인 사람으로 큰다.

UCSB 교수 중 나카무라 슈지라는 노벨물리학상 수상자가 있다. 그는 저서 《끝까지 해내는 힘》에서 자신의 손으로 끝까지 완성해낼 때 비로소 자신만의 고유한 방식을 찾을 수 있고, 창의적인 발견과 발명이 가능하다고 말한다. 심지어 명석한 두뇌와 예리한 판단력이 오히려 창의력을 방해할 수 있다고 주장한다. 일류 국립대학 출신 연구원들을 지켜본 그는 이들이 제품을 완성하기 직전에 포기하곤 한다는 사실을 발견했다. 아이디어의 결점을 지나치게 빨리 파악한 나머지 더 이상 연구해봐야 헛수고라고 쉽게 판단했기 때문이다.

창의성 코치인 에릭 메이젤은 아무리 1만 시간을 노력한 예술가라 해도 자신이 계획한 아이디어를 창작으로 완수하는 데 애를 먹는다는 사실을 깨닫고, 무료로 이메일 코칭을 시작했다. 의뢰인이 목표로 삼은 창의적인 작업을 완수하게 해준다는 게 프로젝트의 목표였다. 그 과정을 기록한 저서 《나는 예술가로 살기로 했다 : 창작하는 사람들을 위한 고민 해결 프로젝트》를 읽어보니, 놀랍게도 창작의 어려움은 재능이나 노력의 부족에서 기인하는 게 아니었다. 그들은 곧장 창작에 착수하는 대신 이메일을 체크하거나, 관련 자료를 찾거나, 작업실을 치우는 등 다른 일상적 일들을 하는 데 대부분의 시간을 썼다. 마치 내일 시험을 앞두고 갑자기 책상정리에 돌입한 수험생처럼 말이다. 그 밖에도 그들은 세간의 평가를 지레 걱정하고 열패감에 빠지는 등 창작을 방해하는 온갖 고민에 시달렸다.

나는 이 프로 성인들이 쩔쩔매는 이유가 어린 시절에 행동결정력 훈련을 받지 못해서라고 생각한다. 창의적인 아이디어, 남다른 기술, 미학적 완성도를 강조하는 교육만 받았지, 주위 환경에 개의치 않고 내게 정말 중요한 일을 끝까지 완수해내는 훈련은 받지 못했던 것이다.

3부의 캘리포니아 사례는 미술, 글쓰기, 애니메이션, 코딩, 직업체험에 관한 행동결정력 수업에 할애되어 있다. 나는 호프 초등학교 미술 도우미로 자원봉사를 하면서, 그리고 예술 캠프와 어린이창의성박물관, 체험기관 등에 함께 머물며 수업을 지켜보았다. 이 수업들은 하나같이 자신의 아이디어를 끝까지 완성해내는 힘을 키워주는 수업(그것도 즐겁게 콧노래를 부르면서!)이라는 공통점이 있었다. 아이들은 누구나 원하는 것을 표현하려는 욕구와 능력을 갖고 있다. 내버려두면 하고 싶은 대로 그림도 그리고 글도 곧잘 쓴다. 그런데 어린 시절부터 재능이나 기술, 숙련도를 지나치게 강조하다 보면 창의성을 방해하는 벽들이 서서히 생겨나기 시작한다.

자신에게 유리한 파도를 발견하면 서퍼는 보드 위에 재빨리 우뚝 선다. 이게 말처럼 쉽지 않아서 많은 서퍼들이 넘어지고 또 넘어진다. 그러다 마침내 보드 위에 서서 균형을 잡게 되면 그때부터는 파도가 밀어주는 힘을 타고 해안까지 신나게 서핑을 즐길 수 있다. 마찬가지로 행동결정력을 경험한 아이는 스스로 창의적인 사람이라는 자존감을 높이고, 자기 아이디어를 실현하고 창의성을 마음껏 발휘하는 즐거움을 평생 누릴 수 있다.

7장에서는 부모와 교사의 창의행동력에 대해 다루었다. 어른은 아이의 거울. 어른이 먼저 행동해야 아이가 움직인다. 많은 부모와 교사들이 박물관과 미술관에 가고, 교사 연수나 학부모 강연회를 듣지만, 이 모든 활동이 오직 어떻게 아이들을 잘 키울 것인가에만 초점이 맞춰져 있다. 게다가 연수나 학부모 강연회는 강연자의 지식이나 노하우를 전수받는 방식으로 진행되기 때문에 당일에는 강한 영감을 받을지 모르나, 바쁜 일상에 치여 흐지부지되기 십상이다.

그러지 말고 자기주도적으로 창의행동력을 발휘해보면 어떨까? 이 책에는 디자인 교육의 메카에 가보고, 창의기업 투어 프로그램에 참가하고, 박물관에서 어린 시절의 열정을 되찾고, 랜드마크에 가서 창조과정에 관심을 기울여보는 활동이 기록돼 있다. 반드시 이곳들을 가야 한다는 것은 아니다. 가까운 데에서 시작하자. 세상은 넓고, 내 발로 갈 곳은 많다. 부모와 교사 스스로 행동호기심, 행동발견력, 행동결정력을 키운다면 아이에게 영감을 주는 멋진 창의행동력 코치가 될 수 있을 것이다. 무엇보다도, 아이들과 함께하는 시간이 즐거워질 것이다.

06

위험한 재료란 없다

'담대한 표현력'을 기르는 예술교육

무엇이든
자기 손으로 만든다

산타바바라 시립미술관 예술캠프1

　자신의 아이디어를 끝까지 탐구해서 결과물로 완성시키는 행동결정력 훈련을 하기에 예술수업만큼 좋은 게 있을까? 나는 딸이 2주 동안 참가한 산타바바라 시립미술관 여름방학 예술캠프에서 아이들과 선생님이 작업하는 과정을 지켜보았다. 도심에 위치한 산타바바라 시립미술관은 시민 공동체의 삶에 예술이 녹아들게 한다는 목적으로 다양한 교육 프로그램을 제공하고 있다. 그중 '예술모험artventure'이라 불리는 여름방학 예술캠프는 미술관에서 두 블록 떨어진 '매직 트리 하우스'에서 진행되었다. 프로그램은 일주일 단위로 바뀌었다. 설마 하루 종일 그림만 그리는 건가? 학교 미술시간 외에 따로 예술수업을 받아본 적 없는 나로서는 쉽게 예상이 되지 않았다. 그래서 아이와 함께 머물며 전 과정을 지켜보기로 했다. 프로그램에는 예술관람 후 작품을 하나 정해서 재료선택에서부터 작품제작까지 전 과정을 모두 따라 해보게 하는 등 행동결정력을 기르는 비법들이 가득했다.

시립미술관 안내 데스크에는 서너 살부터 많게는 열두세 살 정도 되어 보이는 아이들과 그들을 데려다주러 온 부모들로 북적거렸다. 각 반은 나이별로 대략 12명 정도이고, 담임교사와 보조교사가 한 명씩 있었다. 담임교사들이 그날 할 활동들의 밑재료를 준비하는 동안 아이들은 30분쯤 강당에 있는 또 다른 교사들과 자유준비시간Warm up을 가진다. 테이블마다 서로 다른 재료들이 놓여 있어서, 아이들은 마음에 드는 테이블에서 중고등학생 보조교사의 지도를 받으면 되는 거였다.

이 미술관은 보조교사 프로그램도 운영하고 있는데, 예술에 관심 있고 아이들과 활동하기 좋아하는 15~18세의 학생을 훈련시키는 프로그램이다. 지원하면 오리엔테이션 교육, 박물관 투어, 예술가 교사의 멘토링을 받을 수 있고 스튜디오 실습도 할 수 있다. 프로그램을 이수하면 교실에서 예술가 교사를 보조하고, 재료를 준비하고, 예술캠프나 방과후 프로그램에서 아이들의 작업을 돕게 된다. 예술 관련 진로를 꿈꾸는 학생들의 직업교육으로 굉장히 훌륭한 프로그램 아닌가?

테이블마다 매일 다른 재료들이 놓여 있는 것이 인상적이었다. 맛있어 보이는 갖가지 음식이 식욕을 자극하듯, 등나무 껍질, 털실, 깃털, 비즈, 말린 마카로니, 점토, 신문지 등 저마다 독특하고 알록달록한 재료들을 보고 있으니 나도 앉아서 뭔가를 만들어보고 싶다는 의욕이 생길 정도였다.

한 테이블에서는 여러 색깔의 천을 꿰매고 비즈로 장식해 지갑을 만들고 있었다. 다른 테이블에서는 3~4명이 각자 앉아 플라스틱 틀에 신문지 조각을 붙여가며 마스크를 완성하고 있었다. 아이들끼리 자유롭게 그림을 그리는 테이블도 있었고, 벽에 붙인 큰 종이 위에 벽화를 그리는 아이들도 있었다. 딸이 그 앞에서 머뭇거리자 선생님이 다가와 설명했다.

"여기서 함께 벽화를 그려도 되고, 바닥에 앉거나 이젤 앞에서 그림을 그려도 된단다."

마당에는 아이들이 염색한 천을 빨래처럼 널어 말리고 있었다. 선생님들은 아이들이 질문하거나 도움을 요청하는 경우가 아니면 자유롭게 활동하도록 내버려두었다. 딸은 이 자유준비시간을 특히 좋아했다. 등공예도 하고, 신문지로 마스크도 만들고, 그림도 그렸다. 하루 일과가 끝나기 30분 전에도 똑같은 자유시간이 주어졌다.

자유준비시간은 창의교육 차원에서 여러모로 흥미로웠다. 마치 대규모 공방에 온 것 같았다. 아이들은 테이블, 벽, 바닥 등 다양한 장소에서 다양한 자세로 자신의 손을 놀려 열심히 무언가 만들어냈다. 관심이 가는 테이블에 앉다 보니 나이가 다른 아이들도 자연스럽게 섞여 유대관계가 형성되었다. 아이들은 연령에 따라 그림 그리는 스타일이 다르다. 벽화작업을 예로 들면 각자 자기 자리에서 물감을 흩뿌리기도 하고, 옷감을 붙이기도 했다. 하트를 그리기도 하고, 태양 같은 눈을 그리거나, 돌고래로 추정되는 동물을 그린 아이도 있었다. 이 제각각의 그림이 전체적으로 재미있는 조화를 이루었다.

강당은 '따로 또 같이' 활동을 가능하게 하는 최적화된 장소였다. 교실이

목적지향적 공간이라면, 강당은 다목적형 공간이다. 즉 자유와 다채로운 실험이 가능한데, 지금껏 우리는 강당을 또 하나의 대형 교실처럼 사용하고 있지 않았나 하는 생각이 든다. 무대 위와 스크린은 선생님의 공간이고, 그 앞에는 의자를 교실처럼 배열한 학생-관객석이 있다. 전교생이 모이는 특별한 때가 아니면 강당이 방치되는 일도 흔하다.

우리도 일주일에 한 번, 1시간만이라도 강당을 대규모 공방으로 활용하면 어떨까? 학생들의 창의성을 증진시키는 데 어떤 프로그램보다도 효과적일 것이다. 집에서도 마찬가지다. 아이와 부모의 창의성을 함께 키우는 방법은? 거실을 강당으로 사용하는 것이다. 스크린 자리에 TV를 놓고, 객석 자리에 소파를 놓는 극장형 거실 배치에서 벗어나보자. TV와 긴 소파가 사라진 자리 곳곳에 손으로 할 수 있는 각자의 취미활동 공간을 만들고 하루에 20분이라도 함께 모여 무언가를 만들어보는 것이다. 지친 몸으로 귀가해 멍하니 TV를 보거나 휴대폰 게임을 하는 것보다 훨씬 생산적이고 즐겁지 않겠는가.

자유준비시간이 끝나면 각 반 담임선생님이 아이들을 작업실로 데리고 갔다. 정규시간이 시작되는 것이다. 첫 주 주제는 'A Common Thread'였다. '같은 맥락의 이야기'라고 번역하면 될까? 아이들 캠프의 제목치고 꽤 어렵다. 살펴보니 천을 재료로 하는 활동이었다. 'thread'는 실을 의미하기도 하니 중의성을 활용한 제목인 셈이다. 실로 짜인 천을 재료로 하여 작품을 만들고, 그것을 통해 자기만의 스토리가 있는 창작물을 만들어낸다는 의미일 거라 추측했다.

첫째 날은 오리엔테이션 활동을 했는데, 각종 천을 사용해 자신의 이름을 꾸미고, 일주일 동안 사용할 스케치북의 표지와 그림 그릴 큰 봉투를 직접 만들었다. 둘째 주에도 첫 시간에는 어김없이 자신의 이름표와 표지와 봉투부터 만들었다.

나는 이를 '창의적 입문식'이라 부르고 싶다. 프린트한 이름표, 돈을 주고 구입한 기성품 스케치북과 봉투를 그대로 사용하는 게 아니라 자기 손으로 만듦으로써 창의적인 작업의 정신적, 물리적 토대를 마련하는 과정이다. 자기 손을 한 번이라도 더 거치면 자기만의 것이 나올 확률이 더 높아질뿐더러 작업에 대한 애정도 생기고, 그 과정에서 반드시 뭔가를 생각하고 배우게 돼 있다. 창의성은 양적인 생산성보다는 질적인 생산성의 개념이다. 양적인 생산성을 높이려면 빠른 시간 안에 가장 효율적으로 움직일 지름길을 택해야 하지만, 질적인 생산성을 위해서는 가급적 천천히 목표지점까지 돌아갈 수 있는 우회로를 택해서 새로운 자극을 받고 생각할 시간을 벌어야 한다.

입문식을 마친 아이들은 둘째 날 박물관 전시실에 가서 상설전과 특별전을 관람했다. 천으로 만든 추상작품들을 보며 손수 꾸민 스케치북에 스케치를 했다. 셋째 날이 되자 본격적으로 주제에 맞는 프로젝트를 시작했다. 담당교사인 이토코 씨가 알록달록한 천으로 만들어진 형태를 알 수 없는 조형물을 보여주며 이게 뭐 같으냐는 질문을 던졌다. 이토코는 어린이 동화 일러스트 작가이자 박물관 소속 예술가 교사다. 한 아이가 "칠면조요"라고 말해서 다 같이 한바탕 웃은 다음 꽃, 원피스 등 다양한 의견이 나왔다. 박물관에서 관람한 작품처럼, 무정형의 유기체 형태이면서 추상적인 작품을 만드는 것이 이번 프로젝트의 목표였다.

"새를 만들면 될까요?" "아니요."

"테디 베어를 만들면 될까요?" "안 돼요."

"나무는요?" "안 되지요."

자유롭게 내버려뒀던 자유준비시간과 달리 정규수업시간에는 정확한 목표를 설정하고 아이들이 납득하도록 자세히 설명해주었다.

"자, 이제 본격적으로 작업을 시작하겠어요. 예술가가 그린 샘플을 참조해서 네 칸에 맞춰 도형을 그려보세요. 그중 가장 마음에 드는 걸 하나 골라서 새로운 종이에 다시 크게 그리고 가위로 오립니다. 마음에 드는 두 장의 천을 골라서 안쪽 면을 마주댄 뒤 겉면에 오린 형태를 올려놓고 핀으로 고정하세요. 그리고 아주 촘촘하게 꿰매면 돼요. 너무 복잡한 모양을 택하면 오래 가위질을 해야 하고 꿰매기도 힘드니 최대한 단순하게 만드세요."

주의사항이 있었지만 다들 자기가 생각한 모양을 포기하고 싶지 않은 눈치였다. 질문이 쏟아졌다.

"물음표는 괜찮나요?"

"물음표를 뚱뚱하게 만들면 괜찮을 것 같네요."

사각형을 크게 그리고 빠르게 꿰매고 속을 채워넣어 완성해가는 아이가 있는가 하면, 뱀처럼 긴 S자 모양을 만들고 선생님의 무한 칭찬과 격려를 받으며 하염없이 바느질을 이어가는 근성과 뚝심으로 가득 찬 남자아이도 있었다. 모두들 자기 리듬과 흐름대로 프로젝트를 완성해갔다.

열심히 바느질하며 선생님과 아이들은 두런두런 대화를 나누었다.

"바느질하는 건 참 마음을 편안하게 해. 그렇지 않니?"

자유준비시간
등공예 활동

자유준비시간에
벽화를 그리고 있는
아이들

자유준비시간에
마카로니, 깃털 등의
재료로 완성한 자화상

"네, 실수할 때 빼고요."

"실수하면서 배우는 거란다."

"저는 매일매일 뭔가를 실수해요."

이렇게 자랑도 하고 동생 흉도 보면서 다들 열심히 바느질을 하는 가운데, 어느덧 솜을 넣고 꿰맨 조형물에 실이나 깃털 등의 재료를 붙여서 꾸미는 마지막 단계에 이르렀다.

"조형물 두 개를 붙일 수도 있고, 실을 꼬아서 붙일 수도 있어요. 깃털을 한데 묶어서 매달 수도 있지요. 그러니 단순하게 하지 마세요. 여기 수많은 재료들만큼 여러분이 할 수 있는 것이 많으니까요."

교사는 여러 가능성을 제안해서 아이들의 생각의 지평을 넓혀주면서 '빨리 끝내버리자'는 쉬운 결론에 도달하지 않도록 격려했다.

예술캠프 정규시간의 프로젝트는 이틀에 걸쳐 마무리되었다. 아이들은 추상적인 조형물 외에도 천으로 모자도 만들고, 옷도 만들고, 가방도 만들었다. 금요일에는 그때까지 작업한 모든 작품들을 전시할 뿐 아니라, 직접 만든 옷을 입고 부모들 앞에서 패션쇼를 했다. 아이들은 자신이 만든 옷들을 입고 멋진 포즈를 취하면서 뿌듯해했고, 부모들은 그들을 사랑스러운 눈길로 바라보며 환호했다. 모든 일정이 끝나고 테이블에는 잘게 자른 얼음과자와 팝콘이 간식으로 놓였다. 오, 이게 어찌나 맛있던지. 나와 딸은 이를 계기로 얼음과자의 세계에 눈을 뜨게 되어 "정말 이런 더위는 예외적이라니까요"라는 동네 주민들의 말을 지겹도록 들으면서 무더운 여름을 견디었다.

글루건에 데이면 얼음물에 30초

산타바바라 시립미술관 예술캠프2

　산타바바라 시립미술관 예술캠프를 담당하는 선생님들에게서는 하나같이 자부심과 투철한 사명감이 느껴졌다. 현업 예술가로 활동하면서 아이들을 가르치고 있어서일까? 딸을 기다리며 복도에 전시된 아이들의 그림을 보고 있을 때였다. 아이들의 천진하고 환한 세계가 그대로 표현되어 있었다. 나도 모르게 웃고 있었는지, 그 반 선생님이 다가와 말을 걸었다.

　"저절로 미소가 지어지는 그림이죠? 저도 이 그림들을 보면 웃음이 나요."

　"네, 자유분방해서 더 마음에 들어요. 몇 살 아이들 그림인가요?"

　"3~4세 아동 작품이에요. (내가 깜짝 놀라니) 놀랍죠? 얘네들은 처음에 빨간색이 뭔지도, 삼각형이 뭔지도 모르고 왔는데 이렇게 잘해내더라고요."

　"와, 어떤 과정으로 작업한 건가요?"

"먼저 자기가 꾼 꿈을 도화지에 자유롭게 그리고, 그걸 다시 천 위에 옮겼어요. 그 위에 채색을 했고요."

"정말 멋져요. 전문 예술가 작품 같아요."

이렇게 말했더니 모든 사람들 안에는 예술가가 있다, 자신의 일은 그걸 자연스럽게 발현할 수 있도록 도와주는 것이라는 대답을 했다. 이 어린 제자들을 진심으로 자랑스러워하는 게 느껴졌다.

내가 만나본 창의교육에 종사하는 사람들은 다들 이런 종류의 확신을 갖고 있었다. 스탠퍼드 대학교 디스쿨D-school에서 '창조적 자신감'이라고 부른 것을 응용해서 말해보면, 이들에게는 일종의 '창조적 사명감'이 있다. 모든 사람에게는 창의적 잠재성이 있음을 확신하고, 그걸 각자에 맞게 북돋워주는 방식을 끊임없이 모색하는 힘 말이다.

창조적 사명감을 가진 예술가 교사들이 산타바바라 시립미술관 예술캠프에서 아이들을 지도한 바를 종합해보면 다음과 같다.

첫째, 다양한 재료로 때로는 자유롭게, 때로는 목표지향적인 예술창작 경험을 가능하게 한다. 한 가지 재료만 있으면 요리법과 결과물이 제한적일 수밖에 없다. 재료가 다양할수록 그걸 조합하여 만들 수 있는 경우의 수가 많아지며, 결과도 다양해진다. 예술캠프 원장은 이에 대해 "우리는 우리의 활동을 '역량강화를 위한 제약empowering constrains' 혹은 '규칙이 있는 자유freedom with rules'라 부릅니다. 이것이 우리 예술교육의 철학입니다"라고 말했다.

그렇다. 예술교육이나 창의교육은 아이들을 무조건 자유롭게 내버려두는 것도 아니고, 하나부터 열까지 규칙의 틀 안에 가두는 것도 아니다. '자율적 제약'을 교육철학으로 삼는 예술캠프에서는 달성해야 할 정확한 목표와 규칙을 매우 상세히 설명하고 있었다. 해당 분야에서 뛰어난 창의적 결과물을 남긴 예술가의 사례도 소개하고 예시도 충분히 보여준다. 그럼으로써 구체적으로 아이디어를 갖게 한다. 여기에 이곳 교사들은 꼭 다음의 말을 덧붙였다.

"이 규칙 안에서 여러분은 자유롭다. 그러니 여러 가지를 시도해봐라. 여러분은 내가 생각지 못했던 훌륭한 것들을 만들어낼 것이다."

둘째, 예술가의 창작과정을 그대로 따라 체험하게 한다. 그럼으로써 자기만의 질문이 생기고, 감상자가 아닌 작가의 렌즈로 세상을 바라볼 수 있는 독창적인 눈이 길러진다. 가령 아이들은 바느질을 하거나 솜으로 속을 채우면서, 또는 작품을 완성하는 과정에서 문제에 부딪힐 때마다 질문을 쏟아냈다.

"뼈대 위에 천 뭉치를 세울 때 뼈대를 숨겨야 하나요? 드러내면 안 돼요?"

"우리가 하는 게 천 예술이니까 부드러운 느낌을 주는 게 좋지 않을까? 그러려면 뼈대를 숨기는 것이 네 도전과제가 되겠구나."

교사가 미리 만든 모델작품을 그냥 보여주기만 할 때에는 나오지 않았던 질문이다. 손으로 무언가를 그리고 만드는 일은 간접경험의 피상성에서 벗어나게 하는 좋은 방법이다. 자기 손으로 따라 만들다 보면 결과물만 보았을 때에는 묻지 않았던 궁금증이 생긴다. 그것을 해결해가면서 깨달음을 얻는다. 그에 따라 자연스럽게 작품에 자기만의 속도와 리듬, 생각을 반영하게 되고, 아이들마다 모두 다른 개성적인 결과물을 만들어낼 수 있게 된다.

셋째, 위험해 보이는 도구들도 겁내지 않고 사용할 수 있도록 한다.

예술캠프를 지켜보면서 가장 인상적인 것이기도 했다. 4세 아이들이건 10세 아이들이건 상관없이 교사들은 '잠재적으로 위험한 활동들'을 하게 했다. 바늘, 망치는 물론 드릴이나 글루건도 아이들이 다루었다. 우리 관행으로는 아이들이 너무 어리므로, 혹은 다치면 기관이나 교사가 책임을 져야 하므로 교사가 대신 해주던 활동들이다.

"위험하지 않나요?"

저학년반 아이들이 스스로 드릴로 구멍을 뚫고, 돌을 깨고, 유리를 조각내고, 사포로 나무를 다듬고, 망치질을 하고, 펜치로 고정하는 모습을 보며 놀랍고 약간 걱정도 되어 교사에게 물었다.

"위험할 수도 있지요. 하지만 다들 주의를 기울여 수행하기 때문에 다치는 아이들은 아무도 없어요."

저학년 담당교사는 확신에 찬 어조로 말한다.

"직접 도구를 다룰 줄 알게 될 뿐 아니라 돌이나 나무, 유리의 질감을 손으로 느낄 수 있어서 얼마나 좋은 교육이 되는지 몰라요."

그러고 보니 아이들의 능숙하고 자신 있는 손길에서 어떤 안정감 같은 것이 느껴진다. 물론 아이들을 무조건 믿고 내버려두는 것은 아니고, 사전에 안전교육을 철저히 하기에 가능한 일이다.

딸이 있는 반에서도 글루건을 사용할 기회가 있었다.

"핫 글루건 써본 사람?"

저학년 아이들이 다루고 있는 재료와 도구들

도구를 활용해 능숙하게
만들기 활동을 하는 아이들

글루건에 데었을 때를 위한 처치용 얼음물

이토코 선생님이 질문하자 꽤 많은 아이들이 손을 들었다.

"써본 친구들은 알겠지만, 핫 글루건은 위험할 수도 있어요. 그래서 규칙을 잘 지켜야 하죠. 핫 글루건을 쓰고 접시 위에 정확히 올려놓아야 다음 사람이 안전하게 쓸 수 있어요. 글루건을 들고 6~7초 생각에 잠기면 어떻게 될까요?"

"안 돼요."

"그렇죠? 옆 친구들이 데일 수 있으니까요. 규칙을 안 지키면 원 스트라이크입니다. 야구 규칙을 모두 잘 알죠? 스트라이크 3개면 아웃이니 이곳을 나가야 합니다. 그렇다고 지나치게 겁낼 필요는 없어요. 주의했는데도 손을 데이면 저기 보이는 얼음 두 개 동동 떠 있는 물통에 손을 넣고 30까지 천천히 세고 꺼내면 돼요."

그러고는 손을 데인 게 인생을 살아가는 데 그다지 비극적인 일은 아니라는 듯 본인의 화상자국을 보여주기도 했다. 그랬더니 몇몇 아이들이 자신도 데어봤다며 무용담을 자랑했다.

바느질을 하는 광경은 또 어떠한가. 예닐곱 살 아이들이 잠깐 설명을 듣고는 바느질을 곧잘 하는 게 마냥 신기했다. 저 큰 바늘에 찔리면 어쩌지, 실을 뽑다가 옆의 아이를 찌르면 어쩌지, 저 장난꾸러기가 바늘을 마구 휘두르면 어쩌지, 사실 나는 걱정이 많았다. 내가 보기엔 위태로운데도 아이들은 편안한 표정으로 바늘을 푹 찔렀다가 쓱 빼면서 열심히 바느질을 했다. 선생님도 긴장 제로였다. 심지어 어떤 아이가 "악, 찔렸어요" 했더니 선생님의 대답이 걸작이었다. "아프지? 나도 찔려봤단다."

이 기회를 놓치지 않고 "나도 찔려봤는데 별거 아니야" 하고 친구들이 말하자 그 아이도 아무 일 없었다는 듯 다시 바느질을 시작했다. 결국 아무도 심각한 부상을 입지는 않았다. 그동안 딸에게 바늘은 위험하다며 근처에도 못 오게 했던 터라 아이가 바느질을 잘할까 걱정했는데, 딸도 무난하게 해내고 있었다.

어쩌면 내 걱정은 일종의 '물렛가락 콤플렉스' 아니었을까? 저주받은 오로라 공주를 보호하기 위해 나라의 모든 물레를 불태우고, 딸을 숲속에 격리시키는 부모의 마음 말이다. 그러나 이 동화의 진정한 교훈은 부모가 일일이 위험요소를 제거해주지 말고 (어차피 가능하지도 않다) 위험에서 스스로 보호할 수 있는 능력을 키워주라는 것이다.

드릴, 핫 글루건, 바늘, 망치는 잠재적으로 위험한 도구들이다. 잘못 다루면 크게 다칠 수도 있다. 하지만 아이들은 충분히 스스로 조심해서 도구를 다룰 능력을 갖고 있다. 인간은 호모파베르Homo Faber, 즉 도구의 인간 아닌가. 그걸 어른들이 지레 걱정해 못하게 하면 아이들은 자신이 무엇을 할 수 있는지도 모른 채 아무 생각 없이 어른에게 의존하게 된다. 도구를 사용해서 결과물을 만드는 창의적 행위를 할 기회가 차단되는 것이다.

시애틀에 있는 '머서 아일랜드 모험 놀이터'에서는 아이들이 망치, 못, 청소년용 톱을 사용해 요새와 나무집을 만든다. 다치면 어쩌려고? 간혹 다치는 사람이 있는데, 오히려 자신감 넘치는 몇몇 부모들이라 한다. 이 활동을 처음 해보는 아이들은 매우 주의하며 도구를 사용하기 때문에 다치지 않는다고 했다. 모험 놀이터의 총괄기획자인 엠버 브리튼Amber Britton은 어느 인터뷰에서 이렇게 말했다.

"자신들이 놀 요새를 직접 만든 아이들은 자존감이 10배 이상 높아집니다."

잠재적으로 위험하다고 여겨지는 활동에 참여해 일종의 '야생의 창의성'을 발휘해봄으로써 창의행동력을 기른 결과일 것이다.

일련의 활동을 지켜보면서 나는 그간 딸에게 한 과잉보호를 반성했다. 딸이 부탁하지도 않았는데 미리 병뚜껑을 따주고, 사과를 깎아주고, 조립식 책꽂이를 혼자 완성해서 "짠, 여기다 책을 꽂으렴" 했던 내 무지했던 태도를 말이다. 정확한 안전규칙을 숙지하게 하면 아이들은 뭐든 잘해낸다. 보호자들이 위험하다며 다양한 활동을 못하게 말리는 것은 어찌 보면 하늘이 무너져내릴까 봐 걱정하는 것과 다를 바 없다. 반성하고 나니 내 삶도 한결 편해졌다. 내가 아이에게 해주던 일을 아이와 함께하니 말이다. 이제 아이는 자신이 해보고 정 힘에 부치거나 난관에 부딪혔을 때에만 내게 도움을 요청한다.

분홍 소를 만난 아이

샌프란시스코 어린이창의성박물관 애니메이션 제작실습

우리나라 현장기관에서 진행하는 실습형 교육 프로그램은 대개 참가인원을 제한한다. 그러고는 모두 같은 리듬으로 실습을 하게 된다. 파워포인트 설명을 듣고, 똑같이 실습하고, 똑같은 결과물을 갖고 돌아간다.

실습장소에 따라온 부모들은, 특히 아이가 어리면 어릴수록 참견하지 않는 경우가 별로 없다. 처음에는 한두 마디 하다가 어느새 "이렇게 해야지, 저렇게 해야지" 하며 동작 하나하나에 개입하기 시작한다. 화도 내기 일쑤다. 아이는 어느새 부모의 눈치를 보기 시작하고, 흥미를 잃은 표정이 된다. 반면 제대로 열정이 오른 부모는 아예 자기 손으로 마무리를 하고는 뿌듯해한다. 가슴에 손을 얹고 나는 그렇지 않다고 자신 있게 말할 수 있는 부모가 몇 명이나 될까? 물론 나도 돌을 들 자격이 없다.

아이와 산타바바라 어린이창의성박물관 영상 랩을 찾아갔을 때, 마침 5세 이상이면 누구나 참여할 수 있는 스톱모션 애니메이션 제작 프로그램이 진행되고 있었다. 스톱모션 애니메이션이란 정지한 물체를 조금씩 이동시키며 촬영해 마치 움직이는 것처럼 보여주는 것이다. 원하는 시간 아무 때라도 스튜디오에 들어가 빈 테이블에 앉으면 촉진자 역할을 하는 선생님이 다가와 설명을 해준다. 그런데 "나중에 재미있는 애니메이션을 만들게 될 테니 우선 네가 원하는 캐릭터를 만들어보렴. 질문 있으면 언제든 나를 찾고" 하면서 재료를 주고 첫 단계만 자세히 설명하더니 가버렸다. 질문이 있으면 가서 물어보고, 한 단계가 끝나면 다음 단계의 설명을 들으면 되는 거였다. 누구든 자기 호흡대로 조급해하지 않고 제작할 수 있도록 한 작은 배려였다.

애니메이션을 만드는 과정은 크게 4단계다.

1. 캐릭터의 틀이 되는 '철심맨' 제공 : 쉽게 구부러지는 철심을 이용해 캐릭터를 구성하는 가장 단순한 뼈대를 만든다.

2. 예시자료 및 뼈대에 붙일 기본 클레이 제공 : 캐릭터에 대한 구체적인 아이디어를 주기 위해 여러 장의 예시자료가 구비돼 있다. 그대로 따라 만들 수도 있고 전혀 다른 걸 만들 수도 있다. 당연한 말이지만 예시자료는 생각의 도약대 역할을 한다는 게 핵심이다.

3. 기본 클레이 작업 완료 후 색깔 클레이 제공 : 기본 클레이로 캐릭터의 형태를 만들고 나면 필요한 색깔 클레이를 요청해 캐릭터를 완성한다.

4. 간단한 스토리텔링 후 애니메이션 제작 : 자신이 생각한 이야기에 맞는 배경

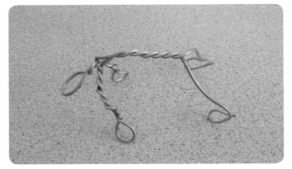

철심맨의 변신은 무죄

지렁이와 소 캐릭터를 만들기 위해
예시자료를 연구하고 있는 아이

딸이 만든 애니메이션의 캐릭터

〈분홍 소를 만난 아이〉 장면 촬영 중

을 고르고, 카메라와 모니터가 장착된 무대 위에 배경을 설치하고 캐릭터를 놓은 후 조금씩 이동시키면서 촬영한다. 완성한 애니메이션은 이메일로 보낼 수 있고, 기부금 상자에 캐릭터당 1달러를 넣으면 만든 캐릭터를 집에 가져갈 수 있다.

만드는 과정에서 촉진자 선생님들의 역할이 인상적이었다. 그들은 종종 아이들에게 "잘되고 있니? 뭘 만들고 있니?"라고 물었다. 딸이 자기 자신이랑 소, 원숭이, 뱀을 만들고 있다고 대답하자 "무슨 이야기를 만들 거니? 애니메이션 제목은 뭐니? 네가 소와 고릴라(원숭이가 고릴라로 둔갑)와 뱀을 만나서 어떤 일이 벌어지는데?" 하며 끊임없이 아이에게 말을 걸고 이야기를 끌어냈다. 그런 다음 아이가 한 단계를 끝내면 하이파이브와 함께 칭찬을 듬뿍 해주었다.

함께 온 부모들도 물론 아이들과 대화를 나누었지만 자기가 나서서 코치하는 부모는 아무도 없었다. 어떤 아이가 "아빠, 내가 만든 이 눈사람 진짜 멋지지 않아요?" 물어보자 하하하 웃으면서 "진짜 멋지네. 눈사람 이름이 뭐니?" 하고 대답하는 식이었다. 그러면 아이가 신나서 "눈사람 이름은 피콜로인데, 어디에서 왔고 얘 친구는 누구인데…" 하고 이야기보따리를 풀어 놓았다.

딸은 자신이 만든 4개의 캐릭터들이 차례대로 만나는 과정을 촬영했다. 특히 이야기 전반부에는 서로 너무 놀라 뒤로 나자빠지는 장면을 낄낄대며 공들여 촬영했다. 후반부에는 서로 친구가 되어 '무궁화 꽃이 피었습니다' 놀이를 하는 동작을 매우 인내심 있게 촬영하여 애니메이션을 완성했다.

애니메이션 제작과정을 참관하면서 교육방식이나 교육의 목표에 대해 생각해보았다. 우리의 교육목적은 주로 지식습득(애니메이션 만드는 방법 습득)에 초점이 맞춰져 있고, 실습도 그 방법론을 습득하기 위한 과정으로 이뤄진다. 반면에 이곳 창의성박물관의 교육목적은 창작(자기만의 애니메이션 만들기)에 집중돼 있다. 창의성을 키우려면 무언가를 만드는 사람의 입장에 서보는 것이 중요하다. 애니메이션을 만들다 보면 제작방법은 저절로 체득되고, 심지어 매뉴얼화된 지식이 아니라 자기 나름의 독창적인 방법을 찾을 수도 있다. 창의적인 인재를 키워내기 위해서는 우리나라도 지식전달의 의무감에서 좀 더 자유로워질 필요가 있지 않을까? 물론 부모들도 불타는 훈수의 욕구를 자제하고 또 자제해야 할 것이다.

로봇 친구를 움직이자

샌프란시스코 어린이창의성박물관 로봇교육

요즘 우리나라에서는 4차 산업혁명 시대를 대비한 소프트웨어 및 코딩 교육이 열풍이다. 우리나라뿐 아니라 세계적인 추세이리라. 나는 샌프란시스코 어린이창의성박물관 테크노 랩에서 코딩 교육을 처음 접했다.

테크노 랩에 들어서니 담당교사가 아이에게 이곳에 처음 왔는지 물었다. 그렇다고 하니 아이를 로봇 제작소로 데려갔다. 마련된 기본형 로봇에 이름을 붙이고, 옆에 구비된 재료로 자기만의 로봇을 꾸미는 곳이었다. 그 과정에서 로봇이 감정 없는 기계가 아니라 자신의 피조물이자 친구라는 생각을 자연스럽게 가지게끔 했다. 아이는 미니언을 연상시키는 눈 하나 달린 로봇(기분 좋으면 눈에서 번쩍번쩍 불빛을 보낸다)에게 '제니'라는 이름을 붙였다.

마치 아기에게 걸음마를 가르치듯, 로봇을 움직이게 하는 것도 많은 시간의 애정과 인내, 집중을 필요로 한다.

그다음은 난이도에 맞춰 마련된 코스에서 제니를 움직이는 연습을 할 차례였다. 1단계 코스는 여기저기 놓인 장애물에 부딪히지 않고 원하는 곳으로 로봇을 움직이는 것이었다. 담당교사가 1대 1로 아이 옆에 앉아 어떻게 명령값을 입력하면 제니가 앞, 뒤, 옆으로 움직이는지, 거리 계산은 어떻게 하는지, 그리고 어떻게 하면 제니가 간단한 말을 할 수 있는지 자세히 설명했다. 선생님은 "원하면 언제든지 질문해"라며 자리에서 떠났고, 남은 것은 아이의 몫이었다.

이 과정을 지켜보는 게 꽤 재미있었다. 아이들마다 명령값을 입력하는 방식이 달랐고, 로봇들은 이런 아이들의 성격을 고스란히 반영하며 움직였다. 딸처럼 명령값을 조금씩 입력하고는 로봇이 어떻게 움직이는지 살피며 아기 다루듯 하는 아이가 있는가 하면, 어떤 아이는 장애물을 넘어뜨리면서 거침없이 움직였다. 로봇이 쓰러지고 부딪혀도 대수냐는 듯.

자신의 로봇을 자유자재로 움직일 수 있게 되면 미로 탈출하기 단계가 기다린다. 미로에 부딪히지 않고 탈출하려면 매우 섬세하고 정교하게 값을 입력해야 한다. 많은 시간과 굉장한 집중, 인내심이 필요한 단계였는데 어떤 아이도 싫증을 내거나 포기하지 않고 집중하며 로봇을 탈출시키는 데 온 힘을 다하는 모습에 감탄이 나왔다. 딸 또한 "이 정도 해봤으니 다른 곳에 가볼까?"라는 나의 말에 강력히 항의하며 로봇에 집중했다.

로봇을 인간처럼 한 걸음 한 걸음 걷게 하기 위해 얼마나 많은 과학자들이 애썼던가. 이 아이들 또한 분신과도 같은 로봇친구를 탈출시키기 위해 오랜 시간 자기와의 싸움, 자기만의 도전을 하고 있었다. 목적지에 도달한 아이들은 하나같이 환하게 웃으며 환호성을 질렀다.

로봇이 그림을 그리거나 악기를 연주하는 코스도 있었다. 앞의 두 과정이 정확한 값을 계산하고 입력하여 로봇을 자신의 의도대로 움직이는 기쁨을 주었다면, 그림 그리는 로봇은 의도와 우연이 절묘하게 결합된 결과물을 보는 즐거움을 주었다. 실로폰을 연주하는 로봇을 다룰 때에는 마치 작곡가가 작업하듯 음악의 값을 입력하고 반복해서 들어보며 흡족하지 않은 부분을 수정할 수 있다.

성인이 되어 변화하는 기술에 뒤늦게 관심을 갖게 되니 폐쇄적이었던 어린 시절의 삶이 새삼 후회되곤 한다. 동생은 어렸을 때 용돈을 모아 납땜을 해서 배도 만들고 비행기도 만드는 키트를 샀던 반면, 나는 그쪽에는 별로 관심이 없었다. 문과, 이과를 확실히 구분하던 시절에 학교를 다녔던지라 '나는 문과 성향이니까'라는 울타리 안에 갇혀 기술 변화에는 아예 마음의 문을 닫고 살았다. 새로운 것들이 만들어질 때 그 흐름에 적극적으로 동참해 두려움 없이 배우고 사용해보아야 세상과 함께 발전하는데, 번번이 흐름을 놓치니 따라잡기가 매우 힘들었다.

같이 만들자고 조르던 동생을 쌀쌀맞게 뿌리치지 않고 함께 키트를 조립했더라면 지금쯤 나는 어떤 사람이 되어 있을까? 적어도 딸이 과학의 날 물대포 쏘기 대회에 참가하고 싶다고 했을 때 하늘이 무너지는 듯 난감한 표정을 짓지는 않았을 것이다. 새로운 기술에 대한 호기심이 왕성한 우리나라 아이들이 그 장점을 살려, 미리 자기 한계를 긋지 말고 새로운 기술들을 많이 접해보았으면 좋겠다. 샌프란시스코의 코딩 교육현장을 지켜보면서 든 생각이다.

누가 이 아이처럼 얼음과자를
찬양할 수 있으랴

청소년 작가캠프

"네 마음의 숨결로 종이를 채워라."

청소년 작가캠프 안내서에 써 있던 구절이다. 윌리엄 워즈워드의 이 멋진 말에서 우리가 방점을 찍어야 할 부분은 어디일까? 나는 '네 마음의 숨결'보다 '종이를 채워라'가 아닐까 싶다. 프랑스를 대표하는 시인 말라르메Stéphane Mallarmé를 비롯한 많은 작가들조차 종이를 채우지 못할 백색의 공포에 시달렸다. 하물며 각종 글쓰기 '숙제'에 시달리는 아이들은 말해 무엇하랴.

"일기쓰기는 어떻게 지도해야 해요?"

"서투르더라도 아이답게 글을 썼으면 좋겠어요."

"논술학원을 보냈더니 아이가 정형화된 패턴으로 글을 써요."

초등학생을 둔 주위 엄마들이 가장 많이 하는 걱정이다. 답은 이미 나와 있다. 일기란 자신의 일상과 생각을 쓰는 글이니 마음대로 쓰도록 내버려두면 되고, 아이답게 글을 쓰기 바란다면 부모가 개입하지 말고 내버려두면 된다. 정형화된 패턴으로 쓰는 게 싫으면 논술학원을 보내지 않으면 된다. 그러나 무릇 간단한 것은 답이 아니다. 내버려두기엔 부모들마다 안타까운 속사정이 있다.

다음은 내 운동코치인 민규 엄마와 나눈 대화다.

"민규가 '오늘 짜장면을 먹었다. 맛있었다. 또 먹고 싶다'라고 썼는데도 그냥 내버려둬야 해요?"

"네."

"며칠 전에는 '오늘 울면을 먹었다. 맛있었다. 또 먹고 싶다'라고 썼는데도요?"

"하하하, 네." 내 목소리는 작아졌고 약간 흔들렸다.

민규는 짜장면과 울면을 좋아하는 초등학교 2학년 남자아이다. 민규 일기에서 나는 문득 어렸을 때 보았던 길창덕 선생님의 만화 〈꺼벙이〉가 생각났다. 매일 놀기만 하다가 개학을 하루 앞둔 꺼벙이가 밀린 일기숙제를 하는 장면이었다. 한꺼번에 일기를 써야 하는 난관에 봉착하자 꾀를 낸다. 작년 일기장을 날짜만 바꿔서 그대로 내기로 한 것. 열심히 날짜를 바꾸는데, 작년 일기라는 게

'오늘은 방학날 즐겁구나야',

'오늘은 방학 둘째 날 즐겁구나야' …

'오늘은 개학 10일 전 슬프구나야'였다.

어찌되었든 내 답은 '일기 정도는 쓰고 싶은 대로 내버려둬라'다. 왜인 줄

아는가? 우리의 대화를 계속 옮겨보자.

"그래서 민규에게 뭐라고 하셨어요?"

"'민규야, 너 얼마 전에 먹는 얘기 썼잖아. 다른 얘기 써보는 게 어때?'라고 했더니 저번 것은 어디까지나 울면에 대해서고 오늘은 짜장면에 대해 썼으니 엄연히 다르다고 우기더라고요. 울컥하는 걸 참고 좋은 말로 '그래도 어쨌든 똑같은 먹는 얘기니까, 음 그러면… 할아버지가 산에서 잡아주신 장수하늘소가 탈출한 얘기를 쓰는 게 어때?'라고 했더니 민규가 그러더라고요. '어, 그거 좋다. 뭐라고 써야 할지 엄마가 불러줘요.'"

한 번 부모가 개입하게 되면, 아이는 부모에게 의존하게 된다. 자신이 쓴 글은 모두 별로이고, 부모가 불러준 말이 좋다고 생각하기 때문이다. 나도 똑같이 겪었던 시행착오다. 딸이 1학년이었을 때 하도 일기쓰기를 막막해하기에 "이렇게 써보면 어때?"라고 예시를 해줬더니 딸이 보였던 반응도 똑같았다. "어, 그거 좋아요. 그다음은 음… 음… 뭐라고 써야 할까요?" 글쓰기를 중단한 채 딸은 해맑게 내 얼굴만 바라보았다.

일기 정도는 스스로의 힘으로 쓰게 내버려두자. 오히려 쓱쓱 잘 쓴다는 걸 칭찬하자. 매일 같은 패턴으로 쓰다가도 어느 날 깨달음이 온다. 깨달음이 올 때까지 기다리는 것이 힘들다면 내 방법을 사용해도 좋다. 여행을 다닐 때나 재미있는 활동을 할 때 간단히 메모하게 하는 것이다. 딸에게는 큰 도움이 되었다. "메모를 해두면 나중에 일기 쓸 때 되게 편하다" 하고 말하니 딸은 수첩을 챙겨 다니며 내킬 때마다 메모를 했다. 또는 아이가 자기도 모르게 어떤 인상이나 느낀 점을 말할 때 "오, 그거 정말 좋은 표현이다. 잘 적어두었다가 일기 쓸 때 활용하렴" 해주면 매우 기뻐한다. 그걸 일기에 활용할지 말지는 전적으로 아이의 선택이다. 부모는 환경과 동기만 제공할 뿐이다. '숙제'로 '보여주기 위해' 억지로 쓰는 일기는 최악이다. 그보다는 진심으로 즐거워서 쓴 '짜장면을 먹었다, 맛있었다'가 백배 낫다.

글의 첨삭도 마찬가지다. 아무리 첨삭하고 다시 쓰게 해도 그때뿐이다. 자기 눈으로 뭔가 이상해서 고치고 싶은 깨달음이 오기 전에는 아무리 잘 고쳐줘도 자기 것으로, 자신의 문장으로 되지 않는다. 더 나쁜 것은 아이가 부모나 선생님의 도움으로 글을 완성했다는 것을 인식하고 있다는 사실이다. '내 힘으로는 좋은 글을 쓸 수 없어. 내 글은 별로이니 누군가 고쳐줘야 해'라고 생각하는 순간 창의적인 글쓰기는커녕 글쓰기 자체와 안녕이다.

캘리포니아에 머물면서 아이는 여름방학 동안 UCSB 캠퍼스에서 열린 청소년 작가캠프에 참가했다. 이때 경험한 글쓰기 수업을 통해 부모로서, 선생님으로서 아이들의 글쓰기 지도방법의 팁을 얻어보자.

청소년 작가캠프 초등학교 고학년용 참가신청서에는 다음과 같은 문항이 있었다.

> A. 다음 중 하나에 동그라미 치시오.
>   a. 나는 글쓰기를 매우 좋아한다!
>   b. 나는 글쓰기를 좋아하고 글 쓰는 게 매우 쉽다.
>   c. 나는 글쓰기를 좋아하지만 글 쓰는 건 어렵다.
>   d. 나는 글 쓰는 걸 그다지 좋아하지 않지만, 더 나아지고 싶다.
> B. 왜 이번 청소년 작가캠프에 참가하고 싶나요?
> C. (부모님의 대답) 아이가 이 캠프를 통해 무엇을 성취하기 바랍니까?

어떤 답이든 글쓰기 캠프에 대한 긍정적인 동기를 유도하는 질문에 웃음이 나왔다. 이 캠프에서 아이에게 어떤 성과를 기대하는가? 이에 대해 나는 모국어가 아닌 영어로 다양한 글쓰기 경험을 해봄으로써 새로운 창의적인 도전을 하고, 글 쓰는 즐거움을 만끽해봤으면 좋겠다고 썼다.

캠프에서는 2주 동안 '무작위 자서전', 좋아하는 것에 바치는 찬가, 블로그, 챕터북, 미래 이야기의 프롤로그 등 다양한 글쓰기가 이뤄졌다. 아이들은 대학 강의실, 야외용 식탁, 도서관, 놀이용 말안장 등 장소를 바꿔가며 글을 썼다. 글만 쓰는 건 아니었다. TV 방송작가, 블로그 작가, 청소년 작가 등을 만나고, 대학 캠퍼스를 십분 활용해 공연 뒷무대라든가 캠퍼스에 면해 있는 바닷가, 도서관 곳곳을 방문해 글감을 찾기도 했다.

작가캠프는 아이들이 다양한 글쓰기에 쉽게 도전할 수 있도록 적절한 안내지침을 주었다. 예컨대 찬가Ode 쓰기에 대한 지침은 다음과 같았다.

> 오드는 '신성한' 것을 찬양하거나 고귀한 생각을 표현하는 시이며, 진지하고 생각이 깊은 서정시다.
> 네 자신의 오드를 써보자.
> 네가 하고 싶은 3가지가 무엇인가, 네가 사랑하는 3가지 혹은 네가 찬양하거나 영광을 돌리고 싶은 대상을 써라.
> 1.
> 2.
> 3.
> 그중 시를 써서 칭찬하거나, 찬양하거나, 영광을 돌리고 싶은 것에 별 표시를 하라.

2주 동안 아이들이 쓴 글을 문집으로 묶고, 마지막 날 간단한 음식을 차려놓고 부모들 앞에서 작품을 낭송하는 출판기념회를 했다. 글을 완성하고 책으로 묶어 다른 누군가에게 읽을거리를 제공하는 모든 이들이 작가다. 이 중요한 사실을 출판기념회장에서 새삼 깨달았다.

아이들은 어떤 글을 썼을까? 이 캠프에 2년째 참가한 초등학교 4학년인 케이시는 자기가 가장 좋아하는 팝시클(얼음과자)에 대한 찬가를 썼다.

Ode to Popsicles	얼음과자에 대한 찬가
Sticky and sweet	끈적거리고 단
A tasty and sweet	맛있고 단 얼음과자
One a day	하루에 한 개씩이면
Keeps the sadness away	슬픔은 멀리 사라지죠
Maybe a cherry one	어쩌면 체리맛
Maybe an orange	어쩌면 오렌지맛
Maybe a grape	어쩌면 포도맛
Or coconut	아니면 코코넛맛
Or lemon and lime!	아니면 레몬과 라임맛!

부모나 선생님의 개입이나 첨삭이 전혀 없었다는 것이 고스란히 읽힌다. 'sticky-tasty', 'day-away'의 각운이 기막히다. 하지만 초등학교 4학년 수준에서 잘 썼다 못 썼다를 논하지는 말자. 그건 중요하지 않다. 이 아이가 아니면 누가 얼음과자에 대한 찬가를 쓸 수 있겠는가. 얼음과자를 먹으

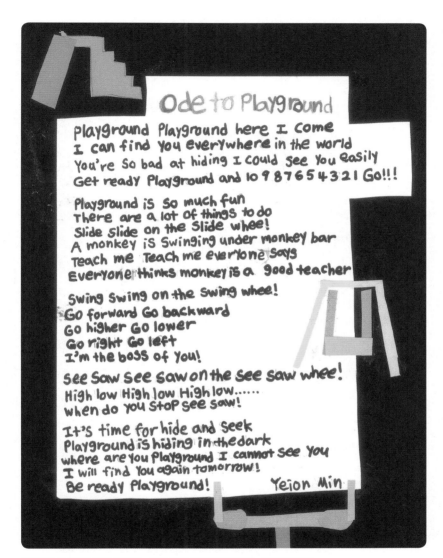

Ode to Playground

Playground Playground here I come
I can find you everywhere in the world
You're So bad at hiding I could See You easily
Get ready Playground and 10 9 8 7 6 5 4 3 2 1 Go!!!

Playground is So much fun
There are a lot of things to do
Slide slide on the slide whee!
A monkey is Swinging under monkey bar
Teach me Teach me everyone says
Everyone thinks monkey is a good teacher

Swing swing on the swing whee!
Go forward Go backward
Go higher Go lower
Go right Go left
I'm the boss of you!

See Saw See saw on the See saw whee!
High low High low High low......
when do you stop See saw!

It's time for hide and Seek
Playground is hiding in the dark
Where are you Playground I cannot See You
I will find You again tomorrow!
Be ready Playground!

Yeion Min

세상에서 놀이터를 가장 좋아하는 나의 딸은 놀이터에 아낌없는 찬가를 바쳤다.

면 모든 슬픔이 사라진다지 않는가. 어른이 되어 아무리 시를 쓰는 기술이 는다 해도 이런 시는 쓸 수 없다.

아이가 시를 쓸 수 있다면 좋겠는가? 그렇다면 두려움 없이 좋아하는 것을 쓰도록 끊임없이 격려해주자. 시는 시인들이나 쓰는 거라고 지레 선을 긋지 않도록 키우는 것이다. 시인이 되기 위해 시를 쓸 필요는 없다. 좋아하는 것을 알리고 싶은 벅찬 마음에서 우러나는 시를 쓰게 하자.

캘리포니아 교사들의 지도방식은 매우 후하게 칭찬하는 것이었다. 그런데 잘 들여다보면 행위의 결과를 칭찬하는 게 아니라, 또 써보라고 살살 부추기는 칭찬이다. 허술한 듯하면서 고단수다. 아이들에게 '명문장'이니 '대회 수상'이니 '대입논술 대비'니 하는 말로 글 쓸 시도조차 못하게 하지 말자. 정형화된 틀을 주고 그대로 답습하는 아이로 만들지 말자.

어디에서든 글을 써보도록 독려하는 것. 혼자서, 함께, 야외 벤치나 도서관, 놀이용 말안장 위에서도. 청소년 작가캠프에서 알려준 행동결정력의 방법론이다. 아이들 창의교육의 목표는 창의적인 대작 한 편을 완성하게 하는 게 아니라, 즐거운 마음으로 창의적인 작업을 평생 해나갈 수 있는 태도를 길러주는 데 있다.

자연에서는
프로그램이 필요 없다

미국 국립공원 주니어 레인저 프로그램

캘리포니아에 머물면서 휴일이나 방학 동안 아이와 인근 국립공원을 여행하는 즐거움을 만끽했다. 야생의 자연 그대로를 매우 잘 보존해놓은 것도 물론 좋았지만, 그중에서도 5~12세 아이들을 대상으로 하는 '주니어 레인저 프로그램'은 감탄이 절로 나왔다.

국립공원에는 '레인저ranger'라고 하는 자연경비대원이 있다. 이들에게서는 하나같이 일에 대한 전문성과 자부심이 묻어났다. 아이와 함께 트레킹을 하고 싶다고 하니 얼마나 체류할지 묻고 알맞은 코스를 소개해주었다. 곰과 마주칠 경우 대처하는 법, 물은 몇 리터를 준비해야 하는지 등 생존의 지혜도 알려주었다. 주니어 레인저 프로그램은 레인저라는 직업을 체험하는 프로그램이자 자연보호 프로그램이었다.

국립공원마다 약간씩 다른 활동지를 채워야 하는데, 완수하면 해당 국립공원의 레인저 앞에서 주니어 레인저가 되었음을 선서하고 배지를 받는다. 활동지에는 나이별로 자신의 생각을 적으면 되는 비교적 간단한 문제부터 국립공원 구석구석을 다녀야 답을 풀 수 있는 문제, 트레일 코스를 직접 걸으며 보고 느낀 것을 적는 문제, 공원 내 박물관 전시를 보고 푸는 문제 등 다양한 문항이 있었다. 우리 가족은 5월의 마지막 날, 데스밸리 국립공원의 주니어 레인저 프로그램에 참여했다. 온도계가 화씨 116도(그러니까 섭씨 46도)를 기록한 살인적인 날씨였다.

> **데스밸리에 가져가야 할 가장 중요한 5가지 용품에 동그라미 치시오.**
>
> 물, 모자, 장난감, 손전등, 휴대폰, 선글라스, 장화, 셔츠, 반바지, 배낭, 카메라, 망원경, 지도, 음식, 곰인형, 컴퓨터, 구급약, 선크림, 사탕, 머리빗, 호루라기, 자전거, TV, 지팡이

한증막 안에 들어와 있는 듯한 바람이 사방에서 나를 찍어 눌렀다. 가만히 있어도 숨이 턱턱 막히는 날씨에 이미 의욕과 전투력을 모두 상실한 상태였다. "미쳤어, 그냥 다른 데로 가자." 나는 에어컨을 틀어놓아 그나마 가장 시원한 기념품숍 바닥에 주저앉았다.

"엄마가 아기가 되었어요?"

나를 놀리면서 딸은 물, 모자, 선글라스, 지도, 음식에 동그라미를 쳤다. 딸은 주니어 레인저가 되기 위해 방문자 센터에서 받아온 활동지를 푸는 중이었다.

> "데스밸리에서 네가 가장 좋아한 곳은 어디니?"
>
> "데스밸리에 사는 포유류, 파충류, 조류 이름을 써보라."
>
> "데스밸리에서 가장 낮은 곳이 어디인가? 가보라."
>
> "데스밸리에서 가장 높은 곳은 어디인가? 가보라."
>
> "데스밸리에 사는 야행성 동물과 주행성 동물의 이름을 두 개씩 써보라."

주니어 레인저가 되고 싶어 하는 아이의 등쌀에 우리는 데스밸리의 가장 낮은 곳인 'Badwater Basin(나쁜 물 분지)', 가장 높은 곳인 'Telescope Peak(망원경 봉우리)', 지도에서 우리의 호기심을 자극했던 'Artist's Palette(예술가의 팔레트)' 등을 탐사했다. 딸은 '예술가의 팔레트'를 가장 좋았던 곳으로 쓰면서 "서로 다른 색깔의 바위들이 매우 아름다웠기 때문"이라는 이유를 덧붙였다.

박물관에서 야행성 동물과 주행성 동물에 대해서도 학습했다. 7월이 되면 그늘 밑에서도 화씨 120도(섭씨 48도)가 넘는다던데(맙소사!), 이 동물들이 어떻게 적응하며 살아가는지 배웠다. 가령 전갈은 낮에는 바위나 나무 껍데기 밑에 숨어 있다가, 밤이면 매우 예민한 8개의 작은 눈과 진동으로 물체를 감지해 먹이를 사냥한다. 주니어 레인저 프로그램은 보물찾기하듯 몰랐던 것들을 스스로 찾아서 알아낼 수 있게 도와줌으로써 창의행동력을 키워주었다.

야생의 공간을 탐험하다 보면 반드시 뜻밖의 발견을 하게 마련이다. 우리 가족은 지도에 있는 장소를 찾아가다 길을 잘못 들어 잠시 비포장도로를 달리게 되었다. 진동벨트 위에 있는 것처럼 온몸이 드드드드 흔들리던 중,

코요테와 시선을 교환했던 그 순간을 평생 잊을 수 없으리라.

"어!" 하더니 남편이 차를 멈춰 세웠다. 바짝 말랐으나 눈빛만은 날카로운 코요테 한 마리가 코앞에 서 있었다. 사진을 찍으려고 창문을 내리는데 나와 눈이 딱 마주쳤다. 순간 소름이 돋았다. 달려들까 말까 생각 중인 듯했다. 얼른 한 컷 찍고 창문을 닫았다. 코요테와 시선을 교환했던 그 순간은 지금도 잊을 수 없다.

자연에서 보고 배운 것을 토대로 데스밸리에 사는 상상의 동물과 집을 그리라는 과제도 있었다. 이런 창의적인 활동을 유도할 때 중요한 점이 있다. 현실에서 상상으로 비약할 때 징검다리를 잘 놓아주어야 한다. 무조건 상상만 해도 안 되고, 너무 사실에만 매몰되어서도 안 된다. 이 미션지에는 징검다리가 잘 연결돼 있었다.

> 네가 데스밸리에 사는 동물이라면 뭐가 되고 싶은지 상상해보렴.
> 너는 날 수도 있고, 달릴 수도 있고, 깡총깡총 뛸 수도 있고, 기어 다닐 수도 있단다.
> 밤눈이 밝을 수도 있고, 매우 잘 들을 수도 있고, 완벽한 후각을 가질 수도 있지.
> 이곳에 사는 동물들은 매우 뜨겁고 건조한 사막에서 살아남을 수 있도록 특별한 '적응' 능력을 갖고 있단다.
>
> 자, 이제 네 상상력을 이용해서 사막의 동물 하나를 발명해보렴.
> 아래 네 피조물을 그리고, 집도 만들어주렴.

창작의욕을 고취시키기에 충분하지 않은가? 그림 아래에는 이 동물에 대해 간략하게 설명할 수 있도록 유도하는 질문이 있었다.

아이는 피조물을 만들어놓고 매우 즐거워했다. 만약 국립공원 방문객들

Build an Animal

Imagine what you would want to be like if you were an animal in Death Valley. You could fly, run, hop, or slither. You could have night vision, great hearing, or a perfect sense of smell. The animals that live here have special ADAPTATIONS to help them survive in the hot and dry desert.

Use your imagination to invent a desert animal.
Draw a picture of your creation and its home below.

Answer these questions about the adaptations your animal uses to survive in Death Valley.

What is your desert animal called? Cacti

Where does it live in the park? Artists Palette

How does it survive extreme heat? Like Cactus she can survive from the heat with

How does it get water? Like Cactus she can preserve water in her back.

How does it protect itself from enemies? There is Poison in her tail.

→ her special hard skin.

네 사막 동물의 이름은 뭐니? 칵티|Cacti

공원 어디에 살고 있니? 아티스트 팔레트

극도로 뜨거운 환경에서 어떻게 생존하니? 선인장Cactus처럼, 칵티는 온몸에 뒤덮인 특별한 가시로 열에서 자신을 보호합니다.

물을 어떻게 얻니? 선인장처럼 등 안에 물을 저장하고 있어요.

천적으로부터 어떻게 스스로를 보호하니? 꼬리에 독이 있어요.

이 야생화를 꺾는다면 어떻게 될까, 야생동물에게 먹이를 주면 어떻게 될까, 특이한 돌을 수집해가면 어떻게 될까, 캐년의 벽에 낙서를 하면 어떻게 될까 대답하는 문제를 마지막으로 활동은 끝났다. 아이가 자랑스럽게 활동지를 내미니 50대쯤으로 보이는 레인저 아주머니가 웃으며 찬찬히 활동지를 살펴보았다. 몸을 낮추고 아이와 눈을 맞추고는 활동한 내용에 대해 추가 질문도 하고, "열심히 했구나" 하며 듬뿍 칭찬도 했다.

"자, 이제 손을 올리고 선서를 하면 주니어 레인저가 된단다. 손을 이렇게 올리고 내 말을 따라 하면 돼.

나는 모든 국립공원을 보호하도록 돕겠습니다.

나는 야생의 자연을 보존하도록 돕겠습니다.

나는 모두가 즐길 수 있도록 돌과 풀과 역사적 유물들을 발견했던 제자리에 놓아두겠습니다.

나는 내가 배운 것을 다른 사람과 공유하겠습니다."

아이는 큰 소리로 선서한 후, 레인저가 서명한 이수증과 배지를 받았다. 아이뿐 아니라 남편과 나도 함께 발로 탐사하고 배우며 잊지 못할 경험을 했다.

한국에 돌아와 검색해보니 우리나라에도 국립공원에 주니어 레인저 프로그램이 운영되고 있었다. 순천만 국립공원의 프로그램이었다. 반가워서 찾아봤더니 순천시 관내 중학생 20명(학교장 추천)을 대상으로 주제별 전문가 특강으로 이뤄진 이론교육(14시간)과 현장 모니터링 및 활동일지 작성으로 이뤄지는 현장교육(17시간)을 받는 것이었다. 요컨대 파워포인트로 만들어진 이론수업을 듣고, 그 이론을 자연에서 확인하는 방식이었다. 호기심과 동기부여를 일으키는 활동지를 들고, 아이가 직접 곳곳을 찾아다니며 자연에 대한 애정을 느끼고, 자연을 보호해야겠다는 마음을 갖게 되고, 스스로 발견하고 깨달으며 창의력을 쌓아가는 방식과는 다소 거리가 멀었다. 미국에서는 이 프로그램을 통해 레인저라는 직업에 대한 교육도 자연스럽게 이루어졌는데, 우리나라 프로그램을 이수하고 자연경비대원이 되려고 꿈꾸는 아이들이 있을까?

창의행동력을 키우려면 이미 알려진 지식을 잘 가공해서 전달하는 지식습득 교수법에서 벗어나야 한다. 특별한 프로그램이 없어도 인간은 자연에서 배운다. 교실 의자에 앉아서는 배울 수 없는 것들을 배우는 데 체험학습의 의미가 있다. 지식은 많은데 야생에서 하루도 생존할 수 없는 아이가 아니라, 지혜롭고 용감하고 독립심 있고 자연을 사랑하고 보존하는 아이들로 키워야 하지 않겠는가.

한계를 짓지 않고
생각하도록 돕는다

미술 도우미가 하는 일

연구년으로 이곳에 있는 시간만큼이라도 가급적 열심히 교육현장을 들여다보고 싶었던 나는 아이가 다니는 초등학교에 자원봉사를 했다. 매주 목요일마다 미술 도우미가 된 것이다. 미술 선생님을 보조해 아이들을 도와주면 된다고 했다. 척하면 말을 알아듣는 대학생을 대상으로 하고 싶은 수업을 마음껏 해오던 내가, 과연 타국의 어린 학생들을 잘 도와줄 수 있을지 잠시 망설여지기도 했으나 그냥 부딪쳐보기로 했다.

학교에 조금 일찍 도착하니 선델 선생님이 앉아서 수업에 사용할 견본 그림을 그리고 있었다. 아이들을 기다리며 잠깐 대화를 나누는 중에도 쓱쓱 힘들이지 않고 슈퍼맨 그림을 그리고 색칠하는 모습이 신기했다. 순식간에 탁자는 알록달록 재미있는 그림들로 가득했다.

그러는 사이 아이들이 들어왔다. 나를 본 적이 있는 소피아는 활짝 웃으며 손을 흔들고, 크리스티나는 달려와서 나에게 폭 안겼다. (그 집 부모는 어쩜 아이를 이렇게 사랑스럽게 키웠지?) 딸은 티 안 나게 살짝 손을 흔들어주었다. 아이들은 자연스럽게 견본 그림이 놓인 탁자 주변으로 모여들었다. 아이들이 호기심 어린 눈빛으로 이 그림 저 그림 관찰하는 사이 선델 선생님은 오늘 수업의 주제를 설명했다. '약물중독 없는 건강한 나!'라는 주제로 티셔츠 디자인을 하는 것이었다.

선델 선생님은 본격적인 활동을 시작하기에 앞서 견본 자료를 충분히 보여주면서 아이들로 하여금 다양하고 풍부한 생각을 할 수 있도록 사전준비활동 시간을 주었다. 본인이 그린 견본뿐 아니라 이전 학생의 작품들도 보여주었다. "45분 동안 고민하느라 사선만 그은 학생도 있어요"라고 하자 아이들이 하하하 웃었다. 시간 조절을 잘하라고 따로 주의를 줄 필요가 없었다. 파워포인트나 자료사진에 실린 견본보다는 이렇게 실물을 보여주는 게 더 구체적이고 생생하게 다가왔다.

아이들의 일상에서 수업의 주제를 연결시키는 부분도 좋아 보였다.

"여러분 티셔츠를 보세요. 재미있는 캐릭터가 그려진 친구 있나요? 건강함을 보여주는 긍정적인 메시지를 주는 티셔츠는 무엇인가요?"

하트가 그려진 티셔츠, 공룡 티셔츠를 입은 아이가 저마다 자랑했다.

즐겁게 사전준비활동 시간을 가진 후 선델 선생님은 본격적으로 활동지침을 주었다. 자로 사각형 틀을 만들고 그 안에 마음껏 주제에 맞는 그림을 그려 넣으면 되었다. 기하학적인 무늬를 원하면 컵 아래 부분을 활용해 동그라미를 그려도 된다고 설명했다.

"표어가 함께 들어가면 더 좋겠지요. 연필, 크레파스, 물감, 수성 펜 등 재료가 많으니 마음껏 써보세요. 자, 자리에 앉아 시작해볼까요?"

많은 예시 자료를 보았지만 그대로 따라 하는 아이는 없었다. 다들 각자 표현하고 싶은 것들이 있는 눈치였다. 놀라운 점은 도움을 요청하는 아이들에게 선생님이 취한 행동이었다.

"선생님, 펭귄을 그리고 싶은데 어떻게 해야 할지 모르겠어요."

한 아이가 도움을 요청하자 선생님이 자료를 뒤적이더니 펭귄 사진을 찾아주었다. 그리고 먹지를 주면서 선을 따라 그대로 연필로 그린 다음 그 위에 더 정교하게 그림을 그려보라고 했다.

이번에는 다른 아이가 물었다. "우유갑을 어떻게 그려야 할지 모르겠어요."

그러자 선생님은 "이렇게 해서 이렇게 그리면 되지" 하면서 아이의 그림 위에 직접 연필로 우유갑을 그려주는 것 아닌가. 그림 왼쪽에는 건강하지 못한 얼굴을, 오른쪽에는 건강한 얼굴을 그리기로 한 소피아가 "선생님, 마약 먹은 얼굴을 어떻게 그리면 될까요?" 물었다. 이번에도 선생님은 망설임 없이 망가진 얼굴을 쓱쓱 그려줬다. "자, 됐지? 건강한 얼굴은 네가 그리렴. 눈썹도 예쁘게 올라가고 미소가 가득하게 그리면 어떨까?"

'저렇게 선생님이 직접 그려주셔도 되나?'

순간 의구심이 들었다. '아이들 스스로 하게 해야 하는 것 아닌가. 직접적인 도움이 아니라 간접적인 도움을 주어야 더 교육적일 텐데. 누구는 그려주고 누구는 안 그려주면 아이들에게 불만이 생기지 않을까? 평가는 어떻게 하려고 하시지?'

디자인 활동을 위한 견본 자료들

'건강한 나!' 티셔츠 디자인 중

미래의 내 모습, 상상만 해도 즐거워요.

아이들은 누구나 피카소

복잡한 생각에 빠져 있을 때 "선생님, 직선이 잘 안 그어져요" 하며 또 다른 아이가 도움을 요청했다.

"예원이 엄마한테 부탁하렴." 선델 선생님의 말에 정신이 번쩍 들었다. 아차, 도우미의 본분을 망각하면 안 되지.

아이가 어찌나 기대에 찬 눈빛으로 나를 바라보는지 자못 긴장되었지만, 의연한 표정으로 "1cm 정도 간격으로 그어보면 어떨까? 괜찮을 것 같니?" 하며 사방에 선을 좍좍 그어주었다. 다행히 만족했는지 "고맙습니다" 하고 웃으며 자리로 돌아갔다. 나 또한 직접적인 도움을 주고 만 것이다.

선 그어주기를 포함해 45분 수업 동안 내가 한 역할은 딱 3가지였다. 자 나눠주기, 선 그어주기, (가장 난이도가 높았던) 작두로 종이 잘라주기. 작두 질은 처음이라 잘못되면 안 되겠다 싶어서 "나 이거 처음 해보니까 다른 종 이로 먼저 시험해보자"라고 말했더니 작두질을 부탁한 아이도 덩달아 긴장 하면서 고개를 끄덕였다.

정신없이 시간이 지나갔고, 아이들은 점심을 먹으러 떠났다.

"아이들이 다들 열심히 멋지고 개성 있는 작품들을 만드네요."

미술 선생님에게 말을 건넸다.

"조금씩 격려해주니까 애들이 엄청나게 집중하죠?"

선델 선생님이 웃으며 대답했다.

집으로 돌아오면서 생각했다. 우리의 경우 예술교육에서 상상력이나 창 의성을 정의할 때 '남이 하지 않은 나만의 고유한 생각'이라는 점에 큰 비중 을 둔다. 그런데 사실 하늘 아래 새로운 것이란 없으며, 다른 사람들의 무수히 많은 생각이 투영된 결과물들을 접하면서 나의 생각도 자란다. 오픈소스나 카피레프트copy left처럼 자신의 창의적 산물을 공개해 함께 발전시켜가는 사람들도 얼마나 많은가. 또한 한 작가의 작품이 반드시 그 사람의 손으로만 완성되어야 한다는 법도 없다. 예를 들어 '집' 연작으로 유명한 조형예술가 서도호는 필요한 경우 공장의 직공들이나 재봉공들과 협업한다. 그렇다고 해서 서도호의 작품이 아니라고 말하는 사람은 아무도 없다. 그렇게 본다면 미술시간에 아이들에게 '어쨌든 너희 힘으로 해봐'라고 말하며 막막한 상태에 빠지게 하는 것보다는 자신의 생각을 잘 발전시킬 수 있도록 적극적으로 도와주는 것이 더 현명한 방법일지도 모르겠다.

물론 '공정성'에 대한 시비가 생길 수 있다. 평가의 관점에서는 공정성이 가장 중요한 요소 중 하나다. 모든 아이들에게 동일한 정보와 자료, 동일한 도움을 줘야 공정한 평가를 할 수 있다. 하지만 이는 어디까지나 '평가'의 관점에서 그렇다는 것이다. 배움의 관점으로 방향을 돌려본다면 이야기는 달라진다. 예컨대 아이들이 미술시간에 밟았던 과정은 다음과 같다.

1. 주제와 관련된 기존의 성과물들을 살펴보면서 생각을 넓힌다.
2. 그 안에서 자신이 표현하고 싶은 것이 무엇인지 찾는다.
3. 표현하기 위해 문제에 부딪혔을 때 전문가에게 도움을 요청하고, 주위 사람들에게 의견을 구한다.
4. 이를 토대로 자신이 원하는 방향으로 결과물을 완성한다.

전문가들이 프로젝트를 완수하기 위해 밟는 창의적인 수행과정을 이 아이들은 정확히 경험하고 실습한 것이다.

그렇게 생각해보니 적극적으로 아이들의 손을 잡아주는 선델 선생님의 교육법에 공감이 갔다. 선생님이 우유갑을 그려준 것은 아이가 구상한 디자인을 완성해가는 과정에서 부딪힌 문제를 도와준 것이지, 아이가 구상한 디자인을 대신 해준 것이 아니었다. 이 아이는 자신이 한 번도 우유갑을 그려본 적이 없다는 것을 알고 있었을 것이다. 자신이 해보다가 안 되면 디자인이 완성되도록 선생님이 도와줄 것이라 믿었던 것 같다. 해결하지 못하는 어려운 문제에 부딪혔을 때 선생님들이 늘 난관을 극복하도록 도움을 주었기 때문이리라. 그래서 처음부터 한계를 설정하지 않고 하고 싶은 도전을 시도한 것이다. 물론 자신이 현재 무엇을 알고 무엇을 할 수 있는지 정확하게 파악하는 것은 중요하다. 하지만 이것이 시도 자체를 막는 내적 한계가 된다면 새로운 것을 만들어낼 수 없다.

수업 자원봉사를 했지만 내가 배우고 깨달은 게 훨씬 더 많은 시간이었다. 무엇보다 현장에서 아이들과 함께 있는 시간이 즐거웠다. 아이들의 창의성을 이끌어내는 예술교육법을 배우고, 아이들이 성장하는 과정을 가까이서 지켜볼 수 있었음은 물론이다. 나 스스로 창의행동력을 발휘하니 과연 다르게 보이고 다르게 깨닫고 실천하게 되는 부분이 많았다.

닭도 그리고
닭 벼슬 머리도 하고

생활과 연결된 미술수업

미술수업 도우미는 재미있었다. 그래서 매주 목요일 미술시간만큼은 달력에 쭉 표시해놓고 다른 약속을 잡지 않고 꼬박꼬박 나갔다. 반드시 약속을 지키겠다는 의무감보다는, 무엇보다 즐거웠기 때문이다. 손발이 움직여야 하는 단순노동이 꽤 적성에 맞는 것도 같고 말이다.

매 수업마다 학생들 각자의 개성에 맞게 적극적으로 손을 잡아주는 선델 선생님의 태도는 한결같았다. 미래의 자기 모습을 꾸미는 활동 때였다. 카밀라가 다가와 말했다.

"선생님, 반짝이는 붉은색 종이랑 비즈 같은 것이 필요해요."

자신은 연극배우가 되고 싶은데, 그에 맞게 반짝이는 의상을 표현하고 싶다는 것이었다. 언제나 그렇듯이 선델은 자신의 서랍과 온 미술실을 뒤져서 반짝거리는 종이와 비즈를 찾아다 주었다. 우리나라의 미술수업에서도 가능한 광경일까. 모두들 같은 재료, 같은 조건, 같은 방법으로 자기만의 창의적인 생각을 표현하라고 요구받으니 아이들이 틀 밖의 사고를 하기 어렵다. 우리의 교육은 내용의 창의성만큼이나 방법의 창의성에 노력을 기울일 필요가 있다.

미술실로 들어서니 테이블 위에 검은 색지에 화려한 색깔의 수탉이 한 마리 그려져 있고 'Sundell'이라는 서명이 적혀 있다.

"와, 오늘은 수탉을 그리나 보네요. 애들이 정말 재미있어하겠어요."

"네. 검은 종이에 파스텔로 그리면 아름다운 빛깔을 낼 수 있어요."

선델은 내게 1학년들의 오후 활동을 위한 재료 작업을 도와달라고 했다. 이렇게 아이들이 시간 내에 작품을 완성할 수 있도록 밑작업을 해주는 경우가 종종 있었다. 매번 정해진 시간 내에 새로운 도전과 완성의 기쁨을 맛보게 하는 것은 아이들의 행동결정력을 기르는 데 매우 좋다. 색지를 나뭇잎 모양으로 자르고, 눈을 붙일 수 있도록 흰 종이를 동그랗게 자르는 게 나의 할 일이었다. 집중하고 있자니 어느새 아이들이 들어와 선델 선생님의 견본 그림 앞으로 몰려들었다.

"와, 예쁘다."

"이거 수탉이야, 암탉이야?"

"닭 깃털에 여러 색깔을 합쳐서 칠하니까 더 예쁜 것 같아."

아이들이 이야기를 나누는 사이 선생님은 어디에선가 박제된 수탉 모형을 들고 나타났다. 너무 잘 만들어서 금방이라도 살아 움직일 것 같았다.

"수탉은 어떻게 울어요?"

"꽈악 꽉꽉꽉!" "뽀옥 뽁뽁뽁뽁!"

모두들 자신이 낼 수 있는 수탉의 소리를 열심히 흉내 냈다. 제법 수탉과 비슷하게 소리 내는 아이들도 있었다.

"수탉은 왜 암탉보다 더 화려할까요? 아는 사람?"

너도 나도 손을 들었다. 한 명을 지목하니 "암컷에게 잘 보이기 위해 화려한 색깔로 치장하는 거예요"라고 또롱또롱하게 대답했다.

그림 주제에 대해 이런저런 각도로 생각을 나누는 시간을 가진 후, 본격적으로 수탉 그리기 수업이 시작되었다. 견본 그림을 이미 그려놓았지만 선생님은 아이들이 보는 앞에서 다시 한 번 수탉 그림을 그려 보였다.

"수탉이 지금 어디를 보고 있어요?"

"옆쪽을 보고 있어요."

"자, 그럼 수탉의 얼굴 부분, 벼슬부터 그립니다. 잘 보세요."

그녀는 손수 머리에서 몸통까지 형태를 그리고, 파스텔로 색깔을 입히는 방법을 차근차근 설명했다.

"파스텔 작업을 할 때 다른 색 파스텔이 묻은 손으로 종이를 문질러서 지저분하게 만드는 학생들이 있어요. 지저분해졌을 때는 지우개로 지우면 깔끔해져요. 그리고 색깔을 바꾸기 전에 티슈로 손을 닦거나 두 손을 이렇게 문지르면 더 이상 종이에 묻어나지 않지요? 봐요. 4학년쯤 되었으니 깔끔하게 그림을 처리할 수 있으리라 믿어요."

늘 느끼는 것이지만 선델은 깔끔하게 그리는 것을 굉장히 강조한다. 어떻게 보면 당연한 것이고 부차적인 사항이라 생각할 수도 있지만, 마무리 작업을 얼마나 깔끔하게 하느냐에 따라 작품 완성도가 달라진다.

"이 수탉 밑에 점처럼 거뭇거뭇한 게 보이죠? 마지막에 이렇게 점을 찍어
주면 더 살아 있는 수탉처럼 보일 수 있어요."

시범이 끝나고 각자 자리에 돌아가 수탉을 그릴 시간이 되었다.

'자, 이제 여러분이 알아서 그려봐요' 할 줄 알았는데, 놀랍게도 선넬은
칠판에 종이를 붙여놓고 다시 그림을 그려가기 시작했다. 마치 댄스 코치가
춤 동작을 가르쳐주듯, 혹은 피아노 선생님이 시범을 보이듯 차근차근 아
이들과 호흡을 같이하며 다시 그림을 그렸다. 그러고도 어떻게 그려야 할지
몰라 당황하는 아이에게는 여느 때처럼 직접 그림의 일부를 그려주며 설명
했다.

대상을 볼 때에는 똑같이 그릴 수 있을 것 같았는데 막상 하얀 종이를
대하면 어디서부터 시작해야 할지 몰라 막막했던 경험, 대부분 있을 것이
다. 이 때문에 그림 그리기가 어렵게 느껴진다. 그런데 이렇게 차근차근 방
법을 익혀나갔더라면 지금처럼 '나는 그림을 잘 못 그려'라고 마음의 벽을
세우지는 않았을 거라는 생각이 든다.

수업과정을 지켜보면서 도제교육과 창의교육의 연관성에 대해서도 생각
하게 되었다. 스승의 방식을 그대로 따라 익히는 도제교육은 일견 창의성과
거리가 멀어 보인다. 하지만 도제교육 방식은 창의성에서 중시하는 세밀한
관찰과 몸소 만들어보는 과정을 경험시키는 데 효과적이다. 남의 것을 그대
로 따라 해보는 과정에서 보이지 않았던 부분이 보이고, 미처 생각지 못했
던 질문들이 생기고, 그것을 해결해가는 과정에서 자기만의 새로운 생각들
이 촉발되기 때문이다. 《레오나르도 다빈치의 노트북》을 보면 우리가 천재

수탉 그림 그리는 시범을 보이는 선델 선생님

찰스에게 닭 벼슬 머리를 만들어주고 있는 선생님

라고 말하는 다빈치가 사실은 얼마나 충실한 도제교육을 받았으며, 그 과정을 통해 스스로 깨닫고 생각한 결과들을 다시 '도제 매뉴얼'로 만들어놓았는지 알 수 있다.

수업이 끝날 무렵, 선델은 파스텔이 뭉개지지 않도록 마지막에 뿌리는 스프레이로 찰스에게 닭 벼슬 머리를 만들어주었다. 흡족한 표정이 된 찰스가 동네방네 자랑을 하고 다니자 갑자기 남은 미술시간이 헤어 스타일링 시간으로 변했다. 남자아이들이 모두 멋진 닭 벼슬 머리를 꿈꾸며 너도나도 선생님 앞으로 줄을 선 까닭이다. 여러모로 수탉이라는 주제와 함께한 45분이었다.

수탉 그리는 법을 배운다는 것에는 많은 함의가 담겨 있다. 아이들은 친구들과 이야기를 나누거나 몸으로 표현하면서 알게 된 수탉의 특성, 눈으로 보았던 박제된 수탉의 생김새, 수탉을 그려보면서 눈에 들어온 더 세밀한 특성들, 수탉 헤어스타일로 변신했던 즐거운 기억들을 오래 간직할 것이다.

미술은 다양한 과목에서 배우는 지식을 연결시키고, 나아가 배움을 경험과 연결시키기 좋은 교육활동이다. 융합교육의 관건은 자연스러워야 한다는 데 있다. 의도적으로 미술, 과학, 영어를 결합하겠다며 힘주어 프로그램화하는 순간 목표도 흔들리고 수업도 이상해진다. 하나의 주제나 질문을 중심으로, 아이들의 호기심을 연쇄적으로 풀어가는 방향으로 집중과 확산을 함께해가는 것이 효과적이라 생각한다. 미술시간에 닭을 그리며 관심이 싹텄는데, 때마침 과학시간에 '동물의 한살이'에 대해 배우고, 우연히 본 TV 다큐멘터리에 닭과 병아리가 등장한다면 아이들의 지식과 호기심, 상상력은 급속도로 증폭될 것이다.

"더 해보러고 하는 태도가 중요합니다"

호프 초등학교 미술교사 선델과의 인터뷰

예술은 어쩔 수 없이 재능이 좌우한다는 것이 사람들의 일반적인 생각이다. 과연 그럴까? 나는 선델의 생각이 궁금했다. 미술 도우미를 하던 날, 아이들이 그리고 간 그림들을 함께 보면서 선델에게 물었다.

그림들을 보면 누가 미술에 재능이 있는지 알 수 있나요?

"그렇습니다. 하지만 내가 틀릴 수도 있으니 섣불리 단정 짓거나 선입견을 갖지 않으려고 노력합니다. 또한 아이들의 발달 정도가 모두 다르니 재능의 문제는 섣불리 단정할 수 없죠. 물론 경험상 정확하고 빠르게 끝내는 아이는 똑똑한 경우가 많습니다. 하지만 똑똑한 아이가 반드시 예술적 재능이 있다고 볼 수는 없지요."

초등학교 시기 미술교육에서 가장 중요한 것이 뭐라고 생각하세요?

"여러 가지 재료로 이런저런 시도를 해보면서 발견하는 것 아닐까요? 가령 안쪽으로, 바깥쪽으로 붓질을 해보다가 문득 바깥쪽으로 붓질을 할 때 선이 더 부드러워진다는 사실을 발견했을 때의 기쁨, 그런 걸 많이 느껴보는 게 중요하다고 생각합니다."

미술은 정답이 있는 게 아니고, 초등학교 시기는 완성된 시기가 아니니 아이들의 작품을 평가하기가 쉽지 않을 것 같습니다. 선생님이 가장 중요하게 생각하는 평가의 기준은 무엇입니까?

"저는 3가지를 아이들에게 자주 강조하고, 평가의 기준으로 삼아요.

첫째, 활동의 의도를 잘 파악했는지

둘째, 깔끔하게 완성했는지

셋째, 빨리 해치워버리거나 만족하기보다 끝까지 뭔가 더 해보려고 했는지 여부입니다. 세 번째 태도가 가장 중요하죠."

나는 고개를 끄덕였다. 이 기준 모두는 결과물이 창의적이냐를 따지기보다는, 아이들이 창의적인 태도로 작품을 완성했는지를 묻고 있었다. 작품의 내용만을 평가기준으로 삼으면 아무도 어떻게 할 수 없는 '재능'의 문제에 직면하게 되지만, 완성하는 과정을 평가한다면 재능에 대해 논하지 않아도 된다.

선델의 첫 번째 기준은 창의적인 작업이라고 해서 무조건 제멋대로 상상력을 발휘해도 되는 게 아니라, 정확한 목표와 의도 안에서 이뤄지는 일종의 '제약 안의 자유활동'임을 알려준다.

두 번째 기준은 흔히 창의성의 자유분방한 특성을 강조하다 보면 놓치기 쉬운, 형식적 완성도가 중요하다는 사실을 일깨운다. 배움을 시작하는 초등학교 단계에서는 완성도 있고 독창적인 작품을 만들었는가 여부를 따지기보다는 아이들로 하여금 창의적인 것을 만들기 위한 기본적인 태도를 익히고 노력하게 만드는 게 중요하다.

마지막 기준은 끝없이 호기심을 가지고 새롭게 도전하고, 자신의 생각을 끈기 있게 심화시켜가는 창의적 태도를 말한다. 당연한 사실이지만 처음에 든 생각, 처음 쓴 원고는 완성을 위한 첫 단계일 뿐이다. 여기에 안주하거나 제풀에 지쳐 포기하지 않고, 어떤 생각을 덧붙이고 고쳐나갈지가 창의적인 작품의 결과를 좌우한다. 이를 위해 선델은 '여기에 깃털을 붙여보면 어떨까?' 등의 적극적인 제안과 지원을 아끼지 않았다.

선델 선생님의 책상 옆에는 다음과 같은 문구가 붙어 있다. 예술수업의 필요성과 창의적인 역할에 대한 매우 명쾌한 정의가 아닐까?

왜 예술인가?

창의적이 되기 위해서!

그냥 즐겁기 위해서!

예술의 요소들과

다른 문화들과

예술사와

예술관련 직업들을 이해하기 위해서!

07

부모와 교사를 위한
창의행동력

기꺼이 학생이 되자

글쓰기 수업 참가

아이들을 창의적으로 키우려면 무엇보다 부모와 교사, 교수 등 아이를 가르치는 사람들이 창의적이어야 한다. 이를 위한 방법 중 하나는 직접 학생이 되어보는 것 아닐까? 앞에서 말했듯이 대학에서 '창조와 상상의 기술'이라는 교양과목을 가르치고 있는 나는 이곳 대학에서 창의성에 관한 수업을 들어보고 싶었다. 그중 가장 눈에 띄었던 수업이 풀벡Kip Fulbeck 교수의 '개인의 내러티브Personal Narrative'라는 수업이었다. 창의적 글쓰기의 기본은 자기 이야기에서 출발하는 것이라 생각했던 터라 수업 제목에 강하게 끌렸다. 풀벡은 영화학과 교수이자 영화감독, 구어spoken word 퍼포먼스 아티스트, 자전적 이야기와 허구를 결합한 이야기 작가였다. 수업을 참관하고 싶다고 청했더니, 흔쾌히 허락해주었다.

개강을 한 캠퍼스는 활력이 넘쳤다. 가을 하늘을 비행하는 잠자리 떼처럼 자전거나 스케이트보드를 탄 학생들이 강의실을 향해 이리저리 쌩쌩 지나간다. 처음 이곳에 왔을 때 동료 교수가 캠퍼스 곳곳을 소개해주면서 했던 말이 떠올랐다.

"자전거와 보드를 조심하세요. 1년 동안 안전하게 지내셔야죠."

그때는 방학 중이라 캠퍼스가 조용하고 한산해서 실감을 못했는데 이제야 무슨 말인지 이해가 되었다.

"1344호는 어디에 있나요?"

아무리 찾아봐도 모르겠어서 1345호에 들어가서 물어보니 한 학생이 웃으며 이 건물 반대편에 있다고 알려주었다. 미로와 같은 예술 강의동 구조를 보니 문득 '이상이 설계했다'는 루머가 도는 이화여대 학관(여자 화장실을 통하면 1층 다음에 바로 3층이 나온다)이 떠올랐다.

강의실에 도착하니 25명 정도의 학생과 풀백 교수가 강의를 준비하고 있었다. 교수와 악수를 하고 학생들 옆에 앉았다. 그는 까무잡잡한 피부에 검은 단발머리, 양팔 가득 단청무늬를 연상시키는 문신을 하고 있었다. 수업 내내 교수의 개가 강의실 곳곳을 어슬렁거렸다. 나는 개가 신경 쓰여서 집중할 수 없었는데, 학생들은 그들 발밑을 지나갈 때마다 등을 쓰다듬어주었다. 그러면 개는 기분 좋은지 가만히 웅크리고 있다가 또 다른 곳으로 가곤 했다. 여러모로 강렬한 첫 인상이었다.

지난 학기 이 수업을 들었던 학생의 동영상 결과물을 보여주는 것으로 수업이 시작되었다. 한 여학생이 쉴 새 없이 자기 이야기를 쏟아놓는 '구어 퍼포먼스'를 하는 장면이었다. 억양, 표정, 동작, 목소리의 완급 등 가능한

몸의 모든 장치들을 동원하는 통에 학생의 이야기에 빨려들지 않을 수 없었다. 갑자기 기대에 어긋나는 황당한 질문을 던지기도 하고 반전을 가미하기도 해서 지루할 틈이 없었다. 특히 발랄하고 평범한 여대생의 목소리와 표정으로 말하다가 한순간에 거칠고 무례한 남성의 목소리와 표정으로 돌변할 때 감탄어린 웃음이 터져 나왔다. 자기 안에 있는 두 인격을 자유자재로 넘나드는 솜씨가 놀라웠다. 사실 우리 안에는 얼마나 많은 상반되는 모습들이 공존하고 있는가.

"여대생에서 거친 남성으로 변할 때 많은 동작을 할 필요 없어요. 목소리와 표정만 달리해도 충분해요."

풀벡 교수 자신이 인상적인 표정과 목소리 변화로 차이를 보여주었다.

동영상 감상 이후 수업은 매우 역동적으로 진행되었다.

"자, 공책을 꺼내세요. 내가 주는 5가지 주제에 대해 떠오르는 문장을 각각 한 줄씩 빨리 적어보세요."

1. 첫 키스
2. 건강
3. 부모님
4. 일
5. 애완동물

나도 공책을 꺼내 써보기 시작했다. 첫 번째 키스가 언제였더라… 건강, 부모님에 대해서 뭐를 쓰지… 하고 끄적이고 있는데, 5분도 채 안 되어 교수가 말했다.

"자, 그만. 다 썼죠? 그룹별로 발표하고 나서 가장 뒷얘기가 궁금한 베스트 문장을 하나 뽑아보세요."

그러더니 순식간에 조를 나눠줬다. 황급히 문장을 마무리하고 3조 자리에 앉았다. 한창 젊을 때인 만큼 단연 첫 키스에 대한 이야기가 흥미로웠다. 반면 이 젊은이들은 내가 쓴 문장 중 건강, 즉 "미국에 처음 와서 캘리포니아 여성이 두 아이가 탄 유모차를 힘차게 밀면서 조깅하는 모습을 보고 충격 받았다"를 더 들어보고 싶은 이야기로 꼽았다.

다시 자리로 돌아가 이번에는 각자 원하는 주제를 가장 창의적인 방식으로 역시 짧은 시간 안에 써보라고 했다.

이건 더 힘들었다. 앞의 것은 구체적인 주제가 제시되었으니 어떻게든 떠오르는 생각이 있었는데, 무엇이든 써보라니 부담감이 확 밀려오면서 머리가 막히는 것 같았다. 뭐든 써야겠기에 끄적대고 있었더니 역시 순식간에 "자 그만!" 하는 교수의 목소리가 들렸다.

"잘 써지는 얘기가 있고, 그렇지 않은 얘기도 있죠. 만약 잘 써진다면 계속해서 쓰세요. 잘 풀리지 않는다면 괴로워하지 말고 내버려두세요. 그 주제에 대해서는 아직 쓸 말이 충분하지 않은 거니까요. 언젠가 그 주제가 흥미로워지고 할 말이 있을 때 다시 쓰면 됩니다."

그러고는 우리가 갖고 있는 글쓰기에 대한 전형적인 습관에 대해 말하기 시작했다. 자신이 분명 창의적인 방식으로 이야기를 쓰라고 했는데도 모든 학생이 종이의 맨 위 왼쪽에서부터 써내려가기 시작했다는 것이다. 아무도 종이 한가운데에 인상적인 문장을 쓴다든가, 그림을 그린다든가, 종이를 접어서 한쪽에만 글을 쓴다든가 하는 등의 행동을 하지 않았다. 내용이 창의적이어야 한다는 생각에 사로잡힌 나머지 접근방식부터 새로워야 한다는 생각은 하지 않았던 것이다.

"첫 키스에 대해 쓰라고 하면 대부분의 사람들이 '내 첫 키스는…'이라고 문장을 시작하죠. 그런데 예컨대 '힙, 합, 홉…'이라고 쓰면 어때요?"

풀벡 교수가 키스하는 소리를 적나라하게 표현하자 학생들이 하하하 웃으면서 고개를 끄덕였다.

이어서 그는 글쓰기의 진정성에 대해 강의를 이어갔다. 진실한 이야기가 중요하지만 이게 진짜인지 가짜인지 누가 알겠는가? 결국 진실인 것처럼 믿게 하는 이야기가 더 힘이 있다. 또한 사람들이 다음에는 이런 일이 벌어지리라고 기대하는 전개를 배반하도록 끊임없이 이야기의 구조를 비틀어줘야 한다는 요지였다.

3시간짜리 수업이어서 중간에 잠깐 쉬는 시간을 가졌다. 풀벡은 준비해 온 삶은 계란을 하나 까서 먹더니 앉아 있는 학생들과 스스럼없이 사적인 얘기를 나누었다.

"아이가 있으세요?" 어떤 학생이 묻자 "아들 하나, 딸 하나가 있어요" 하면서 두 아이의 사진과 동영상을 보여주었다.

"중국어도 할 줄 아세요?"

보여준 블로그에 한자가 있는 걸 보고 한 학생이 질문하자 "딤섬을 주문할 정도는 돼요"라고 대답했다.

쉬는 시간이 끝나니 읽기자료를 펴라고 했다. 옆 학생이 보여준 자료를 보니 픽션, 논픽션에서 발췌한 '자기 이야기'와 연관된 다양한 작가의 글이

수록되어 있었다. 아까 제시된 주제들은 무작위로 툭 던져진 것이 아니라 읽기자료의 작품들과 연계돼 있었다. 이 이야기들이 어떤 면에서 설득력이 있는지 자연스러운 토론이 이어졌다.

"과거에 일어났다고 해서 반드시 과거시제로 쓸 필요는 없어요. 독자들이 '음, 이미 지난 일이니 지금은 괜찮겠지…'라고 안심하게 되니까요. 이 작가가 쓴 것처럼 현재시제로 쓰면 독자가 작가의 입장에 더 몰입할 수 있게 되죠."

수업의 마지막 부분은 두 명의 학생이 한 페이지 정도 쓴 자신의 이야기 초고를 발표하고, 이를 함께 논평하는 시간으로 이뤄졌다. 주제는 놀랍게 도 '첫 성경험'에 관한 것이었다. '우리나라에서는 대학 교양시간에 다루기 힘든 주제인데 여기는 아무렇지도 않나…' 속으로 생각하고 있는데 전혀 아무렇지도 않은 건 아닌 듯했다. 듣는 교수나 발표하는 학생 양쪽 다 얼굴이 발개지는 걸로 보아서. 하지만 발표를 맡은 학생은 목소리의 완급을 조절하면서 최선을 다해 발표했고, 나머지 학생들은 주로 자신이 좋았던 부분에 대해 열심히 의견을 말했다.

"이 문장에서 특히 내가 네 머릿속에 있는 것 같았어. 내가 너인 것 같았어."

"엄마가 새로 벽지를 장식해준 가장 어린아이 같은 공간에서 어른이 되는 경험을 한 걸 묘사한 대조가 돋보였어."

교수 또한 함께 조언을 하고, 학생의 글에 몇 가지 코멘트를 적어서 건네주었다.

글이나 그림을 완성했을 때 가장 궁금한 것은 역시 사람들의 반응이다.

조언이 오가는 광경을 지켜보면서 이 수업이 학생들로 하여금 작가-독자-감상자-비평가의 입장을 골고루 경험하게 하는 장점이 있다는 생각을 했다. 창작할 때 지나치게 남을 의식하면 자신만의 것을 완성하지 못하고, 그렇다고 독자를 전혀 의식하지 않으면 자기 세계에 갇히게 된다. 이 수업에서 발표한 학생은 다른 사람의 반응을 참조할 수 있고, 논평하는 학생들은 다른 사람의 글을 통해 자기 것을 찾는 법을 배우고 있었다.

수업을 마칠 무렵 교수는 빠른 속도로 다음 시간까지 읽기자료 몇 쪽을 읽어오라고 과제를 주었다. 당황한 학생들은 자기들끼리 "어디를 읽어오라고?" 하며 속삭이더니 한 여학생이 용기를 내 말했다. "선생님, 페이지 다시 한 번 알려주세요." 문득 서울에 있을 나의 학생들이 그렇게 떠올랐다. 외모는 달라도 어디나 학생들은 다 비슷하구나 싶어 절로 웃음이 나왔다.

수업 참관이 끝나니 나도 한 편의 이야기를 쓰고 싶어졌다. 학생들의 호응이 좋았던 캘리포니아 여성에 대한 이야기로 시작하면 어떨까? 그러자 유모차를 밀며 달리는 날씬한 여성과, 너무 살이 쪄 공처럼 부풀어 오른 여성의 모습이 대조적으로 떠올랐다. 이 두 여성들은 건전하고 밝고 긍정적이고 에너지가 넘치는 미국인의 모습과, 빈부격차에 시달리고 고칼로리의 정크푸드를 되는 대로 먹고 모든 걸 체념한 듯한 또 다른 미국인의 모습을 상징한다. 미국에 막 도착한 주인공이 이 두 여성과 친구가 되면서 벌어지는 이야기를 써봐야겠다.

창의적 조직은 어떻게 움직이는지 직접 가보자

스탠퍼드 디스쿨의 창의행동력 비결

창의성에 관한 자료를 찾다 보면 '디자인 사고design thinking'라는 단어를 어렵지 않게 볼 수 있다. 세상에 새로운 시각의 전환을 가져다줄 창의적인 기획서를 내고 싶거나, 그저 그런 그림이 아니라 사람들이 보고 또 보고 싶어 하는 그림을 그리고 싶다면, 또는 밋밋한 글이 아니라 사람들의 마음에 깊은 울림을 전하는 글을 쓰고 싶다면? 창의방법론을 가르치는 스탠퍼드 대학의 디스쿨은 '창조적 자신감'을 갖고 '디자인 사고'를 하면 된다는 해결책을 제시한다. 상세한 방법을 알고 싶으면 디스쿨 홈페이지나 이 학교를 설립한 톰 켈리, 데이비드 켈리 형제가 쓴《유쾌한 크리에이티브》등을 참조할 수 있다. 나아가 만약 미국에 방문할 기회가 된다면 디스쿨 투어에 참가해 볼 것을 권한다. 누구에게나 문이 열려 있고, 홈페이지로 예약만 하면 된다.

디스쿨이 늘 궁금했던 나는 투어를 신청했다. 금요일 12시부터 1시까지 진행되는 투어였다. 디스쿨 졸업생과 재학생이 학교 곳곳을 안내하면서 여러 질문에 대답해주는 투어인지라 기대감에 마음이 설렜다. 왠지 인류학 연구소가 있을 것같이 중후하고 아름다운 건물이 바로 디스쿨이었다. 30명 넘는 각국의 사람들이 운집한 것을 보니 과연 디스쿨의 인기가 세계적으로 대단한 듯했다.

내부 공간을 하나하나 들여다보면서 디스쿨의 창의적인 힘은 아날로그적인 것에서 나온다는 걸 알 수 있었다. 이곳에서는 회의실, 화이트보드, 포스트잇이 창의적인 사고를 펼치는 데 중요한 도구다. 이들은 영상을 통해서가 아니라 직접 만나서 회의하고 협업하고, 자판을 두드리는 게 아니라 포스트잇에 손으로 써서 스크린이 아닌 화이트보드에 게시한다. 그들이 말하는 '극단적 협업'을 가능하게 하기 위해 모든 가구에는 이동용 바퀴가 달려 있다. 화이트보드, 책상, 의자, 책꽂이, 심지어 소파에까지 예외 없었다. 언제든 말만 하면 모일 수 있는 구조다. 좋은 아이디어가 떠오르면 함께 의논해서 생각을 펼쳐보고 만들어본다. 그 과정에서 즐겁고 놀라운 일이 벌어진다는 것이 디스쿨의 생각이다.

투어를 진행한 재학생의 말이 인상적이었다.

"저는 디자인 전공이 아니에요. 그런데 여기서는 마치 초등학생처럼 오리고 붙이고 만드는 걸 모두 제 손으로 직접 해야 했죠. 이럴 줄 알았으면 초등학교 미술시간에 좀 더 열심히 할걸, 처음에는 후회도 많이 했어요. 그런데 돌이켜보면 디자인에 특별한 능력이나 대단한 기술이 필요한 것은 아

우리나라 교실에도 책상과 의자와 칠판에 바퀴를 달자! 창의행동력은 붙박이식이 아니라 이동식에서 나온다.

니었습니다. 관건은 궁금한 것을 다른 사람들과 소통하는 과정에서 함께 해결해갈 수 있다는 믿음, 그러기 위해 직접 현장에 가서 조사하고, 스케치하고, 시제품prototype을 만들어보는 행동력과 문제해결 능력, 열정이었던 거죠."

그렇다. 창의성의 핵심은 흔히 생각하듯 다르게 생각하는 비범한 천재성이나 고도의 전문성이 아니다. 협업할 수 있는 소통능력, 아이디어를 실행에 옮기는 실천력, 열정이 중요하다.

나는 디스쿨의 작업실 벽에 붙은 포스트잇의 내용들을 자세히 들여다보면서 이들이 아이디어를 발전시키고 가시화하기 위해 포스트잇을 어떻게 활용하는지 살펴보았다. 세로줄로 붙인 포스트잇에는 요일과 날짜를 쓰고, 가로줄에는 해당 날짜에 관찰한 내용이나 생각한 것들을 써서 쭉 붙여놓았다. 가령 29일의 기록에는 '두 팀은 비디오를 만들고 한 팀은 시제품을, 한 팀은 이를 종합한다'라고 돼 있고, 30일 기록에는 '낮잠 잘 공간과 공부할 장소가 부족하다'라고 씌어 있다. 관찰하고 생각한 바를 가시화, 객관화함으로써 일의 진전과정을 눈으로 보면서 의미를 끌어내고 생각을 심화시키도록 한 것이다. 그러다 보면 이 모든 정보들이 하나로 꿰어지면서 어떤 깨달음으로 귀결되는 순간이 온다.

그런가 하면 화이트보드는 어떻게 활용하는가. 내가 본 화이트보드에는 '건강'이라는 제목 하에 왼쪽에는 '성性적 자각', 중간에는 '비만', 오른쪽에는 '운동시 부상'이라고 적혀 있었다. '성적 자각'에 대한 방안으로 '공익광고 제작'이라고 씌어 있고, 그 아래에는 다른 사람의 글씨로 '재미있으면서도 도움이 되고 정보를 주는 비디오를 활용하자'라고 씌어 있다. 한 사람의 생각이 불러일으키는 또 다른 생각들이 시간차를 두고 모여 발전하는 장면이었다.

자신이 계획한 결과물의 포인트가 명확한지, 농담이 웃기는지, 너무 길지는 않은지 체크하기 위한 방법도 제시되어 있다. 그들은 이를 '것 체크Gut check'라 불렀다. 하고자 하는 이야기를 짧은 동영상으로 만들어 사람들에게 보여주고, 그들의 직관적 반응을 조용히 관찰하면서 의도가 적중했는지 점검하는 것이다. 제작의도 등 사전정보를 전혀 설명하지 않은 채 동영상만 보여준다는 점에서 '맥락 제외 체크con(text)' 방법과도 통한다. 아이디어에 반드시 맥락을 부여할 필요는 없으며, 오히려 아이디어들은 스스로 살아남을 수 있어야 한다는 취지에서 나온 방법이다. 어떤 설명도 없이 아이디어를 짧은 동영상으로 만들어 누군가에게 보낸다. 그러고는 그 아이디어가 무엇이라고 생각하는지 상대방의 의견을 듣는다. 그럼으로써 자기 아이디어의 현주소를 정확히 진단할 수 있다.

"그것을 하는 유일한 방법은 그것을 하는 것이다."

디스쿨의 벽에 크게 붙어 있는 문구다. 설득력 있는 동어반복 아닌가? 디스쿨에서 나는 책에서 설명된 다양한 이론에서 창의성이 나오는 게 아니라 매우 간단한 실천에서 나온다는 것을 알 수 있었다. 미리 걱정하거나 못할 거라 생각하지 말고 어찌되었든 행동에 옮겨 시작해보라는 게 디스쿨에서 강조하는 창의행동력 실천지침이다.

책상과 의자와 칠판에 바퀴를 달자! 창의행동력은 붙박이식이 아니라 이동식에서 나온다. 자기 머리가 아니라 만나서 의논하는 협업에서 나온다. 이것이 투어에 참가하고 내가 깨달은 디스쿨 창의교육의 핵심이다.

창의적인 기업을
방문해보자

자포스 기업투어

어떻게 하면 공부를 즐겁게 하면서도 잘할 수 있을까?

어떻게 하면 일을 재미있게 하면서도 돈을 많이 벌 수 있을까?

여느 학생이나 직장인이 꿈꾸는 공통의 화두이겠지만 현실은 녹록지 않다. 공부를 잘하려면 노는 시간을 줄여 집중해야 하고, 돈을 잘 벌려면 회사에 뼈를 묻을 각오로 생고생을 감수해야 한다고 우리는 생각한다. 공부를 하면서, 그리고 일을 하면서 그 과정이 즐겁고 행복할 수 있다면 그보다 더 좋은 게 어디 있을까? 작은 온라인 신발 쇼핑몰로 출발해 세계적인 창의기업으로 거듭난 자포스Zappos는 그 방법을 알고 실천하고 있었다.

토니 셰이라는 30대 CEO가 이끌고 있는 이 매력적인 기업 본사가 라스베이거스 시내에 있었다. 미리 예약하고 10달러의 투어비용을 내면 누구나

본사의 모든 곳을 샅샅이 누비고 돌아다닐 수 있다. 직원들이 일하고 있는 컴퓨터 모니터만 클로즈업해서 찍지 않는다면 사진도 마음대로 찍을 수 있다(일하고 있다가 카메라의 기미를 느끼면 괴상한 포즈를 취해주는 직원도 있다). 자고로 평소에 가보기 힘든 남의 집이나 남의 회사를 구경하는 것만큼 흥미로운 이벤트가 또 있을까.

회사 로비에 들어서니 과연 자유롭고 유쾌한 분위기가 확 느껴졌다. 할로윈 무렵이라 거미줄 장식 밑에서 이름표를 받고, 해골 옆에 서서 컴퓨터로 이름과 이메일 주소를 입력하고 '투어가 매우 기대된다' 란에 체크하는 것으로 현장등록을 마쳤다. 비치된 팝콘과 음료수 등을 자유롭게 꺼내 먹으며 기다리라고 하더니, 조금 후 회의실로 우리를 안내했다.

자포스 홍보 동영상을 보는 것으로 투어 일정이 시작되었는데, 그에 앞서 투어담당 직원들이 자신을 소개했다.

"문화 마에스트로 레오입니다."

"문화 대부 토니예요."

그들은 우쿨렐레를 연주하거나 노래하거나 춤을 추면서 분위기를 띄웠다. 썩 잘하는 솜씨는 아니었지만 다들 당당하고 유쾌해서 보는 사람을 즐겁게 했다.

나는 두 딸과 함께 온 직장인 엄마와 한 팀이 되었다. 딸 숙제 가운데 성공한 기업의 이야기를 취재하는 것이 있어서 왔다고 했다. 나도 얼른 창의적인 기업을 취재하기 위해 왔다고 말했더니 우리 팀을 맡은 토니의 눈이 반짝이면서 투어 내내 아주 열정적인 설명을 해주었고, 다른 팀의 투어가 끝난 늦은 시각까지 우리의 질문에 성의껏 대답해주었다.

반품을 요구하는 '인간적인' 고객을 소중히 여긴다는 것이 자포스의 철학이다.

놀이방이 아니라 사무실에서 온몸으로 악어를 제압하고 있는 자포스 직원

회사 곳곳에 재미있는 공간과 소품이 눈에 띄었다. 프린터 옆에 큰 고릴라 인형이 떡하니 버티고 있더니, 볼풀장에는 어미 호랑이와 새끼 호랑이, 조랑말 등이 놓여 있었다. 마침 그곳에는 색색깔의 공에 파묻힌 채 악어를 깔고 엎드려 있던 직원이 깔깔거리며 옆 사람에게 무언가를 건네주고 있었다. 토니가 "여기 이 아이들이 잠깐 이용해보게 자리를 비켜줄 수 있나요?"라고 하니 "물론이죠"라며 발랄한 걸음으로 사라졌다.

어느 곳에든 우리가 흔히 사무실에 있으리라고 기대하는 것들을 배반하는 무언가가 놓여 있었다. 휴식 공간도 많았고, 미니 축구대를 비롯한 게임기도 곳곳에 있었다. 비디오실, 선禪 공간, 버블실, 수유실, IT실 등이 있을 뿐 아니라, 최근에는 직원들의 요구사항을 반영해 강아지 돌봄방도 만들어졌다고 했다. 화장실은 남녀 구분을 따로 두지 않는 '성중립실gender neutral room'이라고 씌어 있었다. 커피, 빵, 과자류 등이 비치된 간이주방이 화장실만큼이나 많은 것도 인상적이었다.

탁구장도 있었다. 유리문을 통해 안이 보였는데 낯익은 인물이 탁구를 치고 있었다. 다른 설명을 한참 하고 있는 우리 토니에게 "혹시 저분이 우리가 아는 '그 토니' 맞나요?" 했더니 웃으며 "오, 눈썰미 있으시네요" 했다. 대낮에 직원과 탁구를 즐기고 있는 CEO라니!

그 옆 구내 헬스장은 운영방식이 독특했다. 유료이지만 목표 기록을 달성하면 돈을 환불해준다고 했다. 굳은 결심으로 헬스장에 등록해놓고 점점 나태해지는 나 같은 사람에게 효과 만점인 제도였다. 작은 색다름이 재미있는 변화를 만들어내고 있었다.

"아까 창의성을 연구하신다고 했죠? 저희 회사에는 예술전담 큐레이터가 있어요."

토니는 초현실주의적 그림이 그려진 벽 앞에 서더니 나를 보며 설명했다. 전담 큐레이터는 지역 예술가들과 적극적으로 소통하면서 그들의 작업을 돕는 역할을 했다. 회사 로비에 대관료 없이 지역 예술가들의 작품을 전시하고 판매를 돕기도 하고, 실내 벽에 직접 작업을 의뢰하기도 했다.

사옥을 둘러보다 보니 이 회사 직원들은 따로 예술공간이나 카페, 휴게공간에 갈 필요가 없겠다는 생각이 들었다. 회사 안이 일터이자 미술관, 체육관, 식당, 카페, 휴게실, 오락실이어서 새로운 영감을 얻고 한숨 돌릴 시간을 충분히 가질 수 있을 듯했다. '그래, 이런 곳에서 일하면 정말 행복하고 만족스럽겠다. 그런데 이렇게 어수선한 사무실과 노는 분위기에서 어떻게 경이적인 매출을 올리지?' 이런 의문이 들 무렵 토니는 회사의 핵심 공간으로 안내하며 자포스만의 운영방식에 대해 설명하기 시작했다.

1. 서비스를 통해 '와우Wow!' 경험을 선사한다.
2. 변화를 적극 수용하고 추진한다.
3. 재미와 약간의 이상함을 창조한다.
4. 모험정신과 독창적이고 열린 마음을 유지한다.
5. 성장과 배움을 추구한다.
6. 적극적으로 의사소통하며 솔직하고 열린 관계를 구축한다.
7. 긍정적인 팀 정신과 가족정신을 조성한다.
8. 적은 자원으로 많은 성과를 낸다.
9. 열정적이고 결연한 태도로 임한다.

10. 겸손한 자세를 가진다.

자포스 사옥 곳곳에 붙어 있던 10대 핵심가치다. CEO가 쓴 책 《딜리버링 해피니스》에서는 핵심가치의 실천방법을 이렇게 설명했다.

"모든 직원에게 요청합니다. 자포스의 핵심가치를 더 잘 반영하도록 일주일에 적어도 한 가지를 개선해보십시오! 극적인 변화가 아니어도 좋습니다. 회사 내부서식, 입사지원서, 웹사이트에 한두 문장을 더해서 좀 더 재미있게 만들어보는 것은 어떨까요?"

사원들은 다른 회사와 차별화되는 '자포스다운' 회사를 위해 작은 변화들을 스스로 실천하고 있었다. 고릴라며 게임기, 문에 붙어 있는 재치 있는 문구, 어수선한 장식 등 재미있으면서 약간 이상하기도 한 이 모든 것들이 자포스의 핵심가치를 실천하기 위한 노력의 흔적이었다.

6년차 자포스인이자 '문화 대부'를 자처하는 토니가 우리를 데리고 간 방에는 컴퓨터가 놓인 책상과 의자만 가득할 뿐 텅 비어 있었다.

"이곳은 신입직원을 교육하는 방입니다. 부서에 상관없이 누구나 이곳에서 고객 서비스 훈련을 받습니다. 자포스의 핵심가치인 '와우' 경험을 어떻게 이끌어내는지 배우는 것이지요."

첫 2주는 컴퓨터 앞에서 교환요청이 올 때 처리하는 법을 배우고, 그다음 2주는 고객 전화가 오면 응대하는 방법을 훈련받는다고 했다. 그 과정이 끝나면 비로소 부서에 맞는 직무훈련을 받게 된다는 것이다. 그러니까 신입사원이 가장 중점적으로 받는 교육은 자포스가 가장 주력하는 콜센터, 아니 '콘택트 센터' 직무교육인 셈이다. 자포스는 온라인 쇼핑몰이니 유통과

판매가 인터넷으로 이뤄진다. 콘택트 센터로 전화하는 사람들은 뭔가 마음에 들지 않아 교환·반품을 원하거나, 시시콜콜한 질문을 하려는 사람들이다. 토니 말로는 전체 고객의 6~7% 정도가 콘택트 센터를 찾는다고 했다. 그 소수의 사람들에게 왜 그렇게 총력을 기울이는 것일까?

"우리는 인간이기에 실수를 저지릅니다. 색깔을 잘못 고를 수도 있고, 선물받은 사람이 마음에 들어하지 않을 수도 있죠. 갑자기 병원에 입원하기라도 하면 발이 부어서 신발이 안 들어갈 수도 있어요. 이 모든 걸 고려해야 한다고 생각했습니다. 우리 회사 제품은 365일 이내면 언제든 교환·환불할 수 있습니다."

"우리는 온라인 회사이니 직접 고객들과 대면할 기회가 없습니다. 그런 만큼 우리에게 전화를 걸어주는 이 소수의 분들이 매우 소중하다고 생각했습니다."

추수감사절이나 크리스마스 같은 큰 명절에는 전화가 급증하기 때문에 이 기간 동안은 자포스 직원이라면 누구나 10시간 동안 전화상담을 해야 한다. CEO도 예외가 아니다. 아무리 신입사원 때 교육을 받았다 해도 전화상담이 주 업무가 아닌 직원들에게는 스트레스가 되지 않을까? 그것도 누구나 쉬고 싶은 명절에 말이다. 문득 〈무한도전〉의 '극한알바' 도전편이 떠올랐다. 멤버들이 도전한 극한직업에는 택배 화물 싣고 내리기, 63빌딩 유리창 닦기, 굴 까기, 석탄 캐기 등 육체적으로 힘든 직업과 함께 텔레마케터가 있었다. 그러니까 전화로 거친 불평과 항의를 쏟아내는 고객을 하루 종일 응대하는 업무는 지하 갱도에서 석탄을 캐는 것만큼이나 고되고 눈물 나는 일인 것이다. 그런데 이상하게도 토니는 IT나 디자인 등 다른 부서에 근무하는 직원들이 전화상담 주간을 즐거워한다고 했다. 나도 모르게 "정말요?"라는 말이 튀어나왔다.

"고객들과 직접 접촉해서 그들의 생각을 알 수 있는 기회니까요. 그리고 겨우 10시간인데요, 뭐. 2시간씩 묶여 있어서 자기가 편한 시간을 택해 상담하면 돼요." 토니는 진지한 표정으로 설명했다. 생각하기에 따라서는 극한직업일 수 있는 업무를 즐거운 일로 여기게 만드는 이 회사의 창조적 전환의 힘이 놀라웠다.

"저기 기둥에 잔뜩 붙어 있는 이름들은 뭐예요?"

"아, 신입사원 멘토의 이름입니다. 재미있으라고 일부러 저 기둥 꼭대기에 자기 이름을 붙여 놓은 멘토도 있어요."

"저 뒤에 VIP룸이라고 하는 곳은 뭐하는 곳인가요?"

워낙 재미있고 이상한 곳들이 많아서 저절로 질문이 많아졌다.

"직원들의 꿈과 고민을 상담해주는 곳입니다. 인생코치 3명이 상주해 있어요. '스페인어를 배우고 싶어요', '바이어가 되고 싶어요' 등 고민을 상담하면 액션플랜을 세워줍니다. 같은 고민을 가진 직원들끼리 팀을 만들어서 매달 정기 모임을 주선해주기도 하고, 상담사와 점심을 먹기도 합니다. 자포스는 직원들이 회사와 함께 성장하기를 바라고, 아낌없는 지원을 해주고 있답니다."

직원들의 성장과 공로를 인정해주는 시스템은 재미있고도 단순했다. 모든 직원들의 자리에는 자동차 번호판 같은 이름표가 걸려 있었다. 처음에 입사하면 그냥 흰 종이가 걸린다. 임시면허증 같은 개념이다. 그 후 1년차, 2년차가 됨에 따라 색깔이 다른 플레이트를 훈장처럼 걸어둘 수 있다. 자포스는 '와우'를 이끌어낸 직원에게 포인트를 줘서 어느 정도 모이면 자포스 화폐로 전환할 수 있게 하고 있다. 그걸로 액자, 지우개, USB, 공책, 지갑, 물병 등 다양한 물건을 살 수 있다. 원형판을 돌려 걸리는 물건을 타는 이벤트도 있었다. 아이나 어른이나 크든 작든 간에 선물은 즐겁고, 인정받았다는 기쁨은 큰 것이다. 이는 어떻게 노는 분위기에서 좋은 실적을 낼 수 있는지 궁금했던 내게 주는 구체적 해답이기도 했다.

투어가 끝나고 마지막으로 토니에게 물었다.

"그래서 여기서 일하는 게 행복하세요?"

그는 주저하지 않고 대답했다.

"물론이죠. 특히 저는 자포스가 궁금해서 전 세계에서 온 사람들을 직접 만나니까 더 즐겁죠."

'창의적이고 행복한 환경이 어떻게 이윤창출에 기여하는가?' 이 질문을 교육에 적용하면 '창의적이고 행복한 환경이 어떻게 학업 성취에 기여하는가?'가 될 것이다. 학생이나 직장인의 비극은 내가 하고 싶은 것은 따로 있고, 공부나 일은 성적과 돈 때문에 어쩔 수 없이 하는 것일 때 일어난다. 자포스는 '행복 따로, 일 따로'의 불필요한 소모전을 없앨 수 있는 창의적인 방법을 회사뿐 아니라 직원들 스스로 모색하고 있었다.

어린 시절의 열정과
마주하자

시애틀 EMP 박물관

언젠가 학술대회 참가 차 한국에 온 프랑스인 교수를 국립중앙박물관으로 안내한 적이 있다. 그는 "정말 아름답다"고 연신 감탄하면서도 뭔가 자신의 기준이 있는지, 어떤 곳은 본체만체하며 휙휙 지나가고 어떤 곳에서는 유리창을 뚫을 기세로 카메라를 들이대며 사진을 찍었다.

"특별히 마음에 드는 스타일이 있으신가 봐요."

"오래된 유물만 사진으로 간직하려고요. 이 긴 세월을 살아남은 유물은 무엇이든 감동적이지 않습니까?"

그러고는 다시 삼국시대의 투박한 그릇을 열심히 찍어대기 시작했다.

오랜만에 그 교수가 생각난 것은, 그의 신조와 전혀 맞지 않을 박물관에 내가 와 있기 때문이다. 시애틀에 있는 EMP 박물관으로, '실험음악 프로젝트 박물관Experience Music Project Museum'의 약자다. 전시는 대중음악, 공상과학, 팝문화에 집중되어 있다. 한마디로 우리 시대 대중의 유산을 다룬, 그 교수라면 코웃음을 칠 만한 곳이다. 하지만 만약 그가 꾹 참고 이 박물관을 다 돌아본다면 후세에 자신과 같은 사람들이 감탄해 마지않을 이 시대의 의미 있는 유산을 발견하게 되지 않을까.

매표소를 지나면 곧바로 '하늘 교회'였다. 표 끊을 차례를 기다리는 동안, 마음이 온통 그곳으로 쏠렸다. 뮤직비디오가 상영되고 공연이 이뤄지는 강당 같은 공간을 하늘 교회라 부르는 데에는 속된 것을 거룩한 것으로 상승시키려는 의도가 다분해 보인다. 초대형 스크린과 심장을 뛰게 하는 음악은 우리를 알 수 없는 힘으로 압도하고, 하늘에는 박쥐 같기도 하고 우산 같기도 하고 꽃 같기도 한 물체들이 현란한 조명을 받으며 쉴 새 없이 펼쳐졌다 오므려지기를 반복했다. 아침 든든히 먹고 모든 걸 남김없이 보고야 말겠다는 의욕과 호기심에 찬 관광객의 마음이었기에, 나는 초반부터 한가하게 자리에 앉아 뮤직비디오를 감상할 생각은 없었다. 그런데 잠깐만 보겠다고 한 것이 그만 넋을 놓고 30분 이상 스크린을 바라보는 처지가 되었다.

스크린에는 매클모어라는 시애틀이 낳은 유명한 대중가수의 〈우리를 붙잡을 수 없어요〉라는 곡의 뮤직비디오를 촬영한 과정이 고스란히 상영되고 있었다. 빨간 경비행기가 푸른 숲 위를 날아가고, 낙타가 사막 위를 걸어가고, 하얀 설원을 개썰매가 달리고, 망망대해에 큰 유람선이 떠 있다. 이 맥락 없이 등장하는 세계 곳곳의 이미지를 연결해주는 끈은 등장인물들이 어디든 들고 다니는 깃발이다. 사람들이 카우보이 복장을 하고 칼로 해바라기 밭을 마구 베어낼 때도, 큰 배에서 바닷물로 뛰어들 때도 깃발이 있다. 오지 등반가들이 죽을 고비를 넘기고 마침내 정상에 도달해 감격의 눈물을 흘리며 깃발을 꽂듯이, 이들의 깃발 또한 어디에도 구속되거나 멈춰 있지 않고 끊임없이 새로운 곳을 찾아나서는 탐험과 인간의 승리를 상징하는 걸까?

뮤직비디오 자체도 재미있었지만 그걸 만드는 과정의 이야기도 흥미로웠다. 프로듀서, 디렉터, 영상감독, 오디오 감독, 카메라맨, 가수, 출연자 등이 각자의 입장에서 뮤직비디오에 참여한 이야기를 들려주고 있었다.

"바닷물은 정말 차가웠어요."

뮤직비디오 제작을 총괄하고 높은 배에서 깃발을 들고 바닷물에 뛰어드는 고난도 연기를 펼친 라이언 루이스의 말이다. 그는 2층 창문에서도 뛰어내린다. 〈1박 2일〉 PD가 눈독들일 만한 용기다.

"누구의 아이디어라 할 것 없이 다 같이 모여 의논하면서 즐겁게 촬영했어요. 흥분된 분위기였죠."

카메라 감독의 말이다. 이렇게 많은 사람들의 노력과 지혜가 모여 한 컷 한 컷 아름답고 상징적인 뮤직비디오가 탄생한다.

노래를 흥얼거리며 SF와 공포 장르에 할애한 전시실로 향했다. 내 취향으로는 결코 돈 내고 볼 일이 없는 장르다. 하지만 전시관을 돌아보면서 차츰 생각이 바뀌기 시작했다. EMP 박물관은 여느 고전 박물관과 견주어도 뒤지지 않는 진지함으로 해당 장르의 유산과 의의를 조명했다. 유물을 진열장에 전시하고 설명문에 언제 유물이 출토되었고 어떤 문화적 가치가 있는지 알

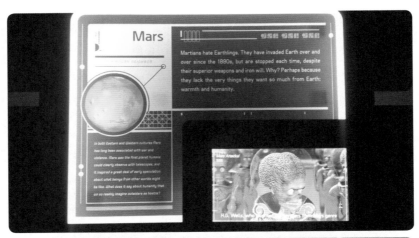

영화 〈마르스Mars〉의 외계 주인공과 관련 소품들이 전시된 곳에는 영화의 한 장면이 영상으로 나오면서 생각할 거리를 담은 설명이 씌어 있다.

'화성인은 지구에 착륙하기를 꺼린다. 1890년 이래 그들이 지구를 거듭 침공했을 때마다 그들은 뛰어난 무기가 있음에도 실패했다. 왜였을까? 그들이 지구에서 간절하게 원했던 어떤 것이 그들에게 없었기 때문이다. 바로 따뜻함과 인간미다.'

려주는 형식 그대로 SF영화 촬영소품이 전시되고, 그 의의가 설명되었다.

공포 장르에 할애된 전시에서는 '공포 영화가 우리를 두렵게 하는데도 왜 우리는 좋아할까?'(그러게 말이다)라는 질문에 대한 명쾌한 답변이 제시돼 있었다. 공포라는 장르가 체제순응적이면서 전복적인 양면을 동시에 갖고 있기 때문이라는 것이다. 게다가 우리의 용기를 시험하며, 선악의 존재에 대해 생각해보게 하고, 감정의 최고조를 경험케 하며, 금기된 주제를 다루고, 우리가 꾸는 악몽과 대면하게 한다. 머리를 끄덕이게 만드는 설득력이다.

영사기에 몸을 비추면 나를 알아서 괴물로 만들어주는 재미있는 설치예술도 있었다. 순식간에 내 머리에 수십 개의 핀이 돋고, 손에서 나비나 박쥐 같은 게 날아간다.

한쪽 구석에는 '비명의 방'도 마련돼 있다. 호기심으로 전화부스 같은 곳으로 들어가 화면의 지령을 기다리니 다음과 같은 안내가 나왔다.

> 비명은 공포, 놀라움, 행복, 위험, 고통, 분노를 포함한 감정의 스펙트럼을 표현하는 만국공통의 인간 반응이다. 감정을 연구하는 사람, 스트레스가 쌓인 사람, 호기심 가득한 사람 누구나 명 연기자가 될 수 있다. 이 방 안에서 당신은 공포 전시코너의 한 역할을 담당하게 된다. 먼저 어디에서 나오는 비명일지 선택하라.
> 1. fear(공포)   2. anger(분노)

망설이다가 '공포' 쪽을 골랐다. 그랬더니 친절하게도 히치콕의 〈싸이코〉 명장면뿐 아니라 역대 배우가 공포의 비명을 지르는 장면을 보여주며 분석까지 해준다. 입이 어떻게 벌어지고, 눈꼬리는 어떻게 올라가는지. 그리고 텅 빈 프레임이 나오고 4, 3, 2, 1 카운트다운에 들어간다. 이게 뭐라고 심장이 벌렁벌렁한다. 그리고 혼신의 힘을 다해 소리치게 된다. 그러면 사진이 찍힌다(생생한 현장의 효과를 전달하기 위해 쑥스럽지만 과감히 공개한다).

그리하여 나는 스트레스도 풀고 사십 평생 결코 보지 못했던 내 모습과도 조우했다. SF나 공포 장르는 세상의 한 단면을 부각시켜 보여주거나 감정을 극대화시키기 때문에 상상력과 영감을 자극하는 면이 많다. 상상력의 영역에는 한없이 밝고 긍정적인 부분도 있지만, 어둡게 도사리고 있는 우리의 부정적인 부분에서 촉발되는 것들도 많기 때문이다.

흥미로운 전시는 계속 이어졌다. 판타지, 인디 게임 전시관, 기타리스트 지미 핸드릭스에 헌정된 전시, 각양각색의 기타들을 전시해놓은 특별실 등 끝도 없었다. '사운드 랩'에서는 원하는 악기를 배울 수 있는 녹음실이 여럿 있었다. 선생님이 없더라도 이미지와 간결한 설명, 예시자료를 통해 쉽게 배울 수 있었다. 대중문화를 전시할 뿐 아니라 효율적이고 재미있는 방법으로 교육할 수 있는 길도 제시한 것이다.

헬로 키티에 할애된 전시 또한 인상 깊었다. 이 전시를 보니 키티는 상업적으로 성공한 귀여운 캐릭터의 의미를 넘어서고 있었다. 의상 디자이너, 가방 디자이너, 건축가, 조형예술가, 작가, 유명인사들의 패션 등에 광범위하게 영감을 주면서, 키티는 이 시대 '완전 귀여운 것supercute'의 총체적인 미학을 담고 있었다. 키티가 이렇게 우리 문화에 영향력을 행사하고 있다면 이러한 '완전 귀여움'을 활용한 교수법을 제안해도 좋지 않을까? 실제로 이런 취지의 교사 워크숍도 진행하고 있었다.

"괴물이 되고 싶다면 스크린 앞에 서세요"

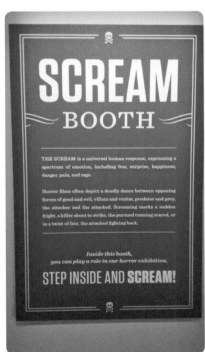

비명의 방에 들어가서 시키는 대로 하면 다음과 같은 표정을 짓게 된다.

이런 식으로 배우고 놀다 보면 하루가 어떻게 가는지 모르게 흘러간다. 이곳처럼 특정 주제만을 다루는 박물관에 가면 새로운 시각을 얻게 된다. 한동안 관심 두지 않았던 뮤직비디오를 보고, 관객 참여 설치작품에 참여하고, 귀여운 키티에 마음을 빼앗기고, 드럼과 전자기타를 배우다 보면 어느새 호기심과 열정에 가득했던 어린 시절 내 모습을 만날 수 있다. 박물관은 아이를 가르치려 들거나 수업자료를 얻으려고 사진을 찍는 곳이기 이전에, 먼저 스스로가 새로워지는 공간이다.

우리 지역 랜드마크에 가서
창작일지를 읽어보자

시애틀 스페이스 니들

    미국의 추수감사절 날, 시애틀에 있었던 나는 당황했다. 식당이고 관광지고 모두 굳게 문을 닫아 거리는 한산했다. 아침에 호텔에서 TV를 켜니 칠면조 요리하는 모습이 나왔다. 미국인들이 가족과 함께 칠면조 요리를 먹으며 오손도손 이야기꽃을 피우고 있을 때, 나는 집을 나온 십대처럼 갈 곳이 없었다. 오직 스페이스 니들 전망대와 그 앞 맥도날드만 문을 연다고 해서 까닭모를 쓸쓸함을 느끼며 전망대로 향했다. 말은 이렇게 했지만, 사실 스페이스 니들은 반드시 올라가봐야 한다고 관광안내 책자에서 강조한 시애틀의 랜드마크다. 영화 〈시애틀의 잠 못 이루는 밤〉에서 맥 라이언과 톰 행크스의 가슴 뛰는 극적 만남이 이뤄진 바로 그 명소다.

    우주 발사대 모양의 긴 기둥 위에 비행접시가 얹혀 있고, 그 위에 바늘 모양의 안테나가 삐죽 솟은 날렵한 건축물이 바로 스페이스 니들이다. 세계 어느 대도시에나 있는 전망대의 같은 듯 다른 모습이 재미있다. 입구에서 무료로 사진을 찍어주는데, 전망대 위에 올라가 입장권 바코드를 찍으면 내 사진이 뜨고, 이메일로 받아볼 수 있다. 또 전망대 위에서 사진을 찍고 출신 국가와 이름 등을 등록하면 어디에서 온 몇 명이 스페이스 니들을 방문했는지 통계를 시각적으로 보여준다. 관광객들은 즐거워하면서 자발적으로 자신의 흔적을 남기고 있었다. 그리고 그것은 고스란히 멋진 디지털 설치작품이 되었다.

승강기를 타고 올라간 전망대 위를 돌며 새의 시야로 시애틀 시내를 내려다본다. 184m 높이인데, 생각만큼 아찔하지는 않아서 햇빛을 받아 일렁이는 태평양, 눈 덮인 레이니어 산, 도심, 지붕에 거미 설치물을 올린 재미있는 집들까지 웬만큼은 식별할 수 있는 크기로 다정하게 내려다보인다. 우주선에 오른 기분까지는 아니지만 높은 곳에 있으면 확실히 새로운 시선, 새로운 기분을 갖게 된다. 그래서 사실은 이번처럼 한가할 때가 아니라, 정말 끔찍하게 바빠서 허덕이며 일에 끌려 다니고 있을 때야말로 전망대나 산꼭대기, 옥상에 올라가 세상을 내려다볼 필요가 있다.

아주 천천히 전망대 안을 돌다가 재미있는 그림과 문구를 발견했다.
"스페이스 니들은 커피 한 잔과 냅킨 위에 그린 이 스케치에서 시작되었다."
그 아래에는 아이디어 스케치에서 완공에 이르기까지의 흥미진진한 창작 이야기가 설명돼 있다. 우뚝 솟은 비행접시 모양이라는데, 아무리 냅킨에 그렸다지만 참 단순하고 못 그렸다. 그런데 이 스케치에서 출발해 지금 내

"스페이스 니들은 커피 한 잔과 냅킨 위에 그린 이 스케치에서 시작되었다."

가 올라와 있는 건축물이 구현되었다니, 그 과정을 생각하면 매우 감동스럽다.

냅킨의 주인공 칼슨Edward Carlson은 전문 디자이너가 아니었다. 스페이스 니들은 1962년 '시애틀 세계 박람회'를 기념하여 건축되었는데, 당시 호텔을 경영하던 칼슨이 박람회 의장을 맡게 되었다. 그는 독일의 슈투트가르트 TV타워에서 영감을 받아 박람회의 주제였던 '21세기'에 걸맞은 구조물을 스케치해보았다. 그 두루뭉술한 스케치를 존 그레이엄John Graham이라는 건축가가 비행접시 모양으로 변형하고 그의 작업팀이 정교화해 오늘날의 아름답고 날렵한 건축물로 만들었다.

칼슨의 입장에서 생각해보자. 커피를 마시다가 갑자기 떠오른 아이디어를 급한 대로 냅킨에 그렸다. 문제는 그다음이다. 자신은 전문 디자이너도 아니고, 그림 솜씨도 없고, 이미 비슷한 타워가 있으니 이런 냅킨 따위 사람들에게 보여줘봐야 비웃기만 할 것이다. 의장으로서 자신의 권위도 위태로워질 것이다… 이렇게 생각하고 냅킨을 아무렇게나 버릴 수도 있었다. 그랬다면 어쩔 뻔했을까.

말도 안 되는 상상이라 생각할지 모르지만 이런 이유 때문에 실제로 얼마나 많은 아이디어들이 싹틀 기회조차 얻지 못한 채 휴지통으로 직행할지 생각하면 아득해진다. 임산부에게는 아이가 생겼는지 인식조차 할 수 없는 3개월까지가 정말 조심해야 할 가장 중요한 기간인 것처럼, 창의적인 작업에서도 자신의 아이디어가 어떻게 실현될지 짐작조차 할 수 없는 '냅킨 위 스케치' 과정을 어떻게 다루느냐가 관건이다. 저 엉성한 그림은 아이디어가 떠오르면 당장 냅킨이든 영수증에든 그려놓고, 비웃음을 당할까 봐 부끄러워 말고 주위 사람과 의논하라는 창의행동력의 교훈을 준다. 스스로 아이디어를 사장시키지 않는 용기를 낸다면, 자기가 아니더라도 그걸 발전시켜 줄 그레이엄 같은 든든한 협력자를 만날 수 있다.

'우주'와 '바늘'이라는 안 어울릴 것 같은 두 단어와 이미지가 만나 '우주 바늘'이라는 고유명사가 탄생한 과정도 흥미롭다. 원래 염두에 둔 이름은 '우주 새장Space Cage'이었다는데, 꼭대기에 있는 회전식 레스토랑의 이름인 '바늘의 눈Eye of the Needle'(우리는 바늘의 귀라고 하는데, 서양에서는 눈이라고 한다)과 합쳐져 최종적으로 '우주 바늘'이 되었다는 것이다. 신선하면서도 친근한, 멀고도 가까운 좋은 작명이라는 생각이 든다.

에펠탑은 '철의 여인'이라는 친근한 닉네임을 갖고 있다. '파리의 등대'라고도 불린다. 우리 남산타워도 이런 신선한 닉네임을 가졌으면 좋겠다. 뭐가 있을까? 서울의 지휘봉? 마술사 모자? 5단 케이크? 도깨비 방망이? 남산타워 아래 철망 벽에 사랑의 자물쇠만 열심히 채울 게 아니라, 창의행동가 여러분의 작명과 행동능력으로 남산타워가 더 다정하고 창의적인 애칭을 지닌 공간으로 거듭나기를 기대해본다.

또 하나의 교훈. 전망대에는 꼭 올라가야 하고, 전망대에 갔으면 기념품 가게에 가기보다는 창작일지를 찾아 읽어볼 것. 창의행동가는 완성된 창작품에만 감탄하기보다는 창작된 과정에 관심을 기울이고 자신의 창작활동을 위한 자양분으로 삼는 사람이다.

행동결정력을 기르는 10가지 실천지침

번호	실천지침	이렇게 해봐요!	이렇게 하지 말아요!
1	아이에게 새로운 도전과 완성의 기쁨을 맛보게 하는 미술수업을 하세요.	교사는 아이들 앞에서 시범을 보이고, 아이들의 개별적인 요청에 적극적인 도움을 주세요. 부모는 아이들 옆에서 함께 그림을 그리세요. 미술재료를 사러 아이와 함께 나들이 가는 것은 어떨까요?	교사는 아이들이 같은 조건, 같은 재료 안에서도 스스로 차별화된 창의력을 발휘할 수 있다고 생각하지 마세요. 부모는 아이를 미술학원에 맡기는 것이 최선이라고 생각하지 마세요.
2	좀 더 해볼 수 없을까? 한 발자국 더 나아가게 하세요.	더 좋게 만들려고 노력하는 아이들을 칭찬하세요. 스스로 방법을 찾을 수 있도록 재료, 도구, 생각에 대한 새로운 힌트를 주세요.	주어진 과제를 충실히 완수하는 데에만 만족하지 않도록 지도해주세요.
3	위대한 아마추어가 되게 하세요.	평생 취미로 즐겁게 미술활동을 할 수 있게 자유를 주세요.	예술적 재능이나 아이들이 만든 작품의 예술성을 지나치게 강조하지 마세요.
4	예술가의 작업을 그대로 따라 해보게 하세요.	전시관람 후 작품을 정해서 캔버스 제작부터 재료 선택, 제작순서와 방법까지 예술가의 작품을 그대로 따라 해봄으로써 예술창작의 과정을 온전히 경험해보게 하세요.	전시관람 후 예술가의 미학적 특성이나 작품경향에 대한 지식 습득에만 만족하게 하지 마세요.
5	글루건과 드릴을 마음껏 사용하게 하세요.	위험하다고 추정되는 도구도 자유자재로 다룰 수 있게 지도함으로써 자존감과 창의행동력을 높이세요.	어리다는 이유로 도구 사용에 미숙할 거라 단정 짓지 마세요. 다칠까 봐 두려워 위험해 보이는 도구는 아예 사용도 못하게 막지 마세요.

6	기술이 아닌 창작경험을 배우는 애니메이션 수업을 하세요.	교사는 학생들 각자의 호흡으로 창작을 완수할 수 있는 프로그램을 제공하세요. 부모는 칭찬과 격려로 현장실습을 하는 아이를 응원하세요.	교사는 모두에게 똑같은 설명, 똑같은 실습을 함으로써 똑같은 결과를 도출하는 현장실습을 하지 마세요. 부모는 아이들의 현장실습 과정에 훈수를 두거나 개입하지 마세요.
7	코딩 교육은 로봇을 친구로 여기는 마음에서부터 시작하게 하세요.	로봇에 이름을 지어주게 하고, 집중력과 인내심을 갖고 스스로의 힘으로 친구 같은 로봇을 움직일 수 있도록 지도하세요.	교사나 부모가 학습의 주도권을 쥐지 마세요.
8	미끄럼틀 위에서 글을 쓰게 하세요.	놀이터에서, 도서관에서, 강당에서, 과학실에서, 또는 자신이 좋아하는 공간을 찾아가서 자유로운 기분으로 글을 쓰게 하세요.	교실 책상, 논술학원 책상, 방 책상 위가 글쓰기의 유일한 장소라고 생각하지 마세요.
9	짜장면을 기리는 시를 써보게 하세요.	아이들은 셰익스피어의 소네트를, 파워블로거의 블로그 글을, 대중가수들의 랩 가사를, 레오나르도 다빈치의 관찰일지를, 직접 취재한 신문기사를 쓸 수 있어요. 일기는 이런 다양한 글쓰기를 시도할 수 있는 좋은 지면입니다.	논리적인 글, 독서감상문, 과학 보고서가 글쓰기의 전부라고 생각하지 마세요.
10	성인의 직업을 몸으로 체험하게 하세요.	직접 가보고, 해보고, 생각해봄으로써 미리 계획하지 않은 뜻밖의 발견을 가능하게 하는 활동지를 제공하세요.	직업체험에서조차 지식과 이론을 학교에서처럼 가르치려 하지 마세요.